国网江苏盐城供电公司综合能源服务系列教材

综合能源服务技术框架及业务模式

主 编 赵文会

IETB

上海财经大学出版社

图书在版编目(CIP)数据

综合能源服务技术框架及业务模式/赵文会主编. 一上海:上海财经大学出版社,2019.3
(综合能源服务系列教材)
ISBN 978-7-5642-3232-0/F·3232

Ⅰ.①综… Ⅱ.①赵… Ⅲ.①能源经济-研究 Ⅳ.①F407.2

中国版本图书馆 CIP 数据核字(2019)第 054357 号

□ 责任编辑　施春杰
□ 封面设计　贺加贝

综合能源服务技术框架及业务模式

赵文会　主编

上海财经大学出版社出版发行
(上海市中山北一路 369 号　邮编 200083)
网　　址:http://www.sufep.com
电子邮箱:webmaster @ sufep.com
全国新华书店经销
上海华业装璜印刷厂印刷装订
2019 年 3 月第 1 版　2019 年 3 月第 1 次印刷

710mm×1000mm　1/16　14.75 印张　217 千字
定价:52.00 元

国网江苏盐城供电公司
综合能源服务系列教材

编委会

组　长：张　强
副组长：李勇健
成　员：周长华　纪文华　高乃天　陶　建　施泉生
　　　　赵文会　王　辉

本书作者：

主　编：赵文会
副主编：李勇健　周　宇　张　强
　　　　龚　彧　施泉生　王　辉
成　员：徐　瑶　冯　昊　黄伟倩
　　　　王　勇　潘卫国　陈晓萌
　　　　王晓梅　崔　鑫　邹蕊灿
　　　　张九阳　李祐廷　王占洋
　　　　鲍熊剑涛　闫豪楠　李　阮

总　序

随着我国经济社会持续发展，能源生产和消费模式正在发生重大转变，能源产业肩负着提高能源效率、保障能源安全、促进新能源消纳和推动环境保护等新使命。在此背景下，传统能源系统建设路径和发展模式亟需改变，构建综合能源系统成为新形势下能源企业的战略选择。目前，世界很多发达国家都已将综合能源系统研究作为国家战略，通过推动技术研发、装备研制、工程示范和标准制定等措施，以期在新一轮能源变革和世界竞争格局中取得优势地位。在我国，2014 年习近平总书记提到能源革命，实际上是我国综合能源发展的起点。

基于综合能源系统，综合能源服务应运而生。综合能源服务是一种新型的为满足终端客户多元化能源生产与消费的能源服务方式，涵盖能源规划设计、工程投资建设、多能源运营服务以及投融资服务等方面。综合能源服务可看作是一种能源托管模式，以及在大数据和综合能源系统背景下对能源项目的精细化管理与对用能客户的精细化服务。

综合能源服务已经成为世界各国和各企业战略竞争的焦点。基于此，电网企业理应发挥自身优势，不断拓展市场空间，提供增值服务，实现从过去单纯的供电服务到综合能源供应商的定位转型。除了改革驱动外，市场需求也是推动公司转型发展的重要因素。新一代电力客户也开始呈现出交互需求旺盛、服务需求多样等新特点。基于技术水平和需求市场的日臻成熟，为客户提供节能咨询、电费金融等能源增值服务，不仅是供电企业新的效益增长点，更是优化供电服务的必然要求。

2018 年，国家电网公司明确表态，将加快构建以客户为中心的现代服务体系，同时提出要大力提质增效，延伸电网业务价值链，加快组建省级综合能源服务公司，积极开拓园区、工业企业、大型公共建筑等新型能源消费市场。从传统电能供应商到综合能源服务商的角色转变，不仅要因势而动，更要势在必行。发展综合能源服务，与党中央“构建清洁低碳、安全高效的能源体系”要求相符，更是贯彻落实能源“四个革命”、实现国有资产保值增值的具体举措。

在此背景下，电力公司的经营环境将产生深刻变化，原有的电力营销理念、营销模式、营销方法已经不再适用于目前的经营环境和业务。在向综合能源服务商转变的过程中，如何对电力公司营销部门员工进行综合能源服务营销技能培训，让其尽快适应新的环境、熟悉新的业务、掌握新的技能，是摆在电力公司人力资源部门面前的一大难题。为此，电力公司迫切需要一套针对性、接地气、强技能的综合能源服务电力营销培训教材，以切实提升电力公司营销部门员工的综合能源服务的业务和技能水平，奠定电力公司在未来综合能源服务市场竞争中的优势。

国网江苏省电力有限公司盐城供电分公司与上海电力大学“校企合作”，站在可持续发展的高度，深刻把握中国电力行业的发展趋势和特征，联合成立了综合能源服务系列教材编写委员会，决定开发综合能源服务系列教材。本系列教材包括《综合能源服务概论》《综合能源服务市场分析》《综合能源服务技术框架及业务模式》3 本。为了保证本系列教材能够适应综合能源服务商的定位与需求，编写人员深入广东、浙江、江苏、上海等地的综合能源服务企业与电力公司营销部门，进行实地走访和调研，了解综合能源服务的现状与营销业务人员的现实需求。在编写过程中，编写人员还广泛征求综合能源服务与电力企业营销专家的意见和建议，以确保教材能够满足综合能源服务商的需求，同时兼顾业务之间的典型性与相关性。

为了做到教材通俗易懂、深入浅出，作者在编写中注重实际操作，配备大量的图表，针对业务流程中需要重点关注的问题、难点进行阐述，供学员巩固学习效果和考核使用。综合能源服务系列教材能够培养电力营销业务人员的综合能源服务业务流程知识和操作技能，理解综合能源服务业务的内涵，掌握综合能源服务技术基础，发现并妥善处理综合能源服务营销中的疑难问题。

本系列教材的作者具有很高的理论水平和丰富的实践经验。这套教材既可作为各地电力公司综合能源服务培训的教材和参考书，也可用作科研院所、高校学生和教师的参考书。

前　言

全球能源发展经历了从薪柴时代到煤炭时代，再到油气时代、电气时代的演变过程。目前，世界能源供应以化石能源为主，有力支撑了经济社会的快速发展。然而，世界能源发展过程过度依赖化石能源，导致资源紧张、气候变化、环境污染等问题日益严重，从而威胁全人类的生存发展，形势日益严峻。为了适应未来能源发展需要，水能、风能、太阳能等清洁能源正在加快开发和利用，在保障世界能源供应、促进世界清洁能源发展方面将发挥越来越重要的作用。

长期以来，世界能源消费总量持续增长，全球经济形势和能源格局深刻调整，新一轮能源革命蓬勃兴起，能源领域呈现新的发展趋势。在能源结构方面，能源供应环节将逐步形成绿色环保、节约高效、安全可靠的能源品质，多元发展的能源结构和多轮驱动的能源供应体系，集中式与分布式能源将呈现协调发展、相辅相成的趋势；在技术属性方面，包括信息技术和信息化的管理模式在内的能源互联网体系将不断深化发展；在市场形态方面，产业技术发展以绿色低碳为方向，关键支撑技术、高效的产业和商业模式有望实现重大突破和创新。

能源领域的变革与创新贯穿于人类社会的发展历史。自20世纪五六十年代以来，以计算机技术、自动控制技术、通信技术、数据处理技术以及网络技术等为标志的ICT(Information and Communication Technology)领域的大量变革创新，为能源领域的进一步提升和发展提供了强有力的技术支持。在ICT技术的推动下，能源领域先后出现了智能电网(Smart Grid)、能源互联网(Energy Internet)和综合能源系统(Integrated Energy System)等重要理念，其目的都是通过保证能源的可持续供应，提高能源利用效率，实现低碳绿色、环境友好的目标。

随着社会对各类能源需求的不断增加，不同形式能源之间耦合日益紧密，以往不同能源系统各自独立运行的状况，越来越难以适应未来社会的能源需求。从单一能源系统跳出，站在更高层次上对多种能源进行协调优化，以满足人类日益增长的用能需求，是社会发展的必然结果，也是催生综合能源系统的内在动力。伴随着互联网信息技术、可再生能源技术以及电力改革进程的加快，开展综合能源服务已成为提升能源效率、降低用能成本的重要发展方向，也成为各企业新的战略竞争和合作焦点。受电力体制改革和互联网产业蓬勃发展的影响，综合能源服务迎来了一个快速发展的时代机遇期，近年来受到了广泛的关注和讨论。其中，在庞大的知识体系中，对综合能源服务技术框架及业务模式的学习和了解必不可少。

本书由全球能源发展概况和中国能源发展趋势的能源背景引出，交代了综合能源系统以及与其有紧密联系的能源互联网相关知识点。接下来，全书系统阐述了综合能源服务概述、综合能源服务技术框架、综合能源服务基础数学模型、综合能源服务业务体系、综合能源服务盈利模式分析以及综合能源服务核心能力建设路径设计等内容。

笔者在编写过程中吸收了国内外专家学者的研究成果和先进理念，参考了大量相关的文献、著作、教材和网络资料，在此谨向所有专家、学者、参考文献的作者表示衷心的感谢！同时也感谢出版社编辑们的辛勤付出！

本书是集体智慧的结晶，书中内容不尽成熟，难免错漏之处，恳请读者批评指正。

作　者

2019 年 3 月

目　录

第一章○○○○○○○○○

能源发展背景

第一节　全球能源发展概况

全球能源资源主要有煤炭、石油、天然气等化石能源和水能、风能、太阳能、海洋能等清洁能源。全球化石能源资源虽然储量巨大，但随着工业革命以来数百年的大规模开发利用，正面临资源枯竭、污染排放严重等问题。相反，清洁能源不仅品类丰富，而且低碳环保可以再生，未来具备非常诱人的开发潜力。从资源角度出发，世界能源资源概况归纳如下：

(1)随着勘探技术的不断进步和新型油气田的不断发现，世界油气能源探明储量总体呈现上升趋势。

(2)随着开采技术的进步，致密油气、煤层气、页岩油气、可燃冰等非常规油气资源将会成为常规能源的重要补充。

(3)随着新能源技术的革新和改进，风电和太阳能行业的可开发区域正在快速拓宽，利用及开发成本也在持续下降。

近年来，全球能源消费剧增，煤和石油等一次能源的大量使用，一方面使得化石能源储备迅速减少，另一方面造成了诸如温室效应等严重的环境问题。与此同时，以风电和太阳能发电为代表的清洁能源发电成本迅速下降。2017 年，全球光伏发电一度电成本已经达到 0.1 美元。到 2020 年预计能够达到 0.06 美元/度，已经处于化石燃料发电度电成本的下限。技术的进步和规模的扩大是清洁能源发电成本下降的主要原因。近年来，随着全球清洁能源发电装机规模的不断扩大和技术的不断进步，电站建设成本不断下降。以光伏发电为例，与 2010 年相比，2017 年的光伏电站安装成本下降了约 68%；其中，2017 年相较于 2016 年下降了近 10%。全球清洁能源投资持续增长，2004～2017 年的年均复合增速约为 13.8%。近年来，国际清洁能源投资稳定增长，全球清洁能源投资从 2004 年的 620 亿美元增长到 2017 年的 3 330 亿美元，其中太阳能发电（主要是光伏发电）所占比例最大。

除了光伏发电装机得到迅猛发展，风力发电也在全球得到广泛推广。2017 年，陆上风电累计装机排名前五的国家分别为中国、美国、德国、印度和西班牙。2017 年，中国新增陆上风电装机占全球新增陆上风电装机的比例为 37%。陆上风电新增装机排名前五的国家分别为中国、美国、德国、英国和印度。2017 年，在全球份额中，维斯塔斯公司以 18%的风电装机份额位居全球第一，西门子歌美飒以 15%的份额排名第二。中国风机厂商金风科技排名第三。

表 1—1　　世界水能、风能、太阳能等分布情况

地区	水能		风能		太阳能	
	理论蕴藏量（亿千瓦时/年）	占比（%）	理论蕴藏量（亿千瓦时/年）	占比（%）	理论蕴藏量（亿千瓦时/年）	占比（%）
亚洲	18	46	500	25	37 500	25
欧洲	2	5	150	8	300	2
北美洲	6	15	400	20	16 500	11
南美洲	8	21	200	10	10 500	7
非洲	4	10	650	32	60 000	40
大洋洲	1	3	100	5	22 500	15
合计	39	100	2 000	100	150 000	100

数据来源：BP，*Statistical Review of Word Energy*，2014。

绿色可持续发展战略已经成为世界主要国家的主导经济政策之一。亚太地区作为目前全球经济活力最强的区域，其能源消费量占世界总消费量的比例逐年上升，由 1965 年的 11.9%上升到 2015 年的 42.0%。

当前，全球经济形势和能源格局深刻调整，新一轮能源革命蓬勃兴起。全球能源资源市场、技术、政策等均出现了新的变化，国际油价企稳回升，能源大国的清洁能源开发力度不断加大，新兴能源技术变革不断取得进步，对全球能源供给多元化及能源技术进步起到了积极的促进作用。

第二节　中国能源发展趋势

2016 年我国煤炭消费量占总能源消费量的 63.7%，其中电煤占煤炭总消耗的 49%。2018 年前三季度，煤炭消费量占总能源消费量的 60.4%，电煤占煤炭消费总量的比重增加至 53.9%。上述趋势预示煤炭在中国能源消费中的占比已达到峰值，并可能进一步下降，但电煤消费占比则可能逐步上升，故电力行业的能源消费变化将在中国能源消费的发展趋势中扮演重要角色。近 5 年，国家补贴政策的扶持推动了中国可再生能源渗透率快速提高，对电网的稳定运行提出了更为严苛的要求，故高效、安全调度可再生能源电力的智能电网自然成为中国电网未来的发展目标。另一方面，补贴资金缺口的扩大同时促使国家寻求转变电网垂直一体化的运营方式，利用市场化机制提高资源配置效率，以最低成本实现电力清洁化。①

一、电网智能化

现代电力网络应具备高效、清洁、安全、可靠、市场化、可自愈与双向交互的特征。中国国家电网公司在 2009 年 5 月召开的特高压输电技术国际会议上正式提出了“坚强智能电网”概念与建设规划，即以通信平台为支柱，以坚强网架为基础，以智能控制为手段，包括发电、输电、变电、配电、用电和调度 6 个环节，

① 刘振亚. 全球能源互联网[M]. 北京：中国电力出版社，2015：10—11.

涵盖所有电压等级，将先进的传感测量技术、通信技术、信息技术、计算机技术和控制技术与物理电网高度集成形成的新型电网。

二、机制市场化

改革开放后，我国电力体制市场化过程大致可分为四个阶段：1985 年放开集资建设电厂至 1997 年国家电力公司成立为第一阶段，发电市场逐步放开；1998 年至 2002 年第一次电力体制改革之前为第二阶段，实现了政企分开，形成了“政府宏观调控为主导，电力企业自主经营，电力行业协会自律管理”的管理新格局；2002 年至 2015 年第二轮电力市场化改革之前为第三阶段，完成了厂网分开、主辅分离的阶段性任务；2015 年至今为第四阶段，电力体制改革进一步深化，市场交易范围和主体数量不断扩大，完善了电价形成机制，实现了输配分离，建设了竞争性售电市场。

三、能源清洁化

中国近年来清洁能源投资高速增长，2004～2017 年的年均复合增速约为 33.5%。中国清洁能源投资从 2004 年的 31 亿美元增长到 2017 年的 1 326 亿美元，光伏发电投资占比最高。2017 年中国的光伏发电装机实现快速增长，分布式光伏实现爆发式增长。2017 年，全国光伏装机 5 306 万千瓦，同比增长 54%，占全部新增电力装机的 40%。其中，集中式光伏装机增速减缓，同比增长 11%；分布式光伏爆发式增长，新增装机达到 1 944 万千瓦，同比增长 3.7 倍。中国风电自 2015 年新增装机达到 30.75GW 以来，2016、2017 年风电装机量分别为 23.37GW 和 19.52GW。2017 年，中国陆上风电占全球比例为 35%左右。

第三节　综合能源系统

一、综合能源系统基本概念

理论上讲，综合能源系统并非一个全新的概念，因为在能源领域中，长期存在着不同能源形式协同优化的情况，如 CCHP 发电机组通过高低品位热能与电能的协调优化，以达到燃料利用效率提升的目的；冰蓄冷设备则协调电能和冷能（也可视为一种热能），以达到电能削峰填谷的目的。[①] 本质上讲，CCHP 和冰蓄冷设备都属于局部的综合能源系统。事实上，综合能源系统的概念最早来源于热电协同优化领域的研究。

尽管综合能源系统的概念很早就已出现，并已有大量前期研究，但目前还缺乏统一的定义，即使在世界知名的维基百科（Wikipedia）数据库中，目前仍不能找到其相关词条。为便于讨论，本书的综合能源系统特指在规划、建设和运行等过程中，通过对能源的产生、传输与分配（能源网络）、转换、存储、消费等环节进行有机协调与优化后，形成的能源产供销一体化系统。它主要由供能网络（如供电、供气、供冷/热等网络）、能源交换环节（如 CCHP 机组、发电机组、锅炉、空调、热泵等）、能源存储环节（储电、储气、储热、储冷等）、终端综合能源供用单元（如微网）和大量终端用户共同构成。一般而言，综合能源系统包含了现有供电、供气和供热网络，同时在能源网络的终端，不同的能源使用设备、能源转换和存储单元共同构成了终端综合能源系统。

二、世界各国的不同关注点

综合能源系统相关技术一直受到世界各国的重视，不同国家往往结合自身需求和特点，各自制定适合自身的综合能源发展战略。

美国在 2001 年提出了综合能源系统发展计划，目标是促进分布式能源（DER）和热电联供（Combined Heating and Power，CHP）技术的推广应用以及提高清洁能源使用比重。2007 年美国颁布了能源独立和安全法（EISA），以立法形式要求社会主要供用能环节必须开展综合能源规划；而随着天然气使用比例的不断提升（如 2011 年后美国 25%以上的能源消耗源于天然气），美国自然科学基金会、能源部等机构设立多项课题，研究天然气与电力系统之间的耦合

① 余晓丹，徐宪东，陈硕翼等. 综合能源系统与能源互联网简述[J]. 电工技术学报，2016，31(1)：1—13.

关系。美国前总统奥巴马推进的智能电网国家战略，其愿景是构建一个高效能、低投资、安全可靠、智能灵活的综合能源网络，而智能化的电力网络在其中起到核心枢纽作用。

加拿大将综合能源系统视为实现其 2050 年减排目标的重要支撑技术，而关注的重点是社区级综合能源系统（Integrated Community Energy System，ICES）的研究与建设，为此加拿大政府在 2009 年后颁布了多项法案，以助推 ICES 的研究、示范和建设。

欧洲同样很早就开展了综合能源系统相关研究，并最早付诸实施。通过欧盟框架项目，欧洲各国在此领域开展了卓有成效的研究工作（如 VoFEN、District of Future、Microgrids & More Microgrids、Trans European Networks、Intelligent Energy 等）。除在欧盟整体框架下推进该领域研究外，欧洲各国还根据自身需求开展了一些特色研究。以英国为例，英国工程与物理科学研究会（Engineering and Physical Sciences Research Council，EPSRC）资助了大批该领域的研究项目（如 HDPS、ITRC、HiDEF、Multi-Vector Energy、Future FM、B-bem、HubNet、Topand Tail）以及即将启动的 SIES&D（Systems Integration of Energy Supply and Demand）研究计划，涉及可再生能源入网、不同能源间的协同、能源与交通系统和基础设施的交互影响以及建筑能效提升等诸多方面。此外，英国政府 Innovate UK 部门设立 Energy System Catapult 等计划，助推了综合能源研究领域科研成果与工业界的对接。

日本由于其能源严重依赖进口，因此成为最早开展综合能源系统研究的亚洲国家，并希望通过该领域的技术创新进步，缓解其能源供应压力。在政府大力推动下，日本各界从不同方面对综合能源系统开展了广泛研究，如 NEDO 倡导开展的智能社区和智能微网研究、Tokyo Gas 的综合能源网研究等。

我国已通过 973 计划、863 计划、国家自然科学基金等研究计划，启动了众多与综合能源系统相关的科技研发项目，并与新加坡、德国、英国等国家共同开展了这一领域的很多国际合作，内容涉及基础理论、关键技术、核心设备和工程示范等多个方面。两大电网公司、天津大学、清华大学、华南理工大学、河海大学、中国科学院等研究单位已形成综合能源系统领域较为稳固的科研团队和研究方向。

第四节　基于能源互联网的综合能源管理系统

一、能源互联网

在传统能源基础设施架构中，不同类型的能源之间具有明显的供需界限，能源的调控和利用效率低下，而且无法大规模接纳风能和太阳能等分布式电源以及电动汽车等柔性负荷。随着互联网理念的不断深化，一种新型的能源体系架构——“能源互联网”的构想应运而生。其主要理念是将可再生能源作为主要的能量供应源，通过互联网技术实现分布式发电和储能的灵活接入，以及交通系统的电气化，并在广域范围内分配共享各类能源。①

智能电网是能源互联网的主要技术模式。然而，能源互联网在以下两个方面具有显著的理念创新：

1. 范围和时空上更广域

能源互联网支持各种能源类型，并从源头到终端用户实现全方位、全时段的覆盖。随着信息互联网进入平台化发展的成熟期，“互联网＋能源”将呈现出多元化、平台化、综合性的服务业态。

2. 理念上更创新

提高效率、优化资源配置是能源互联网最显著的特征，其本质是网络互联、信息对称、数据驱动。能源与信息网的深度融合将催化广泛的技术和商业模式创新。

综合以上分析，可将能源互联网初步定义为：以电力系统为中心，智能电网为骨干，互联网、大数据、云计算及其他前沿信息通信技术为纽带，综合运用先

---

①　马钊，周孝信，尚宇炜，盛万兴．能源互联网概念、关键技术及发展模式探索[J]．电网技术，2015，39(11)：3014－3022．

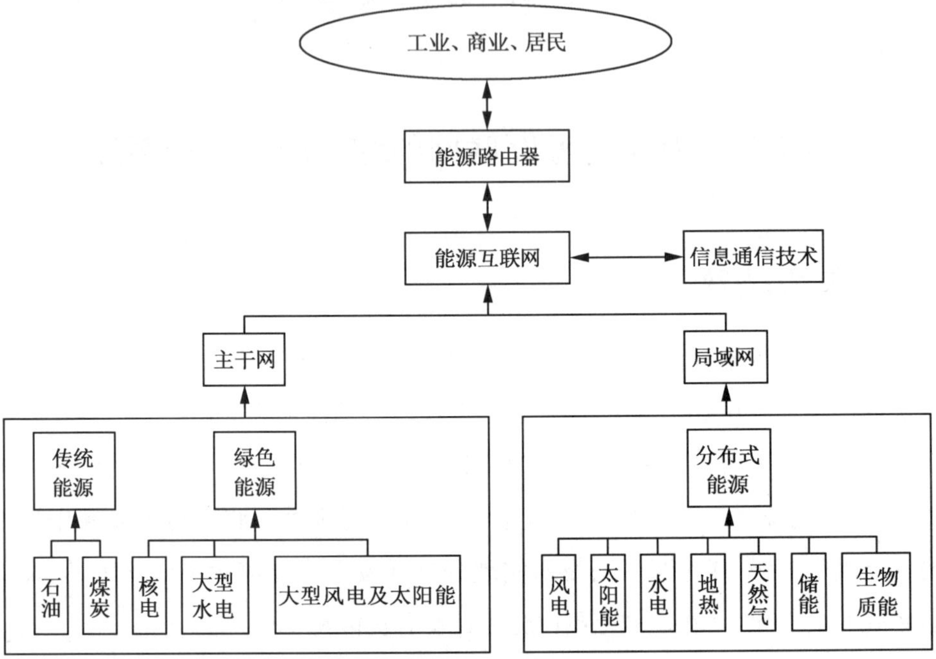

图1—1　能源互联网结构

进的电力电子技术和智能管理技术，能够实现横向多源互补、纵向源—网—荷—储协调的能源与信息高度融合的下一代能源体系，同时具有扁平化性，以及面向社会的平台性、商业性和用户服务性。具体来讲，是在骨干电网的基础上，以大量分布式能量采集和储存装置所构成的新型电力网络为链接枢纽，将电力、石油、天然气及交通运输网络等能源节点进行互联，形成多层耦合的网络架构，通过虚拟电厂和电网实现个性化、定制化的能量生产与应用，利用能源路由器将无序、低熵的能量流按照最佳路径向可控、高熵的负载流动，实现能量流的全面调控、优化、交互和共享。

近年来，我国政府对能源领域的重视程度和支持力度不断提升。2015年年初，政府工作报告提出开展"互联网＋"行动计划，指出在能源领域推动能源革命。同年6月30日，中国发布《强化应对气候变化行动——中国国家自主贡献》报告，提出到2030年实现碳排放强度比2005年降低60％～65％的目标。7

月 13 日，国家能源局发布《关于推进新能源微电网示范项目建设的指导意见》，鼓励综合利用风能、太阳能等各类分布式能源多能互补的特点，建立以波动性新能源为主体的发、输、配、储、用一体化局域电力系统；在管控方法上按照互联网理念，运用先进的互联网信息技术，实现能源生产和使用的智能化。这些政策将指导能源互联网快速发展。

表 1—2　能源互联网的发展趋势

规划	时间阶段	建设目标	核心内容
能源互联网初级阶段（能源主导）	2015～2018	分布式能源 ＋配网	输配电价核定及电量交易启动 分布式能源电量区域内消纳，配网建设解决结算权和数据入口问题
	2019～2021	智能售电 ＋需求侧管理 ＋VPP	日前交易、全电量交易和电量差惩罚机制，要求具有强预测、调节能力和机制
	2022～2025	区域能源互联网建设	构建与微电网、新能源发电相结合的多能互补和主动配电网，分布式发电全面参与电力交易
能源互联网中级阶段（信息主导）	2026～2030	开放数据来源支撑人工智能为代表的中级能源互联网	平台化售电＋实时电价机制＋区域能源互联网

二、综合能源管理系统

综合能源管理系统是以大数据、物联网、移动互联网技术等为支撑的大型开放式能源管理服务平台，系统采用分层分布式结构，借助云数据中心，对“感知”来的电、热（冷）、气等多种能源的生产、输送、消费等各类信息进行智能处理，对整个能源系统进行监控和管理①，如图 1—2 所示。

综合能源管理系统的主要特点包括：

1. 创新能源生产模式

以化石能源消耗最小为目标，突破传统单一能源的管控，通过各种能源生

① 张丹，沙志成，赵龙. 综合智慧能源管理系统架构分析与研究[J]. 中外能源，2017，22(4)：7—12.

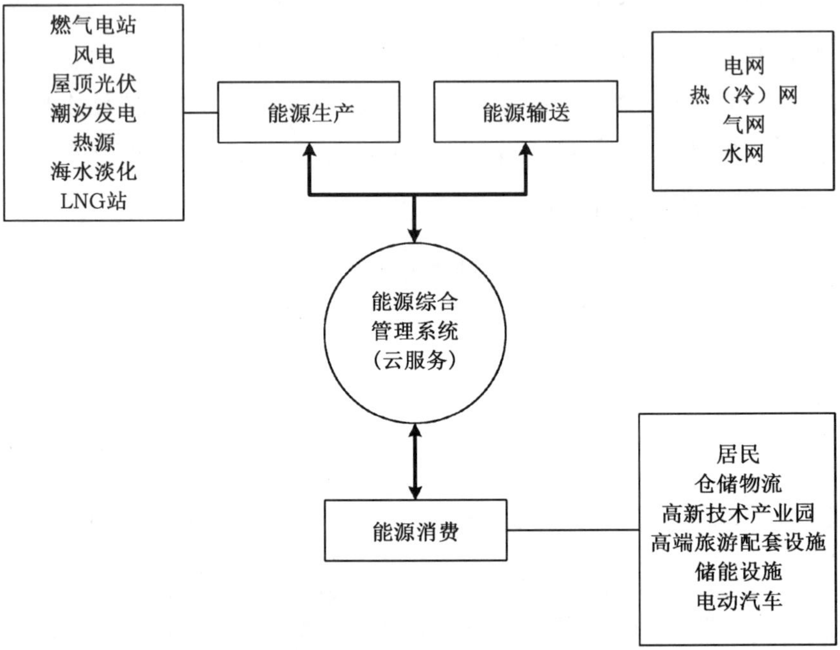

图 1—2　管理系统定位示意图

产之间的优化，实时监控和预测，统筹各类能源的优化配置方案。

2. 创新需求侧消费模式

以用户为中心，充分注重用户的用能及服务需求，实现用户间的互补，结合移动互联网，为能源供应服务商与用户之间创造双向互动平台。为用户提供用能建议、APP 查询等人性化服务，让用户通过灵活的价格机制，主动地参与到能源管理中，享受到更加经济、优质、舒适的能源服务。

3. 实现能源供需互动

在动态能源价格机制下，充分发挥储能装置、电动汽车等的负荷调节功能，在电力需求低谷储存电能，在用电高峰售电获取经济效益，实现电力系统负荷的灵活调节。

综合能源管理系统由能源管理平台、通信系统、终端三部分组成。终端根据管理平台的信息及控制需要，装设数据采集及自动化控制设备，实现对能源网各环节的信息传感采集以及用能设备的物联接入。通信系统按照“专网专用、辅以公网”的原则，建设能源系统全覆盖的通信网络，实现信息的传输与控制。能源管理平台以云计算技术为基础，采用分层、分块的设计思路，开发不同的功能模块，还能够根据不同的业务和使用场景分成不同层级、不同模块的子系统。

能源是人类赖以生存和发展的基础，是国民经济的命脉，关乎国家根本，因此能源问题始终都是世界各国关注的焦点。在新形势下如何处理能源问题，加速全球能源革命，需要世界各国政府深入思考，谨慎而积极地应对；需要统筹把握经济发展全球化、资源配置全球化和环境影响全球化的新特征，推动世界能源走上安全、清洁、高效、可持续的发展道路。

第二章。。。。。。。。。

综合能源服务概述

随着能源互联网技术，分布式发电供能技术，能源系统监视、控制和管理技术，以及新的能源交易方式的快速发展和广泛应用，综合能源服务（集成的供电、供气、供暖、供冷、供氢、电气化交通等能源系统）近年来在全球迅速发展，引发了能源系统的深刻变革，成为各国及各企业新的战略竞争和合作的焦点。国内企业也掀起了向综合能源服务转型的热潮。

第一节　综合能源服务提出的背景

一、国外发展现状

21 世纪以来，随着新能源和信息技术的发展和能源体制变革，美国、德国、日本等国陆续提出综合智慧能源或类似的概念和行动计划。美国以 FREEDM 为代表较早提出综合智慧能源，其内涵最初与智能电网部分内容相辅相成。欧洲，主要是德国于 2008 年在智能电网的基础上选择了 6 个试点地区进行为期 4

年的 E-Energy 技术创新促进计划，成为欧洲实践综合智慧能源最早的国家。①

（一）美国

美国以 FREEDM 为代表，最早提出的综合智慧能源是以互联网的开放对等的理念和体系架构为指导形成的新型能源网，研究多来自大学的研究团队。2007 年美国北卡罗来纳州立大学的 Alex Huang（黄勤）教授提出了能源互联网（Energy Internet）概念。2012 年 7 月，美国能源部下属新能源国家实验室（NREL）提出能源系统整合概念（Energy Systems Integration）：通过整合能源系统与其他系统（数据系统、网络信息系统等），完成各系统间的高效互联进而实现经济效益和社会效益的最大化。而早在 2008 年的硅谷，ET＋IT（能源技术＋信息技术）的概念就已经在风险投资圈内传得火热，彼时发酵出来的概念称为 Smart Grid（智能电网）。

就能源互联网的研究基础智能电网而言，美国是起步较早的国家。在 2001 年，针对美国电网所面临的市场主体分散、设备老旧、投入不足和事故频发等问题，美国电科院首次提出了智能电网的概念，旨在融合最新的信息及控制技术，实现对其既有电力系统的智能化改造，提升安全运行水平、资产管理水平和供电服务能力。随着可再生能源的大规模开发及并网运行，以及电动汽车的商业化应用，智能电网的重要性进一步拓展到能源及交通等领域，也为跨界的能源互联互通提供了重要的发展路径。

出台联邦政府层面的政策与规划，凸显智能电网发展的战略意义。美国政府陆续颁布了《能源独立与安全法案》《复苏与再投资法案》等文件，出台了《Grid2030》《国家输电技术路线图》《智能电网系统报告》等发展规划，将智能电网作为提高能源利用效率、促进节能减排、助力经济发展和实现国家能源安全的战略举措。

技术产业发展方面着重于新兴领域的技术和市场培育。近几年，美国开展了大量小型分布式风力和光伏发电接入、需求响应、智能用电、能源管理等试点示范，注重采用先进的计量、控制等技术使用户参与电力需求响应项目和能源

① 封红丽．国内外综合能源服务发展现状及商业模式研究［J］．电器工业，2017(6)：34－42.

管理。各种互联网企业纷纷进入传统电力行业，促进了新的能源消费 商业模式的形成，也在不断将综合智慧能源应用到各类场景中。

注重综合性工程示范，通过政府资金投入，吸引社会机构广泛参与。美国政府为研究机构、高校、电力公司等的智能电网项目提供了超过 40 亿美元的资助，项目最高资助比例为 50%，有效推进了电网态势感知、需求侧响应、高级计量、基础设施升级、储能、可再生能源、电动汽车、分布式电源并网、微电网等领域试点工程建设。

（二）欧洲

欧洲更加关注绿色环保和低碳减排，其能源政策及技术创新方向主要着力于推动可再生能源发展和能效提升的综合智慧能源研究中，将智能电网作为承载高比例可再生能源的重要平台。欧洲在风力发电和太阳能发电的规模和渗透程度上均全球领先，在促进多种能源融合与综合利用方面也有诸多实践。

德国联邦政府 2008 年开始推动的“E-Energy”能源互联网示范项目，就是以新型的信息通信设备和系统为基础，在六个城市试点不同侧重的智能电网示范项目，以最先进的调控手段来应付日益增多的分布式电源与各种复杂的用户终端负荷。

该示范工程利用信息通信技术实现能源电力和信息的深度融合，建立具有自我调控能力的智能化电力系统。项目显著特点包括：一是以信息与能源融合为纽带，构建了由能源网、信息网和市场服务商构成的三层次能源系统架构；二是开发了基于能量传输系统的信息和通信控制技术，可以实现从能源生产到终端消费的全环节贯通；三是促成了新的商业模式和市场机制，对智能电力交易平台、虚拟电厂、分布式能源社区等商业模式进行了试点研究。

随着欧美国家电力市场的不断放开和能源价格的攀升，IT 技术尤其是移动互联网技术的不断发展，“能源互联网”在不少国家形成了一个新的创业生态圈——Energy’s Web/App（能源圈的互联网应用），比如美国的 Opower，新西兰的 Powershop 和德国的 Green Packet 等，都是在开放的售电端市场和节能增效的大背景下出现的新型互联网创业公司。

此外，欧盟分布式能源实验室为解决德国 CO_2 排放量增加等能源问题，开发了社区能源管理系统。该系统主要以智能社区为理论背景，综合利用了现代信息通信、自动控制和量测技术等，为用户提供优质用电服务的同时满足分布式电源和电动汽车等新能源技术的使用。

(三)日本

日本于 2011 年提出“绿色 IT 战略”，即应用智能信息和通信技术提高能效：通过整合 ICT(信息通信技术)、气候和能源技术，来建设区域电力和多元能源综合管理系统。

日本将能效提升作为发展智能电网的首要目标，并选择太阳能发电作为可再生能源利用的主要方面。大力发展分布式光伏和智能社区，着力构建能够抵御灾害的坚强电网。一是大力发展光伏等分布式可再生能源。预期到 2020 年日本太阳能发电成本将大幅下降，转化效率提升 20%以上，分布式光伏安装户数达 530 万户，总装机容量约 2 800 万千瓦。二是建立能够满足新能源接入的分布式电网控制系统。三是提高电网抵御灾害的能力。通过接入大规模可再生能源，利用信息技术和储能技术，维持区域供电平衡，并在灾害时提高保障区域供电需求的能力。四是实现家庭、楼宇的用电信息智能化管理，以实现提高能源利用率、节约电能的目标。五是通过建设“智能社区”，发展新的产业模式，如能源咨询服务、能源管理服务、个人能源消耗实时信息查询服务等。

政府主导、企业和民众广泛参与，开展不同功能目标的工程示范。日本在横滨市、丰田市、京阪奈学研都市和北九州市等分别开展了示范工程建设，各示范工程验证功能各有不同，主要根据各个城市自身定位和特点来进行功能设计。

日本是最早开展综合能源系统研究的亚洲国家，日本的柏叶新城目前已实现了区域能源管理一体化，其运用了区域能源管理系统(AEMS)，整个区域的能源信息被集中起来进行统一处理，把简单的节约能源发展成为能源循环与能源储备。区域能源管理系统(AEMS)作为柏叶能源系统的核心，还与楼宇能源管理系统(BEMS)和家庭能源管理系统(HEMS)进行信息交换，从服务和满足家庭、社区需求出发，通过使用各种现代技术减少家庭、社会的能源消费开支，提高能源资源的利用效率。重点通过可再生能源的开发和利用，推广能源资源需求的智能化、可视化管理。

综上，国外多数国家开展的综合智慧能源建设以“网”为基础，以“电”为主要能源产品，将电网作为可再生能源接入的载体，实现能源与信息深度融合，建立具有自我调控能力的智能化电网，提供能源管理服务。

二、国内发展现状

近年来，我国综合智慧能源建设在国务院、国家能源局与工信部三部委的助推下发展迅速。尤其是 2015 年至 2017 年，我国相继推出了系列文件与相关举措，在综合智慧能源示范项目领域取得了重要探索成果。

2015 年，国务院发布《关于进一步深化电力体制改革的若干意见》，明确提出，鼓励专业化能源服务公司与用户合作或以“合同能源管理”模式建设分布式电源。2015 年 7 月，国务院印发《关于积极推进“互联网＋”行动指导意见》，提出“互联网＋”智慧能源行动。2016 年 2 月，国家发改委等联合印发《关于推进“互联网＋”智慧能源发展的指导意见》。同年 6 月，国务院常务会议审议国家能源局《关于实施“互联网＋”智慧能源行动的工作情况汇报》。2016 年 7 月 4 日，国家发展改革委、国家能源局印发《关于推进多能互补集成优化示范工程建设的实施意见》，强调了创新管理体制和商业模式。2016 年 7 月 26 日，国家能源局发布《关于实施“互联网＋”智慧能源示范项目的通知》，鼓励在工业园区或者开发区等，推动绿色能源的灵活自主微平衡交易，开展化石能源互联网交易平台试点，开展分布式电源直供负荷试点，在试点区域内探索过网费标准和辅助服务费标准、交易监管等政策创新。2017 年 1 月 25 日，国家发改委、能源局发布《关于公布首批多能互补集成优化示范工程的通知》，首批多能互补集成优化示范工程共安排 23 个项目，其中，终端一体化集成供能系统 17 个、风光水火储多能互补系统 6 个。2017 年 2 月 7 日，国家能源局发布《微电网管理办法(征求意见稿)》，提出，通过城镇电网建设改造、智能电网等现有专项建设基金，加大微电网建设的资金支持力度。鼓励地方政府和社会资本合作(PPP),以特许经营等方式开展微电网项目的建设和运营。

国内综合能源服务尚处于起步阶段。开展能源服务的企业类型包括售电公司、服务公司和技术公司等。国内典型的综合能源服务供应商有南方电网综合能源有限公司、广东电网综合能源投资有限公司、华电福新能源股份有限公司、新奥泛能网、协鑫分布式微能源网、远景能源、阿里云新能源等。广东电网综合能源投资有限公司、华电福新能源股份有限公司、华润电力、科陆电子等都在向综合能源服务供应商转型。此外,2016 年 11 月,国内第一个发、配、售电一体化项目,即深圳国际低碳城分布式能源项目获批。

以多能互补为基础的综合能源服务,其发展路径可分为两类:一类是产业链延伸模式,如新奥、协鑫和华电的发展模式。新奥是以燃气为主导,同时往燃气的深度加工发电、冷热供应方向发展;协鑫以光伏、热电联产为主导,同时往天然气、智慧能源方向布局。另一类是售电+综合服务模式,是将节能服务或能效服务等增值业务整合在一起的能源服务,相较于前一种模式对其产业基础要求较低。①

第二节 综合能源服务基本定义

尽管目前对综合能源服务尚无统一的定义,但综合考虑到能源产品的综合、服务方式的综合、服务内容的综合等方面,可以认为综合能源服务至少需要以下几个因素:国家能源发展方针与政策;能源"产供销用的价值流";能源的管理、技术、经济和市场;能源服务对象与模式。

鉴于上述因素,给出综合能源服务的定义如下:综合能源服务是围绕国家和政府的能源方针和政策,以实现"清洁、科学、高效、节约、经济用能"为宗旨,通过综合能源系统,为用户供应综合能源产品和提供能源应用相关的综合服

① 王润华. 论"新电改"背景下综合能源服务市场的催生[J]. 科技经济导刊,2018,26(25):215-234.

务。上述定义中：

(1)清洁用能包含可再生能源的开发、清洁能源的利用、传统化石能源的清洁化利用；科学用能是指能源的梯级利用、能源的科学管理；高效用能是指通过先进的技术、管理方法和手段，提高能源开发、转换、使用效率；节约用能是指能源使用过程中减少不必要的能源浪费，使能源应用于必要的场合和时间；经济用能是指政府通过经济手段或市场化的手段促进企业清洁用能、科学用能、高效用能和节约用能，企业通过采用先进的技术和管理，减少用能成本，获得经济效益。

(2)综合能源系统是具有各类能源存储、相互转换并为用户提供所需种类能源的能源系统及其相关的信息通信等基础设施。典型的综合能源系统一般可由分布式能源、供电、供气、供暖、供冷、储能及其控制和管理信息系统等组成。

(3)客户主要指政府、企业、公共事业部门、科研院所等，包括能源开发和生产企业、能源输送及供应与销售企业、能源使用单位等(如电网公司、工业和商业企业等)。能源领域不同的对象，对能源关心的角度不同。例如：可再生能源发展初期，开发商比较关注国家可再生能源鼓励政策；电网公司比较关注大规模和分布式可再生能源发电对电网安全可靠运行的新要求；政府比较关注能源的宏观管理，关心能源消费总量和消耗强度的控制；用能企业比较关注能源在产品中的成本。因此，综合能源服务应细分客户，针对不同的对象、行业等制定不同的服务策略、内容。

(4)综合服务涵盖能源管理、技术、经济、市场等方面。方式可以是咨询、委托运维、合同能源管理、项目总承包等。

第三节　综合能源服务的意义

综合能源服务主要是实现能源的综合利用，实现能源的梯级利用有两个方面的含义：一是按质用能。尽可能不使高质能源去做低质能源可完成的工作；

在一定要用高温热源来加热时，也尽可能减少传热温差；在只有高温热源，又只需要低温加热的场合下，则应先用高温热源发电，再利用发电装置的低温余热加热，如热电联产。二是逐级多次利用。高质能源的能量不一定在一个设备或过程中全部用完，因为在使用高质能源的过程中，能源的温度是逐渐下降的，而每种设备在消耗能源时，总有一个最经济合理的使用温度范围。当高质能源在一个装置中已降至经济适用范围以外时，即可转至另一个能够经济使用这种较低能质的装置中去使用，使总的能源利用率达到最高水平。虽然能源梯级利用是针对发电和供热企业提出的，但可以广泛地扩展到制冷、深冷、化工、冶金等各种工业过程，必要时可用热泵来提高热源的温度品位后再利用。

不同的企业对能量的等级要求是不一样的，可以根据各用能企业的能级需求的高低构成能量的梯级利用关系，高能级热源经上一级企业使用后降为低能级热源，供给需求低的企业使用。能量的梯级利用能够有效地满足各单位的用能需要，而不增加能源消耗，极大地提高能源利用率。综合能源系统在实现能源的梯级利用方面的案例已经很多，但是由于其系统本身具有相当大的复杂性，梯级利用方面还存在着相当多的问题。

其次，综合能源系统可以充分利用多种能源的时空耦合特性和互补替代性，弥补可再生能源具有明显的间歇性和随机波动性等问题，促进可再生能源的开发利用。例如，通过大量储热的方式消纳可再生能源，采用可再生能源发电制氢等。

另外，以供电为核心，电、气、冷、热等供能系统本身存在紧密的耦合关联，电能供应的终端可能导致其他供能系统停运，因此通过多个供能系统的协调规划和运行，可以避免单纯加大某一供能系统投入提高其安全系数与自愈能力带来的弊端，从而有效提高多种能源供应的安全和可靠性。与现有的供电、供气、供冷/热一样，安全、可靠、经济是人们对综合能源系统最基本的要求。可靠性评估可以用定性或者定量的指标反映系统的能源供应中断的风险水平，从而指导综合能源系统的规划、运行等生产实践活动。随着经济社会的发展，人们对能源供给的可靠性要求越来越高，综合能源系统与电、气、冷及热等多种负荷在物理上直接相连，确保综合能源系统的供能可靠性显得尤为重要。因此，运用各种最新技术确保综合能源系统的稳定运行具有重大的意义。

第四节　售电服务与综合能源服务

新时代下的能源综合服务具有传统能源生产消费的技术和运营属性，融合了新的商业模式和业态，将更具有战略和商业属性。按照综合能源服务的主要市场参与主体，这里大致归纳为能源公司、售电公司、技术公司和服务公司四类，具体如表 2－1 所示[①]：

表 2－1　　综合能源服务类型

市场主体类型	市场主体特点
能源公司	主要是重资产企业，规模相对较大，以大型国企为主。一类是传统企业转型，如电网公司等；另一类是产业链延伸为主，如新奥燃气泛能网、协鑫能源互联网
售电公司	主要是新成立的企业，既有国企也有民企，以中小企业为主，围绕售电业务展开的综合能源服务
技术公司	主要是轻资产公司，如互联网公司、储能技术公司、微电网技术公司等，运用大数据、云计算等技术提供用能优化和管理方案，如国网电子商务公司、阿里云综合能源服务方案、远景能源等
服务公司	主要是轻资产企业，如各类设计院、EPC 单位、工程服务企业、节能服务公司等，提供需求响应服务、分布式能源方案设计等

在众多售电公司中，最有可能成为综合能源服务商的是拥有配电网运营权的售电公司。而工业园则是它们的必争之地，因为这里用电企业特别是大用户聚集，用电规模大，有条件开展增值服务能落地、见实效的很好的实验示范地。能为园区内电力用户提供增值能源服务的售电公司将取得深度收益。

售电公司可将售电业务与其他供水、供热、供气业务打捆，向用户提供综合能源服务，同时可以承担代理用户购电、运维电务工程等多种多样的服务。售

① 电力企业向综合能源服务转型的轻思考[EB/OL]. http://news.bjx.com.cn/html/20180709/911390－3.shtml.

电公司根据用户需求，积极响应用户不断变化的服务升级，开发更便宜、更清洁的能源供给和整体清洁方案，并在用户综合用能成本的下降中与用户共享收益。

总之，售电公司应该立足自身背景、资源和技术优势，拓展服务内容，更要眼光长远，以“提供集成创新能源解决方案”为目标，加强技术储备，创新商业模式，提供差异化综合能源服务。

第五节　“新电改”与综合能源服务

2015 年 3 月，以中共中央、国务院《关于进一步深化电力体制改革的若干意见》颁发（以下简称 9 号文件）为标志，新一轮电力体制改革的热潮在全国强势掀起。

一、有利于推进能源市场的市场化改革

所谓“新电改”，就是将电力行业的发展模式进行创新化转变，将开放的市场体系引入能源服务市场中，从而实现能源市场竞争的有序化，激发出各个利益主体的积极性，有效发挥电力能源对国民经济发展的重要作用。一般来讲，综合能源服务市场就是将电力企业的服务形式进行拓展，不断拓宽其服务渠道。下面我们以电力营销作为例子，阐述一下这部分的观点。以“新电改”为分水岭，“新电改”之前，电力营销均是由电网企业全程负责，主要是遵循“发电企业—电网企业—电力用户”的营销模式，这种电力营销模式虽然具有其基本作用，但是作为单向性的销售模式，不利于建立起全方位的互动体系，不利于电力营销的长效作用发挥。“新电改”之后，电力能源输配与营销环节相分离，呈现出比较独立的状态，由政府核定输配环节的电价，利用政府对电力能源价格的垄断优势进行规制。但是在电力营销阶段，电网企业向综合能源服务企业转型，可以更为广泛地参与到国家开放的竞争业务中，对其自身的经济效益和社

会效益都有积极作用。[①]

二、有利于推进能源行业的可持续发展

世界范围内，环境问题已经成为制约经济发展的重要因素，为了提升经济的可持续发展水平，我们需要将可持续发展理念引入能源行业中，从而为电网企业综合能源服务市场提供动力。实践证明，要想实现经济现代化就必须依靠低碳发展，这也表明综合能源服务市场的必要性。即在“新电改”的背景下，推进综合能源服务市场的发展就是推进能源行业的可持续发展，这也是践行绿色经济的关键方面。总之，基于综合能源服务的市场发展体系，我们必然会对经济发展和环境保护这两个方面进行协调，最终实现绿色发展和循环发展。

三、有利于加强能源互联网技术的应用

伴随着互联网技术的广泛应用，能源市场也开始向互通互联的方向发展，逐渐由单向发展模式向多元化方向转化，并且逐渐地将多种技术模式应用到实际工作中，比如集约化、标准化等。同时，基于科学技术的不断进步，各种与能源相关的技术不断深入，比如储能技术、清洁能源发电技术、新能源应用技术等，这些都是具有代表意义的发展技术。因此，能源服务市场化成为趋势。“新电改”就是要赋予能源行业变革的动力，通过相关的技术要领，有效推进能源互联网的发展和应用，最终突破既有的电力能源消费模式、生产模式和营销模式，以有效推进综合能源服务市场化。

---

① 黄建平，俞静，陈梦等.新电改背景下电网企业综合能源服务商业模式研究[J].电力与能源，2018，39(3)：344－346、399.

第三章

综合能源服务技术框架

能源互联网是一种运用电子互联网技术、信息技术、智能管理技术对能源点进行互联并实现双向流动能量对等交换和共享网络，能够将互联网技术和可再生能源相结合的互联网络。能源互联网发展的核心目的是利用互联网及其他前沿信息技术，促进以电力系统为核心的大能源网络内部设备的信息交互，实现能源生产与消耗的实时平衡。为了实现大规模可再生能源的稳定利用，海量分布式设备的广域协调和即插即用将是能源互联网的关键技术；电动汽车作为电气化交通系统的核心，可以同时充当储能设备以平抑可再生能源波动，将在能源互联网中发挥重要作用；随着页岩气开采技术的进步和电转气技术的出现，电力网络与天然气网络之间的能量流动将由单向变为双向；通过电力与天然气网络的融合，有望真正实现可再生能源的大规模存储。①

能源互联网的发展对能源的利用与探索具有重要意义，只有通过强化能源互联网关键技术，才能够更好地实现对能源的有效管理和控制，提高能源的利用率，促进社会发展。

本章节主要介绍了能源互联网的关键技术，并展望了综合能源服务作为区

---

① 薛斌，唐卓贞. 全球能源互联网关键技术进展及展望[J]. 电气自动化，2017，39(2)：79－82.

域能源互联网未来的研究趋势和发展前景。①

第一节　多能互补集成供应技术

能源是经济发展的基础，随着工业生产和社会经济的迅速发展，能源消费量急剧增加的同时出现了一系列环境问题，如全球变暖、大气污染等。节能减排是全世界应对气候变化的迫切需求，为了减小能源消费对环境的影响，需要进一步减少化石能源的消耗量，增加清洁可再生能源的开发利用效率。然而，可再生能源如太阳能、风能都具有间歇性和波动性等特点，在发电入网时存在接入困难、成本高且难以控制等缺点，且会对电网电能质量和可靠性产生不利影响。因此，如何提高可再生能源的消纳比例，实现可再生能源的高效利用，保证电力系统安全、低碳、稳定、高效、经济运行，是目前亟须解决的问题。

针对该问题，考虑将分布式能源与传统能源统相结合，形成多能源系统，其多能互补系统的能源形式包括天然气、柴油、生物质、太阳能、风能、氢能、水能等。在供能端将不同类型的能源进行有机整合，提高能源利用效率，减少弃风、弃光、弃水现象。在用能端将电、热、冷、气等不同能源系统进行优化耦合，同时综合考虑经济性以及用户的舒适性，提供安全可靠的能源，促进能源利用最大化。②

构建多能源系统，同时发展多能互补技术可以更充分地利用分布式能源和可再生能源，是能源互联网的物理基础，对于推动我国能源革命、提高可再生能源比例、促进化石能源高效清洁利用、提高能源综合利用效率具有重要意义。

一、国外多能互补系统技术路线概述

美国、欧洲和日本等在分布式发电基础上积极推动智能电网建设，为各种

---

① 孙伟卿，田坤鹏，谈一鸣，曾平良. 全球能源互联网关键技术与研究展望[J]. 自动化仪表，2017，38(1)：1－6.

② 张曦，樊倩，郑珊杰，蔡路茵，王倩. 基于多能互补的区域能源系统优化研究[J]. 能源研究与管理，2018(3)：63－69，78.

分布式能源提供接入的动态平台；利用中小水电资源、生物质资源等可再生能源，清洁回收利用各种废弃的资源能源，增加电力和其他能量的供应；并通过用户终端市场的能源梯级利用系统、可再生能源系统和资源综合利用系统，提高能源利用效率，降低污染物排放，优化能源结构。目前，国外代表性的多能互补技术路线如表3－1所示。

表3－1　国外多能互补主要技术路线

序号	技术方案	主要应用国家或地区
1	太阳能与生物质联合供热电站	瑞士、丹麦
2	虚拟电厂耦合多能发电及供应	德国
3	太阳能与热泵结合系统	法国、德国、意大利
4	成套住宅用热能系统	美国、欧洲、日本
5	区域冷热电联供	美国、欧洲、日本

2001年，美国提出综合能源系统（Integrated Energy System，IES）发展计划，用以增加清洁能源供应与利用比重，促进分布式能源和热电联供技术的推广应用，在此基础上发展微电网及智能电网。加州“自发电激励计划”包括可再生能源发电、余热发电、燃气轮机、燃料电池等，增加了当地电力系统的灵活性和稳定性。该试点中，配置储能的可再生能源发电系统以及固定式储能系统对分布式储能的发展起到推动作用。①

2009年，欧盟《可再生能源指令》开始生效，成为欧盟清洁能源政策的核心和驱动力，各成员国依据指令的要求制定与推行国家可再生能源行动计划。德国从能源全供应链和全产业链角度，实施对能源系统的优化协调，重点关注可再生能源、能源效率提升、能源储存、多能源有机协调等方面。英国则更侧重于能源系统与通信系统之间的集成，关注大量可再生能源与电力网间的协同以及集中式能源系统和分布式能源系统的协同。丹麦为了在2050年实现100%可再生能源的目标，特别强调电力、天然气供暖融合技术。

① 郝然. 多能互补和集成优化能源系统关键技术及挑战[J]. 能源研究与利用，2018(2)：4—5、8.

日本国内主要致力于智能社区技术研究与示范，提出社区综合能源系统。在传统供能系统基础上，构建综合能源系统解决方案（包括电力、燃气、热力、可再生能源等），并建设覆盖全社会的氢能供应网络，实现与交通、供水、信息和医疗系统的一体化集成。在能源网络的终端，不同的能源使用设备、能源转换和存储单元共同构成了终端综合能源系统，以此实现能源结构优化和能效提升，促进可再生能源规模化开发。

二、国内多能互补集成优化示范工程技术方案

我国多能互补集成优化示范工程是按照不同资源条件和用能对象，采取多能源品种互相补充实现良性循环的系统工程。首批多能互补集成优化示范工程技术路线主要包括终端一体化集成供能系统和风光水火储多能互补系统两类。

终端一体化集成供能系统面向终端用户侧电、热、冷、气等多种用能需求，通过天然气多联供、分布式可再生能源和智能微电网等方式，实现多能协同供应和能源综合梯级利用（见图 3—1）。

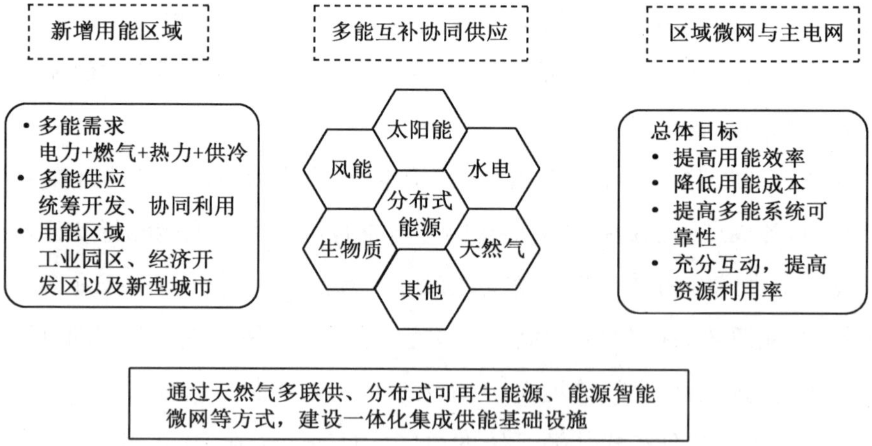

图 3—1　终端一体化集成供能系统技术方案

风光水火储多能互补系统利用大型综合能源基地风能、太阳能、水能、煤

炭、天然气等资源组合优势，并增设大型储能设备，既可发挥水力发电的快速调节能力，补充光伏电站的有功出力，提高光伏电能质量，又可通过优先安排光伏发电辅以水力发电，为系统提供相对稳定可靠的电源，促进可再生能源的外送消纳，减少弃风弃光现象（见图 3—2）。①

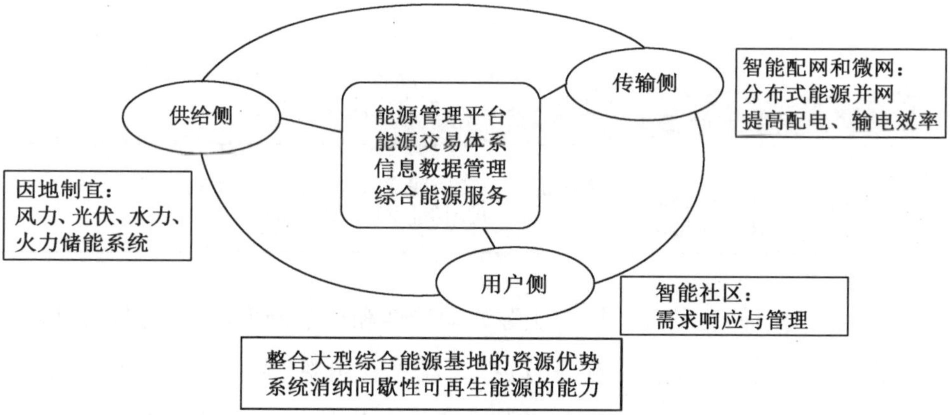

图 3—2　风光水火储多能互补系统技术方案

三、多能互补中各类电源特点及互补形式

多能互补系统中通常包括火电（含燃气轮机）、风电、太阳能发电（光电）、水电、抽水蓄能等多种类型电源。火电作为常规可调度电源，发电出力可调，能够承担一定的调峰幅度，出力升降速度慢。燃气轮机机组启停快，可作为电力系统的备用和调峰电源，主要承担电力系统尖峰负荷。风能与太阳能发电等可再生能源有效容量几乎为 0，出力变化频繁、不可控。具有调节能力的水电站，可利用其水库蓄水调节，与风电、光电补偿运行，发挥更大的容量效益。抽水蓄能电站能够承担电网系统快速反应容量和调峰任务，提高电网接纳风电、光电的能力。不同电源之间互补利用方式通常概括为时间互补、热互补和热化学互

① 艾芊，郝然．多能互补、集成优化能源系统关键技术及挑战［J］．电力系统自动化，2018，42(4)：2—10、46．

补，具体如表 3—2 所示。①

表 3—2　多种能源互补利用的实现方式

互补方式	具体形式	适用场合
时间互补	风光互补 风光—抽水蓄能 风光—天然气	大型风电、光伏基地、电力打捆外送；终端型供能系统，微小型发电设备，如海岛、边防哨所供电系统等
热互补	光—地热 光—生物质 风光—天然气	新建工业园区、散煤替代工业园区、中小城镇；新疆、甘肃及宁东等地区，可再生能源与煤电打捆外送
热化学互补	光—天然气 光—生物质 风光—制氢	太阳能与生物质能或天然气耦合生产合成气，实现化工动力多联产，我国氢能处于研究阶段

多种能源时间互补是指根据能源波动特性和调节能力，将能源供应从时间角度进行互补利用和重新分配，用以提高风光利用率，提高电能输出可靠性及电网接纳可再生能源能力。该领域的研究主要围绕系统建模仿真、优化配置、控制策略、有功功率输出特性等方面开展。通过利用互补系数将分系统评价与联合发电系统评价相结合，构建风光水互补特性的指标评价系统。其发电运行特性研究表明，发电系统的有功功率输出特性可以对系统负荷保持良好的跟踪，在日内时间尺度存在较强的互补性。风光互补发电系统在风速和光照强度的正常变化范围内，通过控制策略设计，可以使风光互补发电系统快速做出响应，切换跟踪目标，实现对风能和太阳能发电系统的功率跟踪控制，保证风光互补发电系统工作在最大功率点。②

热互补是指将不同热能根据“温度对口，梯级利用”原则引入热力循环中适当位置，提高能源转换效率，提升时间互补效果。太阳能化石燃料热互补联合循环发电系统以高热点转换效率和热互补多样化而受到广泛关注。通过对塔式太阳能与常规燃煤电厂集成方案的研究表明，互补系统年光电转换效率最高

① 何仲潇. 多能协同的综合能源系统协调调度方法研究[D]. 浙江大学，2018.

② 张曦，樊倩，郑珊杰等. 基于多能互补的区域能源系统优化研究[J]. 能源研究与管理，2018(3)：63—69、78.

可达16.97%，且成本比现有单一太阳能热发电系统更低。此外，热互补的形式也可以是太阳能与生物质或地热能互补以及煤电与风光互补。在地热能和生物质资源丰富的地区，可与太阳能构建冷热电多联供系统，实现可再生能源的充分互补利用。

多能源热化学互补技术是指选取合适的吸热化学反应，将热能转换为燃料的化学能，提高能源转换效率，实现可再生能源蓄存和转运，目前该技术处于基础研究阶段。文献借助中低温太阳能驱动的甲醇重整反应热化学发电平台，开展太阳能热化学吸收/反应器的能量转换与化学反应耦合研究。结果表明，在运行温度为170℃时，太阳能理论净发电效率为44.3%，高于单一热化学发电系统和单一聚光光伏发电系统。风光—制氢混合系统的研究目前处于探索阶段，文献通过对不同运行模式的仿真结果验证了风电/制氢/燃料电池/超级电容混合系统控制策略的有效性。

四、多能互补系统关键技术分析

（一）分布式能源发电技术

多能互补系统涵盖的技术范围非常广，首先是与之相匹配的新一代分布式能源发电技术，主要包括变速恒频风力发电技术、规模光伏发电和太阳能集热发电技术、微型燃气轮机分布式电源技术、具有区域热能品位调节的先进热泵技术、低成本商用燃料电池等。① 同时也更加注重能源转换站、能源集线器、用户端的智慧用能及计量设备、以智能电动车为主体的交通网络等关键技术和设备研发。

多能互补系统区别于传统分布式能源系统的一个主要特点是多种能源及多种负荷之间的匹配和变工况运行性能，需更加关注能源整体利用率、发电效率、综合节能等性能指标。机组/负荷匹配研究主要通过分析系统内多用户全年负荷变化情况选择系统各装置机组容量，并对选定的机组配置方案进行优化分析，最大限度地提高能源利用率。因此，高精度多负荷预测技术、多能深度耦

① 郝然.多能互补和集成优化能源系统关键技术及挑战[J].能源研究与利用，2018(2)：4—5、8.

合利用等技术是多能综合优化、提升系统综合性能的关键技术，将是未来的主要研究方向。[①]

（二）储能技术及储能配置策略

储能技术是促进多能互补发展的核心基础，用以解决发电功率与负荷功率之间的不匹配以及不同类型电源响应时间之间的不匹配问题。对于多能互补系统中的储能，不仅包括抽水蓄能、压缩空气储能、电池储能等电力储存，还包括电能与其他能量形式的存储与转换，如电化学储能、储热、氢储能和电动汽车等储能技术，以此实现电网、天然气管网、冷热网和交通网等多能源网络的耦合。多能互补系统中储能及能量转化技术如图3—3所示。

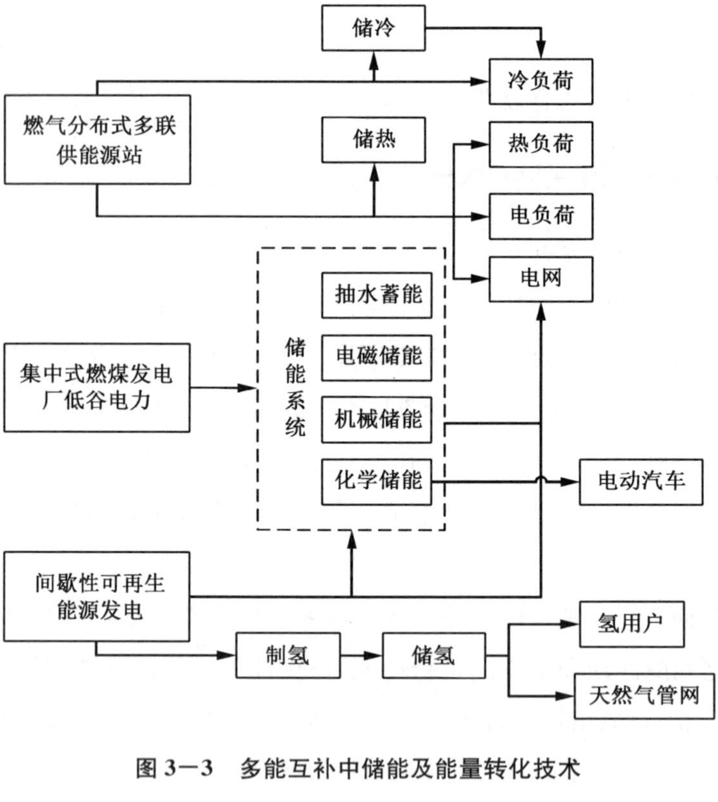

图3—3　多能互补中储能及能量转化技术

① 艾芊，郝然.多能互补、集成优化能源系统关键技术及挑战[J].电力系统自动化，2018，42(4)：2—10、46.

针对不同的多能互补系统，通过选择不同特性储能装置混合搭配以获得更高的系统性价比，通过选择不同功率/容量的储能单元搭配以实现最优系统能效，并在系统层面加强能效和运行成本优化的功率调度和能量管理。储能技术发展正处于关键时期，急需突破关键材料研发、制造工艺和能量转化效率提升等技术难点，开发大容量、低成本、长寿命的储能系统，并实现储能装置与多能互补系统的匹配。①

（三）综合能量管理系统

综合能量管理的主要管理对象包括用户负荷、分布式电源、交易中心等，通过信息流调控能量流，保障多能互补系统高效稳定运行。针对复杂多能互补系统，通过建立分析处理和全局优化管理的系统平台，核心模块包括预测、分析和决策环节，将电网、可再生能源、非可再生能源、储能系统、各种用能负荷等进行有机结合，制订供能端不同能源出力和不同形式能量的合理转化计划，进行多维综合决策。其功能框架如图 3—4 所示。

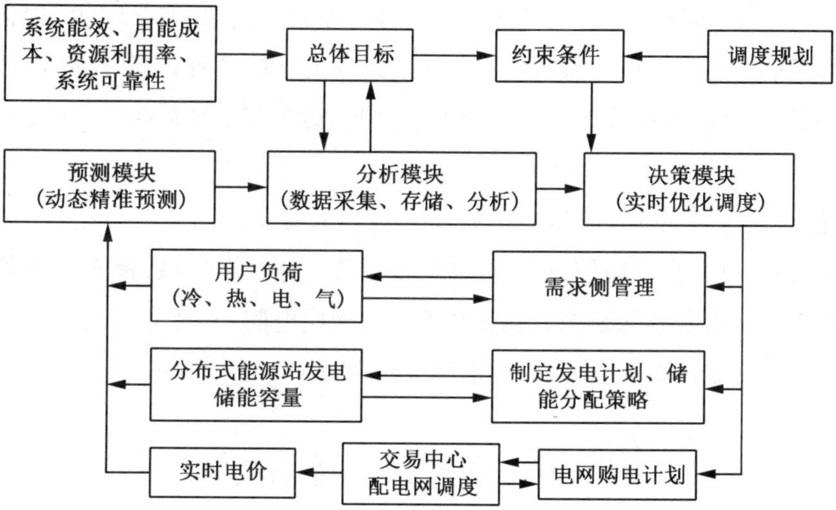

图 3—4　综合能源管理系统功能框架

① 彭克，张聪，徐丙垠等. 多能协同综合能源系统示范工程现状与展望[J]. 电力自动化设备，2017，37(6)：3—10.

目前,国内外在综合能量管理方面的研究还处于起步阶段,尚缺乏系统性的基础理论和成熟的系统应用。通过对多电压源型微源组网的微电网的运行控制和能量管理技术研究,结果表明,在日前机组优化启停阶段、日内经济优化调度阶段和在调度计划实时调整阶段分别采取不同管理策略实现系统安全经济运行。自律协同的智能电网能量管理系统的体系架构为多个分布集中式能量管理子系统通过双向通信形成互联,实现多能流协同优化管理。今后几年内的研究将集中于多能流实时建模与状态估计、多能流多时间尺度安全分析与安全控制、多能流混合时间尺度优化调度以及能量管理系统逐步构建、开发和验证等方面。①

(四)协同优化控制技术

多能互补优化控制系统能够根据负荷预测、分布式能源发电预测、电价及气价等信息,对各类分布式能源系统进行多能互补、优化调度。国内研究学者提出多电源协调控制技术及策略,并验证了控制策略的可行性和系统软件的有效性。文献提出集中管理和分层/分级控制思路,建立就地控制、集中控制和配网调度层,通过多能系统规划、智能调控、协同控制与互动、综合评估、系统信息安全与通信及能源交易和商业服务运行模式等关键技术研究,创建协同优化控制软件系统架构,支持分散式决策和集中协调,实现多能互补系统对内、对外的协调控制。②

除此之外,多能互补系统相关技术还包括大容量远距离输电技术、先进电力电子技术、可靠安全通信技术、标准化技术等。这些多领域、跨学科技术及装备的开发研制将有效保证多能互补系统输出优质电能,实现分布式电源与现有配电网电气设备协调配合,确保配电网安全运行。

第二节 能量协同传输技术

随着中国工业生产水平的上升,以及人民的消费水平日益增长,传统使用

① 刘秀如.多能互补集成优化系统分析与展望[J].节能,2018,37(9):28-33.

② 杨佳霖.北方城镇多能源协同供应系统及实例分析[J].分布式能源,2018,3(4):59-63.

的各种能源都面临着非常严峻的境地，具体表现为石油、煤炭等能源都面临着枯竭的危险。因此，合理地利用各项技术来提高资源的利用率，并且保护节约资源，成为现代社会发展的重要前提和重要规划。目前，通过热电冷联产的方法来综合利用能源已经成为一种主流趋势，也逐渐成为国家未来城市配电网的发展趋势。[①] 并且于 2016 年国家发布的《十三五规划纲要》中，特地将“积极建设源—网—荷—储协调发展、集成互补的能源互联网”作为国家十三五规划中建设的一项重要的内容。综合能源是关于能源供给的一个新型概念，为国家近年开展的综合能源协同优化的改革提供了一个重要的平台。

一、综合能源协同优化配电网策略的重要性及其现状

（一）重要性

创造综合能源协同优化来对配电网进行规划，在满足人民对于系统多元化使用能源的同时，还能有效地提高能源的利用率，使得不可再生能源得以节约，可以延长其使用时间；另一方面，促进可再生资源的开发利用，使得可再生资源的发展趋于规模化，使得各种资源的使用配置既能够满足各种工业化、生活化的需求，也能对目前的能源消费结构起到一定的优化作用。这些对于改善目前不断恶化的自然生态环境，以及园区的配电网的合理规划都具有重大的意义。

（二）现状

当前，我国的能源系统和配电网系统受到国家很大程度的重视，关于综合能源优化使用以及配电网和各种资源相互配合使用方面都积极开展了各项研究，争取实现能源和配电网经济效益最大化的双赢结果。目前，部分研究已经实现并构建了网上分布式、能够高效运行且能和外部能源经济合理分配的高效协同化能源配电网策略。部分研究从“源—网—荷”出发，提出了将配电网能源系统利用最优化的潮流算法来对 ICES 进行优化调度并且提出了相关的

---

① 赵娜，李翔宇，朱永强等. 能源互联微网需求侧气电协同优化策略[J]. 电力建设，2017，38(12)：60—67.

数学模型。很多研究为了综合系统中的能源的利用价值，也是为了更好地激励消费者和相关用户来合理用能，提出了一种新型的多种能源耦合定价机制，同时也建立了热电联供系统的最优化潮流模型，这些系统模型为了对各种能源进行研究，同时结合各种算法以及各项指标，从几个方面对综合能源系统的可靠性进行评估，解决能源配电网中亟须解决的问题。① 考虑各种能源的获取和传输渠道，以及其约束条件，模型中包含了对电、冷、热负荷的能量消费平衡系统的研究。但很多研究由于多种因素的限制，都不能够对电、气、热、可再生能源互补的关系进行深度的分析，这就使得综合能源协同化的配电网规划策略在实施时产生一定的阻碍。本章节就是在传统的园区规划方案的基础上，对示范基地的各个用户之间的各种用能需求包括要满足环保节能的要求，在综合能源协同规划运营管理服务平台基础上建立互补协调发展的综合模型。为使方案更加细化，对综合能源协调发展运营模式和社会效益还要进行结合性思考。

二、综合能源协同优化的配电网规划策略

（一）发展目标

综合能源协同优化的配电网规划策略是指以电力系统为中心，借助信息化、智能化的先进设备资源，实现可再生能源的最优化使用，使其实现“多能互补”和“源—网—荷—储”各环节的高度协调，使得各区域实现能源平衡，并且建立能源平衡系统。对于实施此策略的各区域，要将提升能源利用率、优化产业结构和能源消费结构作为主要的发展目标，建立多种能源的管理站，在节约、可持续的基础上满足多样化的用电需求。搭建能源信息的管理平台，通过各种智能手段进行控制，实现适时的信息共享，为用户及时地提供最优化的功能服务。综合能源协调优化的配电网规划策略对于各种绿色环保的建设目标也是一种

---

① 司方远，汪晋宽，韩英华等. 信息物理融合的智慧能源系统多级对等协同优化[J/OL]. 自动化学报：1－14 [2019－01－02]：https：//doi. org/10. 16383/j. aas. 2018. c180368.

变相的促进。[①]

（二）综合能源协同优化的配电网策略的基本框架

在确立综合能源协同优化的配电网策略的基本框架时，要将试验区的全部能源供需以及各种形式的资源配置考虑进去，使其成为一个系统，再对其进行统筹规划。在能源获取、输送、分配时，要基于试验区的各种能源信息共享平台的建设，实现对热、电、冷、气、水等多能源的利用，也要尽可能地实现供需灵活接入、信息协调互动、节能减排和绿色环保发展的目标。

（三）综合能源协同规划运营管理服务

在开展综合能源协同优化的配电网规划策略的同时，对于相应的规划运营管理服务也要在服务平台上做好相关的服务工作。作为配套设施，使用集成电网公司信息系统，对用户的用能情况和多种异构海量数据进行存储和管理，也为综合能源交易和运营维护提供数据，为用户的使用增加保障。同时还可以为用户制定一套完整的能源供应、输送、缴费的服务系统，使其通过互联网可以实现一系列的操作流程，既能够节约用户的时间成本，也能为供能公司节约成本，提升其工作效率。

（四）综合能源协同优化的配电网规划策略的影响因素

在保证各种系统安全运行的基础上，考虑资源的最优化利用，以此来达到投资成本的最小化，并且实现效益的最大化。但很多影响因素都会使得此策略的实施受到约束，如电网的建设技术、发电的成本费用、系统建设的综合费用、模型建设时间成本等，所以，往往是以综合费用最低为目标，来进行相关策略的实施。

（五）对整个系统的策略进行规划和调整

整个综合能源的协同优化配电网策略都要按照一定的规则，将其划分为若干个网格状的小单元，每个区域、地块大小不一，但所有的管理和分配都要遵循一个管理理念进行规划，根据实际情况，将复杂的配电网分成多个独立的网格，

---

① 吴志力，杨卫红，原凯等. 园区能源互联网多能源协同优化配置发展构想[J]. 中国电力，2018，51(8)：99—105.

再结合典型的负荷预测模型，针对网格的现状和存在的问题，制订各个网格的使用计划。对网架规划和综合能源的规划原则一般使 用“大而化小、分而治之”的思路。[①]

三、关键技术——信息物理融合的智慧能源系统多级对等协同优化技术

随着分布式可再生能源技术的推广及售电侧市场逐步开放，电力能源在生产、传输、存储、消费和交易等各个环节呈现出信息与物理深度融合的特点。电力网络基础设施作为物理系统应便于与集通信、计算和控制于一身的信息系统无缝集成和互动。信息物理融合系统（Cyber-physical Systems，CPS）正是上述特定集成和交互问题的解决方案，而信息物理融合能源系统（Cyber-physical Energy Systems，CPES）已成为当前工业与能源领域研究的热点问题，并推动着能源电力系统从数字化、信息化向智能化、金融化的方向发展。目前，微电网、智能电网以及能源互联网都是典型的 CPES 系统。其中，微电网和智能电网取得成功的关键在于利用 CPES 实现信息系统与电力能源物理系统的高效互动，以有效实现经济、安全和可持续的能源供应。而能源互联网的技术需求源于能源供需矛盾和新型大规模可再生能源的接入，同时强调通过能量枢纽和能源路由器实现能源流、信息流和业务流的深度融合。因此，能源系统迫切需要与新的 CPS 技术相融合，以构建满足人类社会需求的智慧能源系统（Intelligent Energy Systems，IES）。IES 的精髓是智慧，是集信息网络和能源物理网络于一体，综合考虑能源的社会和技术双重属性，拥有自组织、自协调、自治理等功能，具有开放、共享和即插即用等特征，并满足安全、经济和可持续等社会需求的未来能源形式，是智慧时代背景下能源革命的迫切需要。此外，IES 的构建还需兼顾可再生能源和智能负荷的整合配置以及更加灵活的分布式能源优化调度和交易机制。

---

① 李阳，郇嘉嘉，曹华珍等. 基于综合能源协同优化的配电网规划策略[J]. 电网技术，2018，42(5)：1393－1400.

(一)智慧能源系统组合特征①

IES具有以下组合特征:①混合。如前所述,IES是能源电力系统与CPS的结合。因此,在建模、设计、优化和分析的过程中需要有效的理论来推理动态的、离散的或连续的混合系统。②异构。由于IES的组件的种类和结构不一,系统需要考虑多个网络平台和不同计算模型接口间的互操作性。③分布式。在IES架构下,物理层包含了大量的分布式产消者或产消者联盟;信息层则需要提供相应的分布式计算,如并行计算以及云计算等社会计算;而金融层主要由分布式智能合约及分布式账本构成,以实现分布式对等电力交易服务。④大规模。由于产消者不断向IES渗透,系统的规模不断扩张,终将导致传感器、执行器、计算和通信设备的集群互联并产生海量相关数据。⑤动态。IES所处的如能源政策等社会环境在不断发展,因此系统的设计和运行必须考虑在这种动态环境下的自适应能力。⑥人在环路(Human-in-the-loop)。在IES系统电力市场交易中,产消者作为理性人可根据自身需求产生理性的购电意愿,同时对交易的电能理性报价。因此,IES有必要将人在环路的角色和接口设计视为一个核心方面。

(二)IES多级对等协同优化架构

IES多级对等协同优化架构由下至上将系统分为三层网络:能源物理系统网络层、能源信息系统网络层以及能源金融系统网络层。在能源物理系统网络层,每一个电力用户被视为一个产消者单元,由智能电表、能量枢纽、可再生能源发电装置(如家用小型风力发电机、光伏面板)、储能设施(如蓄电池)以及智能负荷(如智能家用电器、电动汽车)等组成。其中,每个用户与其他用户相比,各自的负荷特征存在较大差别,且呈现出明显的波动性,而在小范围内一天中可再生能源出力被认为是等量的,这种供需差额将导致用户产生购/售电意愿,且二者呈显著的正相关,即差额越大用户的意愿越强烈。因此,有必要将若干个用户结成产消者联盟,通过局域协调充分满足用户意愿。然而,局域协调很

① 刘秀如.多能互补集成优化系统分析与展望[J].节能,2018,37(9):28—33.

难实现联盟内能源供需平衡，导致整个联盟产生向其他联盟或主电网购/售电的意愿，因此需要通过广域协调进一步最小化能源供需的整体偏差。其中，能源路由器可作为能源聚合器，完成局域协调后电能的导出或导入。在能源信息系统网络层，基于现有通信技术或下一代通信技术，智能电表和能源路由器又可作为信息聚合器实时采集其他节点的能源信息，并以数字货币(digital currency)的形式完成电力交易。此外，能源路由器参与分布式电力优化调度。在产消者联盟内，能源路由器根据产消者节点的能源信息协调所有节点的对等电力交易。另一方面，在产消者联盟间，底层产消者节点可通过能源路由器与其他联盟内产消者节点达成对等电力交易。能源金融系统网络层基于区块链技术向用户提供可编程智能合约和分布式交易记录等服务，其信任机制不是来自第三方的背书，而是所有用户对于共识机制的认同。因此，用户可根据自身资源情况制定合约实现对等电力交易，并记录交易结果。需要强调的是，虽然系统为分层架构，但三层网络间并不独立，而是通过能量流、信息流与业务流优化互动，且每一层的运行过程均受到人类意愿的制约。

(三)IES 系统的运行①

结合平行系统理论，构建了 IES 系统电力调度体系，如图 3—5 所示。纵向来看，系统可分为实际能源系统层、平行交互层与人工能源系统层。其中，人工能源系统通过平行交互的方式利用社会计算成果引导实际系统运行，从而激励产消者参与对等电力交易，实现电力资源的有效配置。横向来看，实际能源系统与人工能源系统均以社会福利最大为系统的控制目标输入，系统控制器由面向产消者节点的局域协调控制器和面向联盟路由器的广域协调控制器构成，二者组合互动，以提高用户满意度。IES 系统的电力调度依赖于事件驱动的信息交互体系。以$[t,t+1]$时段两个联盟构成的信息交互为例，图 3—6 显示了事件序列的编号：①t 时刻，联盟内所有产消者向本地能源路由器发送供需差额数据。②局域范围内，本地能源路由器根据差额数据以局域社会福利最大为目标协调对等电力交易，各产消者制定交易电量，并根据双向拍卖机制理性报价，同

① 刘秀如. 多能互补集成优化系统分析与展望[J]. 节能，2018，37(9)：28—33.

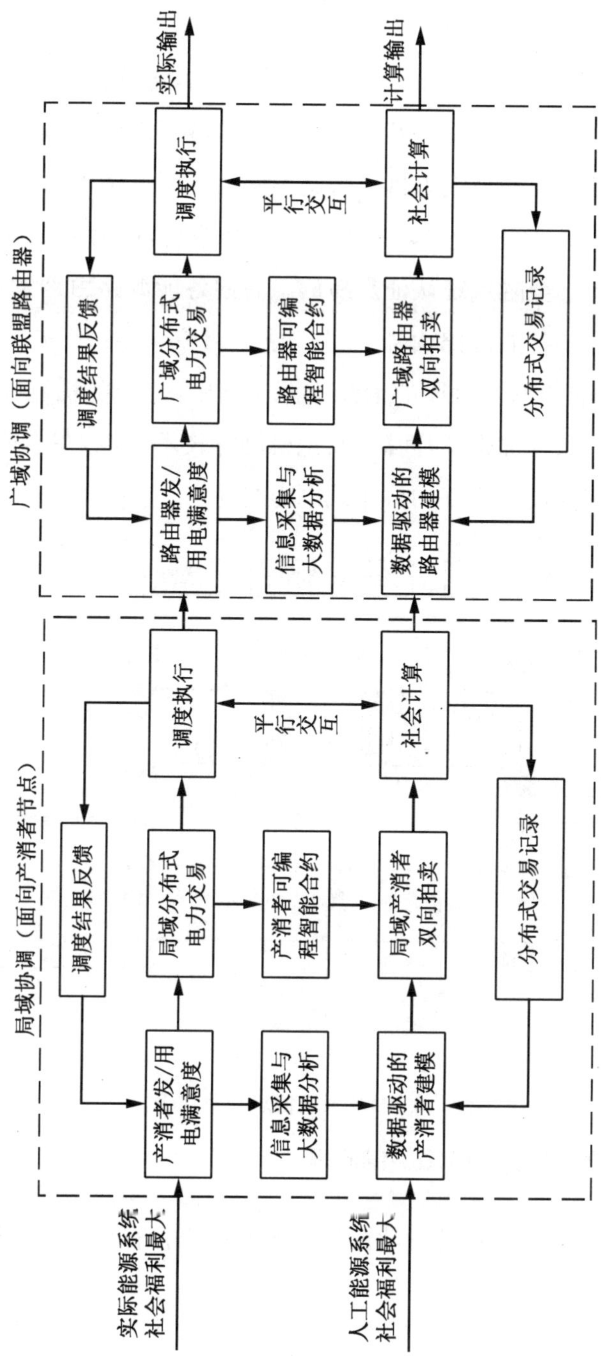

图3—5 IES系统电力调度体系

时向金融系统网络发送交易请求信息。③金融系统认证交易信息后向能源路由器发送交易合约,并记录交易结果。④本地能源路由器通过局域协调控制器执行合约规定的局域电力调度任务。⑤局域协调后,部分仍存在供需差额的产消者再次向本地能源路由器反馈差额数据。⑥广域范围内,各能源路由器根据反馈数据以广域社会福利最大为目标协调不同联盟间产消者对等电力交易,各产消者制定交易电量,并根据双向拍卖机制理性报价,同时向金融系统网络发送交易请求信息。⑦金融系统认证交易信息后向各能源路由器发送交易合约,并记录交易结果。⑧各能源路由器通过广域协调控制器执行合约规定的广域电力调度任务,并准备下一时段的信息交互。其中,基于区块链技术的能源金融系统网络层通过数据加密、时间戳、共识机制等技术手段,在不依赖第三方可信背书的情况下实现用户友好的分布式电力交易。

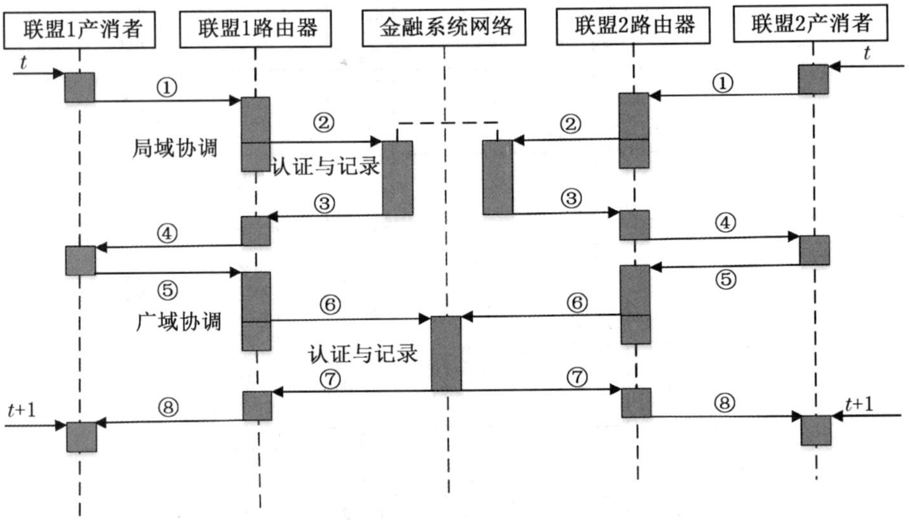

图 3－6　IES 系统信息交互体系

四、综合能源能量协同传输关键问题

综合能源能量协同传输的优化配置理论研究仍存在以下关键问题[①]:

---

① 司方远,汪晋宽,韩英华等.信息物理融合的智慧能源系统多级对等协同优化[J/OL].自动化学报:1－14[2019－01－02];https://doi.org/10.16383/j.aas.2018.c180368.

（一）多能耦合与运行机理复杂

对于综合能源能量协同传输而言，电、气、冷、热多类型能源耦合紧密，各类能源环节多时间尺度上的动态特性复杂、工况多变且呈现高度非线性。多能源供需不确定性和时空多尺度性的解析是优化配置方案设定的前提。

（二）规划目标多样化与动态化

多能源融合的特征使能源互联网优化配置目标变得更加多元化。不同能源环节在设备级、系统级均存在差异化运行目标及约束，不同用能主体间呈现博弈特性，需要明确综合能源服务在生产运行中对能源利用效率的影响因素以及相关因素的作用机理，并在此基础上提出适用的多目标动态优化配置方法，来满足未来综合能源服务多维度复杂规划要求。

（三）高度依赖于信息及通信系统

信息及通信系统主要用于信息的提取、存储与分析，是实现综合能源服务多能源协同控制等基本功能的保证。传统能源优化配置方法不考虑信息与通信系统，无法适应综合能源服务的发展要求，目前仍缺乏适用于综合能源服务信息与通信系统的优化配置方法。

（四）投资成本与效益的重新定义

不同能源设备及控制方法的使用改变了综合能源服务的成本效益构成，与传统能源服务的运维报废成本存在一定区别。因此，综合能源服务协同传输优化和配置需要引入新的成本与效益分析方法。

五、综合能源服务协同传输优化配置方法

（一）多尺度全工况动态综合建模方法①

综合能源服务中能源协同传输多尺度全工况动态综合建模是优化配置的重要根基，适当的建模方法可以对它的运行特性进行描述。为此，建模工作将分为单元、网络以及系统三个层级：①在单元级，主要考虑综合能源服务各供用储单元及可响应负荷的运行特点及互动机理，并进行综合建模；②在网络级，对

① 姚威.综合能源协同优化的配电网规划策略[J].通讯世界，2018(10)：154－155.

综合能源服务网络层的单元设备、控制系统、通信系统等进行综合建模；③在系统级，研究各类模型之间的数据接口技术，实现不同时间尺度下，各类模型之间的信息交互，完成综合能源服务的集成建模。综合能源服务能源协同传输的多尺度全工况动态综合建模方法充分考虑设备的运行状态及约束条件，能够实现能源设备、能源管网以及通信网络的有效互联。

（二）综合能源服务优化配置的多场景模拟仿真技术

考虑到不同能源之间的互补优化特性、DER及可响应负荷的灵活性，构建综合能源服务多能源协同负荷预测技术；建立综合能源服务未来运行场景的模拟场景库以支撑综合能源服务的优化配置决策，对于综合能源服务运行场景的模拟技术能够充分考虑可再生能源的不确定性以及各类能源负荷复杂的多时间尺度特性；从可靠性、能源利用效率、经济性等方面对优化配置方案进行评估，并完善方案。

（三）综合能源服务多目标动态规划方法

综合能源服务的优化配置需考虑电、气、冷、热多元系统的融合，因此，优化目标和约束条件的选择尤为重要。适用于综合能源服务的多目标动态规划方法及智能求解方法将是研究的重点方向。由于综合能源服务各阶段的运行状态差异明显，应针对系统不同阶段的运行特性相应调整优化配置方案，实现动态配置，确保方案与优化目标的一致性。

（四）综合能源服务能源优化配置方案的评价[①]

考虑到用户开展综合能源服务优化配置时，往往存在多样性需求，在生成初始配置方案时，会导致设计方案的多样性。要妥善处理综合能源服务中的电、气、冷、热环节存在的非常紧密的耦合关系，亟须建立可涵盖电、气、冷、热各环节的一套综合评价指标体系，覆盖经济性、清洁性、可靠性、综合能效、用户满足度等多种关键指标，从不同侧面评价配置方案的适用性，并重点关注综合能源服务多元主体的博弈特征。由于各种能源之间耦合关系复杂，且综合能源服

① 司方远，汪晋宽，韩英华等. 信息物理融合的智慧能源系统多级对等协同优化[J/OL]. 自动化学报：1－14[2019－01－02]：https://doi.org/10.16383/j.aas.2018.c180368.

务中很多因素难以量化或根本无法确切量化，在计算很多相关指标时，需要新的求解方法的支持。

第三节　能源高效与清洁利用技术

党的十九大报告提出，要将“推进绿色发展”作为生态文明建设的首要任务，“推进能源生产和能源消费革命，构建清洁低碳、安全高效的能源体系”。为此，我国将重点实施“节约优先、立足国内、绿色低碳、创新驱动”的能源发展战略，优化能源产业布局，提升能源使用效率。全面推进综合能源服务产业，开展全社会范畴的能源生产和消费全链条系统优化，是对国家能源发展战略与能源革命的积极响应。

综合能源服务的基本模式是以能源生产和消费整个链条的协同优化为基础，通过能源互联网实现全社会能源利用效率统筹优化的目标，并利用能源输送网络、信息物理系统、综合能源管理平台以及信息和增值服务，实现能源流、信息流、价值流的交换与互动，满足绿色生态、安全可靠、优质经济等多目标要求。①

目前，世界各国均根据国情制定了适合自身发展的综合能源服务发展战略，国外大型能源企业和服务商均结合自身优势，开展了差异化的综合能源服务。为推动国内能源体系的升级改造和产业变革，国务院及各部委、能源局均出台了大量政策促进清洁能源的生产和消费，其内容涵盖分布式发电、互联网＋智慧能源、多能互补、微网、热电联产等多个方面，但对于覆盖整个能源生产消费链条的综合能源服务尚未有系统性的指导意见和政策。国内综合能源服务业务也尚处于起步阶段，真正意义上的综合能源服务产业尚未形成规模。然而，开展综合能源服务的主体呈现多元化现象，包括电网公司、发电企业、服务公司和技术公司等多个部门。例如，国网上海市电力公司在世博B片区投资并

① 丁世明.基于楼宇冷热电联产(BCHP)的清洁高效能源利用技术[J].建设科技，2015(22)：68－69.

建设的央企总部能源中心，就是利用高智能园区能源互联系统，在实现供能安全可靠的同时，获得了良好的综合能源效益和社会环保效益，相较于传统供能，综合能源利用率大幅提升。

要实现能源的高效利用需要做以下几方面的工作：一是通过促进综合能源服务的发展，提高全社会的能源利用效率。综合能源服务以实现能源从生产到消费全链条的系统优化为目标，以电力供应为基础，面向多个能源种类，采取多种服务手段，实现统筹优化提升全社会能源利用效率的目标。二是通过能源新技术的创新和应用，推动能源产业的升级换代。综合能源服务是技术密集型行业，市场化的运营带来大量能源科技创新和能源应用示范，促进先进储能、高温超导等大量关键核心技术的攻关。同时，能源与互联网技术的融合也会促进能源大数据的应用开发和行业智能化水平的提升。三是通过多种能源形式的优化方案，形成良好的营商环境。将传统的供电业务提升为综合服务模式，有效整合能效服务，在完成客户“1”个安全经济供电方案的同时，实现包括能效诊断、节能改造、运行托管等在内的“N”个能源增值服务，满足客户对环境及经济效益的需求，提升社会公共服务水平，切实做到整体营商环境优化改善。

一、综合能源服务能源高效利用

（一）区域能源利用的概念与内涵

所谓区域能源系统，是指满足特定区域内多个用户的冷、热、电、汽等终端能源需求，在充分考虑区域内现有资源（能源资源和设备资源）的基础上，通过对各种设备、技术、系统 进行综合、集成、互补应用，并综合考虑区域外能源，因地制宜地完成能源生产、供应、输配、使用和排放的全过程。这里的区域从地理范畴来看，是介于城市（宏观）和建筑（微观）之间的一个中观概念。在传统能源供需体系中，供给侧占据绝对主导地位，大规模集中能源站的产能通过广域能源网络输送至终端能源用户，用户的用能信息无法反馈到供给侧，供需两侧通过单向能源流互联。就总体而言，能源的生产与供给不是目的，只是手段，其最终目的是要满足终端能源用户的用能需求。为此，供给侧主导的能源供需体系必然会导致能源供需的不平衡，或供大于求，或供不应求，从而影响经济社会的正常运行和人们的日常生活。区域能源利用体系就是要突破上述局限，以需求侧为导向，将能源供给端和终端能源用户有效衔接，进行多元化的优化整合，构成一个双向互联、多元共生的区域能源网络，以便供需两侧进行协同优化。这里的多元除能源用户的多元以外，还主要体现在两个方面：在供给侧，区域能源系统既可以是传统的基于化石燃料的冷、热、电机组，也可以是(冷)热电联产系统，或可再生能源系统(太阳能、风能、生物能、地热能等)，以及它们的有效匹配；在需求侧，区域能源系统可以满足用户的冷、热、电、汽等多种终端能源需求，从而为各种能源资源的一元化管理提供了有利条件。所谓共生，则是指区域能源利用体系内在的互补特性，化石能源和可再生能源的互补利用可以弥补自然能源供能不连续的缺陷，不同类型终端用户的互补用能可以获得负荷平均化效果。①

对比传统城市能源供给方式，区域能源系统的供能范围更小，但其供能内涵更丰富。就节能减排方式而言，传统能源供给体系是侧重于供给侧供能效率提升的效率导向型模式，而区域能源利用体系则是以最小的能耗满足用户所有用能需求的效果导向型模式。区域能源的合理、高效利用是一个系统工程，区域能源利用理念的提出是系统思考理论在节能减排领域的具体表现，它使城市节能由点扩展到面、由局部走向系统。

系统增效是区域能源利用的根本宗旨。构建区域能源利用体系的根本目的是在满足区域内用能需求的前提下，提高全区域能源利用整体效率、降低污染排放，同时获得提高能源供给可靠性和用户舒适性、便利性，降低能源费用，提高燃料适应性等附加效应。② 然而，由于区域内各能源用户可能归属不同利益主体(法人)，区域能源系统整体获利并不一定能保证系统内各独立用户的利益，即整个系统的最优决策对个体用户来说未必最优。鉴于此，构建区域能源

① 张世国．高效配置资源加快能源互联[N]．国家电网报，2015－12－25(001)．

② 丁世明．基于楼宇冷热电联产(BCHP)的清洁高效能源利用技术[J]．建设科技，2015(22)：68－69．

利用体系有两大重要前提条件：一是通过构建区域能源利用体系，系统整体效用（节能性、经济性或其他指标）大于域内用户独立供能时的总效用；二是对个体用户而言，其融入区域能源利用体系后的效用要大于其独立供能时的效用。可见，综合考虑系统整体利益与用户个体利益，确立对各方都有利的决策模式，是构建区域能源利用体系的一大难点。

（二）区域能源利用的主要模式

区域能源利用有别于注重单体设备和用户效率提升的"点状节能"方案，它是将城市或区域作为一个整体进行统筹协调，通过构建区域能源网络达成能源利用的系统化、高效化。"多源、互补、共享、融通"是区域能源利用的本质特征，根据系统能流网络的拓扑结构以及供能范畴的差别，区域能源利用体系呈现多样化的表现形式，如图 3—7 所示。

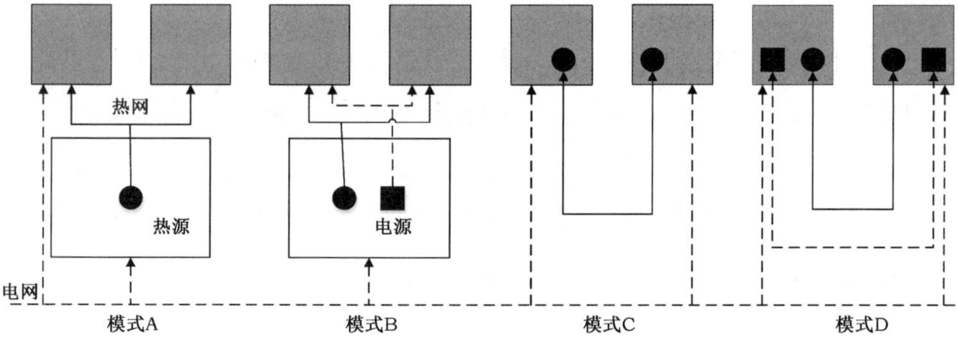

图 3—7　区域能源利用模式简图

1. 集中能源中心方式

集中能源中心方式是一种基于树型（或星型）拓扑结构的能源利用体系，将集中能源设备（电源或热源）所产生的电力、蒸汽、热水、冷水等，通过区域微网（微电网、微热网）供应给区域内各能源用户。根据供给能源种类和范畴的不同，该方式又可分为区域供热（供冷）和区域（冷）热电联供两种类型，分别见图 3—7 中的模式 A 和模式 B。集中能源中心方式是区域能源利用最早、也是最经典的模式，而且仍然是当前区域能源利用的最主要形式。该方式最早可以追溯到中世纪和文艺复兴时期的欧洲，法国在14世纪首次出现了区域供热系统。世界上第一个取得商业成功的区域能源系统，是1877年建成于美国纽约的基于区域锅炉房的区域供热系统。从20世纪60年代开始，欧美等发达国家和地区开始发展区域供冷，同时推进热电联产。经过100多年的发展，基于集中能源中心的区域能源系统在发达国家已得到较为广泛的应用，是发达国家/地区的重要标志之一。①

基于集中能源中心的区域能源利用模式的基本特征是集中供给、分散消费。由于其需要设置专用能源中心并实施集中管理，因此比较适用于新建城区。在区域规划的起步阶段，为促进科学、合理用能，提高区域能源综合利用效率，将能源系统的合理配置融入区域整体规划过程中，构建区域能源利用体系无疑是最佳选择。由于不同类型能源用户的能量需求具有显著差异，其负荷种类、用能规律、负荷变化曲线均呈现多样化，因此可实现负荷平均化效果，而且可以充分利用同时使用系数降低设备容量，合理设计并进行优化整合配置。从运营模式看，可以引入专业能源服务公司(ESCO)进行集中管理，实现规划、设计、施工、运行、维护全过程的一体化能源服务。②

2. 区域能源融通方式

与集中能源中心方式相比，区域能源融通方式是一种无中心的能源供给模式。它以区域微网为纽带，将两个或两个以上相邻的个体用户进行互联，用户间实现能量互补与融通。该供能模式的特点是各用户拥有自己独立的供能(电源或热源)设备，每个用户都可以称为能源产消者(proconsumer)，即既是能源生产者又是能源消费者，它们借助区域能源网络进行融通，相互间可以互为补充、互为备份。对于单个用户而言，即使没有与区域微网互联，其用能需求也可以得到满足。该供能模式体现了能源供给由自助体系向互助体系的转变，用户间的互补与融通是该供能方式的立足点。根据用户间融通能源种类的不同，区

---

① 张世国．高效配置资源加快能源互联[N]．国家电网报，2015-12-25(001).

② 陈冲，吴越．基于能源互联和“互联网+”理念的智慧园区2.0的研究[J]．电力信息与通信技术，2016，14(4)：22-26.

域能源融通系统又可分为热融通和热电融通两种类型，分别如图3－7中模式C和模式D所示。以热融通为例，由于用户的热源设备一般都是按照需求峰值（一年中的少数时段）来选定的，所以大部分时间都在额定容量的50％以下运行。此外，热源设备的种类多种多样，安装时间千差万别，所以效率差异也很大。通过热融通，可以让高效设备优先运行，缩减低效设备的运行时间。通过热融通，当负荷较小时，可以只运行部分用户的热源设备，这样就可以降低辅机能耗。此外，通过实施热融通还可以整合应用地热、太阳能等多种热源，构建多源多汇型区域供热网络。将区域内分散布置的分布式能源所生产的电和热，通过连接各用户的微电网和微热网实现电力和热力的互联互通，也就是本书所提出的热电融通模式（图3－7中模式D）。区域能源融通系统的提出为区域能源利用提供了一种新的科学、合理用能的机遇和形式。它强调系统的互补和平衡功能，可以充分利用现有独立供能系统冗余的设备资源，以较低的初期投资实现可观的节能效益。其实，该模式不仅适用于既有设备的更新与改造，对新开发区域能源系统的规划与设计同样具有适用性。在新区开发过程中，可以突破传统能源供给的“集中主义”思维，以“互联网”理念为导向，将分布式能源（包括楼宇冷热电联产、分布式光伏等）所产生的电能和热能，通过连接各终端用户的微电网和微热网实现电力和热力的互联互通。这样，各独立用户的设备配置可以更灵活，产能过剩或用能不足可以通过区域微网予以调度和平衡，从而有效降低设备投资与运行费用。①

（三）区域能源利用的优越性

利用区域内用能负荷的集约效果，采用高效用能设备，通过适当的设备控制使部分负荷达成高效的运行效果。加之对系统的构成、配置及运行进行集成优化，区域能源系统有望突破传统单体节能方案的瓶颈，使系统能效发挥至最佳。区域能源系统除了具有优异的节能效果外，还兼具保护城市环境（大气环境、热环境等）、充实城市机能等功能。

---

① 康健．可再生能源合理开发高效利用的技术路线和评价准则[J]．太阳能，2011(9)：9－13.

（四）区域能源利用存在的问题及应对措施

虽然构建区域能源利用体系可以获得节能、环保等多方面的效益，但为了促进其进一步推广与应用，还有以下问题亟待解决[①]：

（1）用于区域供热的区域微热网不可避免地会产生热损失，热媒的输送也要消耗一定的动力，区域微热网的建设费用也会导致初期投资增加。针对此问题，一方面，构建区域能源系统的用户间距离不能太远（最好是相邻建筑）；另一方面，可以通过优化计算确定最佳供能范围与管网布局。

（2）一旦加入区域能源系统（特别是集中能源中心方式）后，用户如果想变更为独立供能方式，需要对供能设备进行较大调整。为此，政府应该发挥主观能动性，加强对相关能源服务公司的监管，促使其与用户签订长期、稳定的能源供应合同。

（3）用户侧的用能行为可能对区域能源系统整体的能源利用效率产生负面影响，而某单个用户的节能行为很难体现为整个系统的节能效果，个体利益与集体利益的矛盾和平衡是区域能源利用体系亟待解决的一个重要问题。针对此问题，可以借助博弈论等经济、管理科学理论方法辅助决策。

（4）对于住宅用户，随着高性能且价格低廉的小型供暖和热水系统的实用化，区域能源系统在性能和费用方面的竞争力被逐渐削弱；对于大型公共或商业建筑用户，由于近年来中央空调系统的技术革新和成本降低，普及率逐渐提高，这对于区域能源的推广应用也是一个挑战。为此，除了节省能源费用外，有必要进一步挖掘区域能源的非节能效果，并评估其经济效用。

（5）区域能源系统一般涵盖多个终端用能部门，还可能涉及多个行政主管部门及不同行业，因此需要进行有效的顶层设计，构建跨行业、跨部门的综合管理体制，出台相应的政策和法规。

（6）对于区域能源融通系统而言，由于系统内部分用户将承担一部分“能源中心”功能，通过提高自身的能源供给量，满足其他用户的能源需求，产生费用增益。但对该个体用户而言，如果超额产能所导致的费用增量得不到合理补

---

① 刘彦婧. 浅谈能源互联网储能节能技术发展及应用[J]. 科技视界，2016(18)：231、234.

偿，加入系统的经济诱因丧失，那它就会脱离系统，阻碍高效能源融通系统的构建。因此，公平合理的利益分配机制是区域能源融通系统得以存在的重要基础，是其稳定发展的关键。针对此问题，一方面要设定具有弹性的、合理的区域能源价格（如热水价格）体系；另一方面，以能源服务公司为媒介确立互利、公平的合作关系不失为一个有效的解决方案。

二、清洁高效利用技术[①]

（一）节能创收技术

能源互联网的最终目的是保障和促进经济的发展，其架构下的储能技术与节能技术的产物最终还要实现一定的经济价值，无法实现经济价值或创收的技术，是没有研究价值与前景的。未来节能技术实现创收是建立在能源互联的基础上，以大数据技术应用为依托的。其受益者是电能消耗的基本单元，如家庭、楼宇、商场、企业、工厂等。

1. 节能技术发展现状

通过对节能进行相关文献检索不难看到，关于节能的研究始于 19 世纪 80 年代，并且愈演愈烈，在 2010 年其相关研究文献数多达 24 万余篇，其研究趋势也从工程节能逐渐细化到装备节能、工序节能等，如油气田节能、炼油化工节能、建筑节能、空调节能、电灯节能等，凡是耗电的装备技术都有进一步节能的空间。随着能源互联网的深入和完善，能源节约技术也将掀起新一轮的研究与探索热潮，未来节能模式和节能方法也将随着能源互联的步伐逐步改变。

2. 基于综合能源服务的节能创收模式

未来节能创收将产生巨大的经济效益，其商业模式大致分为四个层次：基础装置层，建模层，管理控制层，反馈层。

基础装置层是基础装置安装，是整个系统的硬件单元，用于耗能数据的测量及采集。这是能源节约的前提基础，全面掌握能源消耗的产生，才能对其进行改善。

---

① 康健. 可再生能源合理开发高效利用的技术路线和评价准则[J]. 太阳能，2011(9)：9－13.

建模层是对基础装置层的成果数据进行分类处理，从各个方面对能耗的特征加以分析，并能在一定方面为能耗预算、资源消耗预算提供参考。

管理控制层是在前两者基础上，对受益单位的用电设备或用电动作加以规范或优化，是实现节能创收的关键，通过合理规划能耗设备的耗能时段、优化耗能工序等，实现能耗下降，其创收即能耗差价。①

反馈层的作用是对管理控制层的能耗管理效果进行分析，通过将管理控制层动作前后的基础装置层的数据结果进行分析对比，得出能耗改善综合评价，帮助优化建模，完善能耗管理机制。

除此之外，该模式可有助于刺激节能产品的研发与应用，为节能技术提供研究数据，帮助客户科学合理地选择和使用耗能设备。

3. 节能创收的条件和基础

节能创收是建立在能耗测量技术、建模分析技术、互联网＋技术、大数据技术发展及应用等的基础上的。节能创收模式的出现基于能源互联网的不断完善和深入，以及能源存储网络的改革与优化。

（二）蒸汽—燃气联合循环发电技术

蒸汽—燃气联合循环发电技术（GTCC）是一种全新的节能技术，其高效性和可靠性优势较为明显，具有清洁程度高、污染排放量小以及运行灵活性高等特点。蒸汽—燃气联合循环机组可以作为可再生能源发电的重要设备，燃油和天然气的联合循环电站的发电效率随着燃气轮机技术的改善有了显著提高。还可以将燃煤发电与煤化工进行充分融合，实现煤化工、液体燃料以及氢气和高效洁净发电系统相结合的多联产，从而达到真正意义上“绿色煤电”的目标。

1. 技术原理

由于燃气轮机循环吸热平均温度高，纯蒸汽动力循环放热平均温度低，把这两种循环联合起来组成蒸汽一燃气联合循环显然可以提高循环热效率。GTCC技术就是充分利用钢铁联合企业高炉等副产煤气，最大可能地提高能源利用率，发挥蒸汽一燃气联合循环优势的先进技术。根据各种煤气平衡富余情

① 刘彦婧.浅谈能源互联网储能节能技术发展及应用[J].科技视界，2016(18)：231、234.

况，济钢按照高炉煤气和焦炉煤气以 4∶1 的比例混合为低热值煤气作为燃机的燃料，一是能提高高炉煤气的热值，二是能全部回收低热值的高炉煤气。

2. 工艺流程

副产煤气从钢铁能源管网送来后经除尘器净化、混合，再经加压后与空气过滤器净化及加压后的空气混合进入燃气轮机燃烧室内混合燃烧，产生的高温、高压燃气进入燃气透平机组膨胀做功，燃气轮机通过减速齿轮传递到发电机组发电；燃气轮机做功后的高温烟气进入余热锅炉，产生蒸汽后进入蒸汽轮机做功，带动发电机组发电，形成蒸汽—燃气联合循环发电系统。

3. 装机方案

根据钢铁生产过程释放的高炉煤气和焦炉煤气的品质及产量，采用联合循环发电机组，每套机组由一台煤气压缩机、一台燃气轮发电机组、一台余热锅炉和一台蒸汽轮发电机组组成一套联合循环发电机组，每套联合循环发电机组的额定容量为 46.6MW＋19MW。根据煤气平衡的情况，来确定蒸汽—燃气联合循环发电机组的套数。为提高联合循环效率，从燃机排气中尽可能回收热量，采用三压余热锅炉，参数提高为次高压，产生的次高压过热蒸汽和低压过热蒸汽进入汽轮机做功，带动发电机发电，同时余热锅炉还产生低压除氧饱和蒸汽作为除氧器除氧用汽。

（三）冷热电三联供技术

热电联产的优势主要在于：其不仅能实现节能减排、保护环境的目标，还能有效改善供热质量、为社会提供电力能源。冷热电三联供意味着在热电厂汽轮机发电机组正常运行的同时，汽轮机中已经存在做了部分功的低品位蒸汽热能，利用这些蒸汽热可以对外供热和制冷。

1. 联供系统配置和运行策略

冷热电联供系统配置需要确定的问题主要包括机组的形式、台数和容量的选择，吸收式制冷机与压缩式制冷机的优化组合；系统运行模式的优化则包括实际可行的运行策略、各设备冷热电逐时输出量以及逐时的从电网购电量。由于联供系统可实现的节能性、经济性和环保性取决于系统的运行策略及设备的容量，设备配置的容量和数量对系统可实现的效益和可选的运行策略都具有重要影响。设备配置容量和数量过大，虽然可以满足高峰负荷时的冷热电需求，但是其初始投资过大，而且会导致系统低负荷运行，造成能量损失；配置容量过小，虽然能使三联供系统大多数时间段都工作在满负荷阶段，但是无法满足高峰负荷的用电需求，从而导致更多的电费支出，无法充分发挥联供系统的经济和节能优势。因此，系统配置容量和数量的优化设计对系统的竞争力至关重要。

2. 联供系统配置方式

根据前文的分析，本书采用燃气内燃机＋吸收式制冷机＋余热锅炉＋电制冷机模式。该系统通过燃气内燃机(DG)发电，其余热则通过优化分配驱动吸收制冷机(AC)制冷或是进入余热补燃锅炉(GB)中用于供热，剩下的多余热量通过换热器(DH)排掉。燃气内燃机发电除满足用户电负荷外，还用于驱动电制冷机(ER)制冷，不足电量则由电网提供。

3. 联供系统运行策略

联供系统的典型运行策略主要包括以下几种：以热定电模式、以电定热模式、优化运行模式和孤岛运行模式。

以热定电模式：该模式下，发电机组按照满足每个时间段的热(冷)负荷的方式来运行，即任何时段三联供系统输出的可用热量(冷量)均与建筑热(冷)负荷相等(机组发电量不超过系统各设备容量，且满足其最小运行功率)。若系统发电量高于建筑电负荷，多余电量可售给电网；若系统发电量低于建筑电负荷，不足电量购自电网。

以电定热模式：该模式下，发电机组按照满足每个时间段的电负荷方式来运行，任何时段三联供系统发电量均与建筑电负荷相等(机组发电量不超过系统各设备容量，且满足其最小运行功率)。若系统输出的可用热量(冷量)高于建筑热(冷)负荷，多余热量可通过换热器排至室外；若低于建筑热(冷)负荷，则不足热(冷)量可以通过补燃的方式(电制冷机制冷)来提供。

以热定电模式、以电定热模式的经济环保调度优化模型将在第四章中详细展开。

优化运行模式：在该模式下，发电机组并不是完全按照以电定热或是以热定电的模式。由于目前我国热力不能上网，这就决定了优化运行方案必须从“电主热从”的原则出发，根据全年时间段的冷热电负荷需求和峰谷电价以及天然气价格等参数，以非三联供的运行方式作为参照基准，基于给定的系统数学优化模型和目标函数及优化条件，运用以 NPV 值最优化方法进行求解计算而得到的最优化的运行模式。

孤岛运行模式：该模式下，三联供系统完全按照封闭的模式来运行，冷热电负荷全部由三联供系统来提供，而不需要从电网购电。对于该种运行模式，三联供系统需要配置备用发电和供热设备以备不时之需。由于需要配置的设备容量为各种运行模式下的最大值，所以从各类设备的初始投资角度来看，这种运行模式最为昂贵；同时，由于不能很好地协调冷热电按比例分配的问题，有可能导致多余的电量浪费或余热大量排放掉，因此该运行模式既不经济也不节能。

三、小结

可持续发展问题，是包括发达国家和发展中国家在内的全人类共同面临的问题。为突破国家发展进程中凸显的能源、经济和环境的“三难困境”，作为一种具有深厚历史背景的能源利用方式，区域能源在新的时代背景下又焕发出新的活力。作为未来综合能源利用的重要发展方向之一，区域能源利用体系的构建是应对全球气候变化、能源安全以及热岛效应等城市环境问题的有效对策。为了推进其应用与普及，必须实施理解、行动、推广三位一体的促进方案。此外，能源互联网的最终目的是保障和促进经济的发展，其架构下的储能技术与节能技术的产物最终还要实现一定的经济价值，无法实现经济价值或创收的技术，是没有研究价值与前景的。所以，如何发展储能节能技术，并将其很好地应用于实践，实现经济价值或创收是能源互联网研究与发展的另一个重要课题。

第四节　高效储能技术

综合能源服务的概念开辟了能源系统发展的新愿景，但是作为新生事物，综合能源服务的实现需要很多关键技术的支撑，储能技术就是其中的重要基础。传统能源系统中，储能已经有广泛的应用。在2016年5月召开的储能国际论坛上，中关村储能产业技术联盟发布的《储能产业研究白皮书2016》预测，到2020年，理想情景下储能的总装机规模将达24.2GW，常规情景下总装机规模将达14.5GW，其中还不包含抽水蓄能的数据。根据国家《可再生能源"十三五"发展规划（征求意见稿）》，我国抽水蓄能2020年装机总规模将达40GW。综合能源服务要实现多种能源网络的互通互联，系统整体规模更大，涉及的能源种类更多，因此对储能的数量和形式的要求更高。

综合能源服务具有不同于智能电网的新特征，涉及多种能源形式及其相互转换，组成结构和运行方式更加复杂多样，因而对储能的需求也更加多样化，储能作用方式更加丰富，能够实现的功能也更加多样。

本章节将系统地分析综合能源服务中的储能需求，总结综合能源服务中储能能够实现的具体功能以及储能的各种作用方式，并建立储能的需求、功能、作用方式之间的对应关系。

一、综合能源服务中的储能需求

（一）综合能源服务中需要储能参与实现的目标①

为了实现综合能源服务发展的目标和理念，至少有以下几个方面可能需要储能技术作支撑：

（1）维持系统的能量平衡既包括各种能源系统内部的能量平衡，也包括整个综合能源服务系统的能量平衡，实现安全、稳定、可靠的能源生产和输送。

① 陈永翀，李爱晶，刘丹丹，张萍．储能技术在能源互联网系统中应用与发展展望[J]．电器与能效管理技术，2015(24)：39－44．

(2)实现不同能源系统的耦合和协同综合能源服务是多种能源网络互通互联的系统，不同时空维度的能源网络之间的相互耦合，可能就需要储能系统作为桥梁。并且可以通过储能系统的调节作用，实现不同能源网络之间的协同运行。

(3)最大限度地利用可再生能源支持高比例的可再生能源接入，并且减少弃风、弃光的概率，充分利用清洁的可再生资源提供的能量。

(4)保障能源供应的品质和连续性。在系统中存在波动性、间歇性能源或负荷的情况下，保证能量供应的平稳。在系统受到扰动或者发生故障的情况下，保证能量生产和供应的连续性。

(5)拓展新的用能方式和能源替代，例如提高储能电池的容量、性能和寿命，并降低成本，助力电动汽车的普及，加快替代以石油和天然气为燃料的汽车，实现能源的清洁利用。

(6)改变能源供应的管理和交易模式，利用储能在一定程度上实现能源生产和消费在时间、空间上的解耦，有助于推进能源管理和交易模式的变革，促进能源消费的市场化。

(二)综合能源服务对储能系统的基本要求①

综合能源服务中的储能系统，作为一个整体考虑，应该满足下列基本要求：

(1)与系统规模相称的总量规模。为了实现整个综合能源服务及各个能源网络内部的能量平衡，储能系统整体应该具有足够大的储能容量和交换功率，以实现能源网络级别的能量调控。

(2)满足各种性能要求的合理配置。综合能源服务对储能系统的功能需求多种多样，综合能源服务以及各个能源网络内部往往都具有多种形式的储能系统。不同的储能形式具有不同的性能特点和经济成本，如表 3－3 所示。这就要求多种类、多个储能系统进行合理的搭配，满足综合能源服务整体及局部的不同储能需求，如足够快的功率响应速度、足够大的交换功率、较长时间尺度的

① 李建林，田立亭，来小康. 能源互联网背景下的电力储能技术展望[J]. 电力系统自动化，2015，39(23)：15－25.

能量存储能力。

表 3—3　　不同形式储能的性能特点和经济成本

储能形式	功率规模/MW	储能期限	成本/($/kWh)	转换效率(%)
抽水蓄能	100～5 000	小时～月	5～100	≤85
压缩空气	5～300	小时～月	2～50	≤70
超导储能	0.1～10	分钟～小时	1 000～10 000	≥96
飞轮储能	0～0.25	秒～分钟	1 000～5 000	≥90
超级电容	0～0.3	秒～小时	300～2 000	≥95
低温储能	0.1～300	分钟～天	3～30	<60
高温储热	0～60	分钟～月	30～60	<60
铅酸电池	0～20	分钟～天	200～400	≤80

(3)可以接受的经济成本。综合能源服务中储能的容量需求很大，而储能设备的成本又普遍较高。这就要求通过技术革新或优化配置，在满足技术性能要求的前提下，设法降低储能的总量需求，或者尽量降低高成本储能设备的需求，提高设备的储能效率，并通过合理的能量管理和控制策略，延长储能设备的使用寿命，降低储能设备的建设和运行成本。此外，对环境的二次污染也是选择储能系统时应该考虑的问题。

二、综合能源服务中储能的功能

储能系统在综合能源服务中充当着多种角色①：服务于系统；服务于用户；服务于整体；服务于局部。本节将对综合能源服务中储能的具体功能进行梳理。

① 荆平，徐桂芝，赵波等.面向全球能源互联网的大容量储能技术[J].智能电网，2015,3(6):486—492.

（一）提高系统运行的安全性和稳定性（系统侧）

任何扰动都会影响系统的稳定性，只要储能装置容量足够大且响应速度足够快，理论上就可以实现在任何情况下不同能源网内部的能量平衡，保障系统的安全稳定。储能在提高系统运行安全性与稳定性方面的具体表现形式有以下几种：

（1）削峰填谷，减小失稳压力。储能系统可根据供能与耗能之间的差异变化情况及时可靠地改变其出力水平，削峰填谷，从而改善系统稳定性，减小失稳压力。

（2）增加备用，降低大扰动的影响。储能可作为备用能源，在系统中出现大的扰动时即插即用，增加系统的抗干扰能力，降低扰动带来的影响。

（3）功率支撑，改善系统供能稳定性。储能系统可向电网提供 1～2s 有功支撑，使电网中各机组在受扰动后仍能保持同步运行，降低系统失稳的概率。

（二）提高系统运行的效率和效益（系统侧）

系统中能量的供应应根据负荷的波动情况时刻保持平滑的变动。储能系统在能量供应富余期间进行能量存储，在供应紧张期间进行能量释放，可在一定程度上减小能量供应的峰谷差，从而提高系统的运行效率。同时，由于储能的存在，可减小系统对于备用容量的需求，降低扩容投入，减少由于能量供需差异带来的能量运输成本，从而提高系统的效益。

（三）实现不同能源网络之间的耦合（系统侧）

储能系统是各种能源网之间耦合的桥梁。储能系统可以将不同能源网中的能源以不同的形式进行存储，当系统需要时再释放能量。在储能系统存储和释放能量的过程中，还存在着能量的转换问题，这就使不同的能源网通过储能系统相互联系，实现了能源网的耦合。此外，储能系统还可以实现能源网的解耦。储能系统可将储存的能量在合适的时间进行释放，实现时间上的解耦；也可根据不同能源网内部的能量供应与消耗的关系，将存储的能量在不同的能源网之间进行适当的运输转移，实现空间上的解耦。储能在综合能源服务中的作用方式如图 3－8 所示。

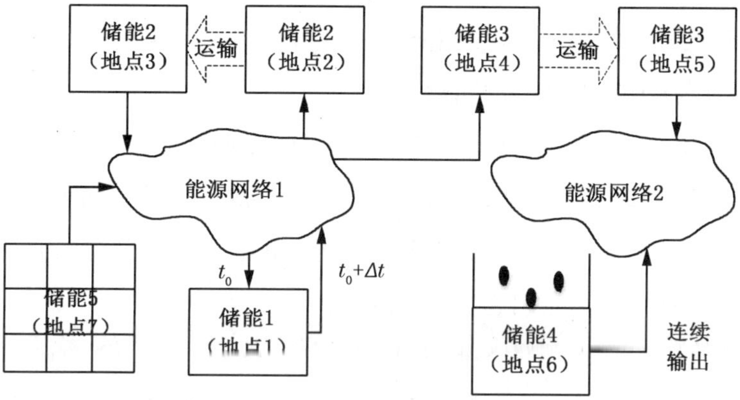

图 3—8 储能在综合能源服务中的作用方式

（四）提高多能源系统的灵活性和协同性（系统侧）

储能系统除具有储存能量的功能外，还可以将不同形式的能量联系在一起，使能源网各元素之间的联系更加紧密，提高多能源系统的灵活性和协同性。

（1）储能可以转换能量形式，使能源的调度更加灵活。例如，电动汽车可以通过 V2G（Vehicle-to-Grid）的方式扮演分布式负荷和电源的角色。当电动汽车作为负荷时，通过合理安排充电时间，可以实现有序充电管理，达到移峰填谷的效果，提高系统运行效率；当电动汽车作为储能装置时，可以将其作为系统的备用容量，峰荷时向电网提供电能，优化电网运行。另外，在综合能源服务中，储能系统存储与输出的能量形式未必相同，这就使得能量形式可相互转换，满足系统对于不同形式能量的需求。

（2）各种类型储能间的协调配合，可以增强系统的协同性。不同种类的储能可根据系统的整体需求，以储能系统的经济性更好及能源的利用效率更高为目标，进行协调配合，增强多能源系统的协同性，提高系统的运行效率。

（五）充分利用可再生能源（发电侧）

随着综合能源服务的发展，可再生能源将逐步成为主要能源，但其能量供应受自然条件影响，具有间歇性和波动性。储能系统可平衡可再生能源带来的不稳定性，平滑可再生能源带来的波动，增加其渗透率，并减少能源的浪费。

(1)支持高比例可再生能源接入。由于可再生能源具有间歇性,当其大量接入时会降低系统的稳定性,而储能装置可为系统提供快速有功支撑,平滑波动,提高系统接纳可再生能源的能力。

(2)减少弃风、弃光等能源浪费现象。风能、太阳能等可再生能源已经得到了大量的利用,但因其受自然条件影响,具有较大的波动性和间歇性,因此保守的调度导致弃风弃光现象严重。储能装置可将被丢弃的能量进行存储,用于平抑风力及光照条件不稳定引起的输出波动。

(六)保障能源生产的安全性(发电侧)

在能源生产过程中,总会或多或少地出现一些故障,导致无法进行能源供应,影响能源的生产安全。储能系统可帮助供能系统重新启动,恢复正常运行。例如,当火电机组没有厂用电时,存储的柴油可向燃机起动机提供能量,使系统恢复工作,实现系统自愈;水电站在没有厂用交流电的情况下,可利用电厂直流系统蓄电池储存的电能量和液压系统储存的液压能量,完成机组自启动,恢复自身及外部的能量供应,保障能源生产安全。

(七)保障能量供应的质量(用户侧)

近年来,系统能量供应品质的不稳定问题受到了人们的关注,储能系统的接入可改善能量供应的质量问题。

(1)平抑功率波动,保证能量供应的品质。在电源出现瞬时故障或者长时间退出运行时,储能可以向系统提供功率支持,减小或消除功率的不规则波动,使能量供应质量得到提高。

(2)分布式储能,保证电能质量。分布式储能可改变传统的电力系统结构,改变系统中能量流动方向,改善功率分布,从而减少能量传输过程中的损耗,提高电压水平。

(八)保障能量供应的连续性(用户侧)

能量供应一般具有间歇性,而系统中的重要负荷要求能量供应不能出现任何时长的短缺情况。储能系统可作为不间断电源,有效解决能源供应的间歇性问题。

(1)作为应急,解决能量瞬时或短时间的供应短缺的问题。当系统中出现大扰动引起的瞬时供能波动时,储能系统可在短时间内进行能量供应,平滑波动,保证能量供应的连续性和稳定性。

(2)作为备用,解决能量长时间供应不足问题。任何设备在使用一段时间后都要进行检修,在设备检修期间或是系统出现大的故障时,储能系统可以进行供能,直至系统恢复正常运行。

(九)拓展新的用能方式和能源替代(用户侧)

在综合能源服务背景下,用能方式也逐渐增多。例如,随着人们对环境与气候问题的不断重视,电动汽车的研发和推广得到了快速发展,且随着电动汽车数量的不断增多,它也将成为系统中的重要负荷。电动汽车储能电站发挥着类似原有加油站的功能,可对电动汽车进行能量补充,使电动汽车的大规模应用成为可能。此外,用电动汽车代替部分燃油汽车,利用可再生能源代替不可再生能源,实现了能源替代,降低了环境污染。

(十)支持新的能量管理模式(用户侧)

将储能系统应用于用户侧的能量管理系统,使其在用户侧负荷低谷期时存储能量,在负荷高峰期时进行能量的释放,适时地在合适位置进行有功及无功补偿,从而改变系统的能量分布情况。储能系统在用户侧能量管理系统中的应用,实现了用户侧对电能质量的调节,改变了用户侧的能量管理模式,使用户不仅以负荷的形式存在,还可以参与对系统稳定性的调节。

(十一)支持新的能源交易模式

在综合能源服务背景下,能源的交易模式会发生改变,实现生产者和消费者的角色互换。由于储能系统的存在,大型能源供应商可利用储能的库存进行交易,用户同样可以利用储能装置,将能量进行存储,以生产者的角色自主选择进行能量交易或是退出市场,改变了其与能源供应商之间的固有关系。储能的存在还为用户直接参与能源交易提供了可能性,用户可根据自身的能耗需求和生产能力,结合配置的储能,向能源市场发出特定的能源需求;或在一些时段,以生产者的角色向市场提供可靠的能源供给。

综合能源服务下新的能源交易模式如图 3—9 所示。能源供应商可以直接将能源卖给用户，也可以将能源放到交易中心进行交易，还可以利用储能将能源以某种形式（例如电池）储存起来，然后进行交易。用户除了可以直接与能源供应商进行交易外，还可以根据自身需要从交易中心购买能源；或是在能源价格低廉时买进，进行储备，待需要时使用。用户也可以通过自身配置的储能实现能源的自发自用，多余的能源还可以进行能源交易。

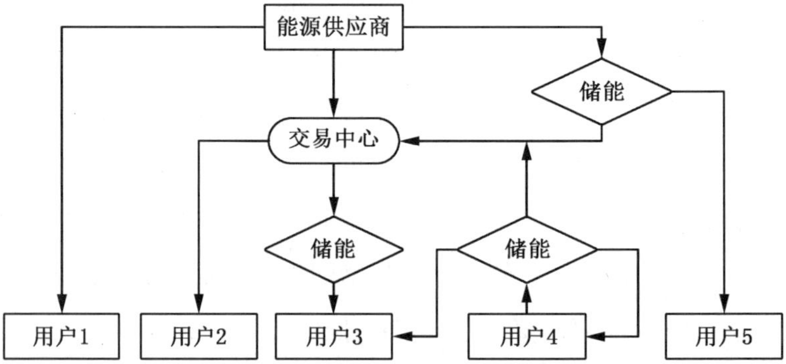

图 3—9　综合能源服务中的能源交易模式

三、综合能源服务中储能的作用方式

不同类型的储能设备，由于其物理结构和工作原理的差别，往往具有不同的性能特点。即便是相同类型的储能系统，由于承担着不同的功能，在运行过程中往往也表现出不同的响应特征。因此，各种形式、各种功能的储能系统，往往以不同的表现方式在综合能源服务中发挥着各自的作用。在综合能源服务中，储能系统的作用方式大致可以分为能量的时间转移、空间转移、快速吞吐、保留备用、零存整取以及整存零取六种。[①] 广义上来说，任何储能过程都伴随着时间转移，任何储能系统也都起到了能量的保留备用的作用。而下文所定义的能量的时间转移与保留备用均是狭义上的概念，能量的时间转移是指从储能装

① 门向阳，曹军，王泽森，杜文娟. 能源互联微网型多能互补系统的构建与储能模式分析[J]. 中国电机工程学报，2018，38(19)：5727—5737、5929.

置吸收能量开始到释放能量期间较长一段时间的推移；能量的保留备用是指为防出现能量的短缺现象而专门储备留用能量。

（一）能量的时间转移

在某种能源网络中，当能源生产大于消费需求时，将多余的能量以特定的储能方式存储起来，留待将来该能源网络能量不足时再释放使用。例如，抽水蓄能用于电网日负荷的削峰填谷，用于不同季节的能量转移使用。这种作用方式的特点是，储能吸收和释放能量的位置是相同的，吸收之前和释放之后的能量形式也是相同的，只是被存储的能量在该能源网络中发挥作用的时刻被推迟了，因此称之为能量的时间转移。这种作用方式往往要求储能的容量足够大、存储的时间足够长。

（二）能量的空间转移

整个综合能源服务又分为不同的能源子网，即各个局域能源网组成一个整体。不同能源网同时达到供需平衡是很难实现的，此时就需要储能进行不同能源网之间的能量互补，维持系统的能量平衡。这种作用方式的特点是，储能吸收和释放能量的位置是不相同的，吸收之前和释放之后的能量形式也未必相同，存储的能量发挥作用的时刻由于能量在运输过程中的时间消耗同样被推迟。这种作用方式称为能量的空间转移。能量的时间转移未必伴随着空间转移，能量的空间转移一定伴随着时间转移。这种储能方式往往要求能量存储期间能量衰减程度较低，对储能装置安全可靠性要求较高。

（三）能量的快速吞吐

综合能源服务的一个特点是新能源的大量接入，但新能源的接入会影响系统的整体稳定性，包括系统的功率波动、频率波动等。而一些能够快速吞吐能量的储能设备可在系统稳定性波动期间进行快速的投入切出，平滑波动，改善系统性能。这种作用方式的特点是能量的存储及释放速度较快，具有秒级甚至毫秒级的反应时间。这种作用方式要求储能设备的启停速度较快，且一般要求具有较高的功率等级。

（四）能量的保留备用

能源网中往往会由于某种原因出现能量的短缺现象，此时储能可作为能源系统的备用，即插即用，及时进行能量补充。例如，当化石燃料短缺进而引起热供应不足时，太阳能储热装置进行的热存储可及时进行能量供应。这种作用方式的特点是能量释放速度较快，且根据实际情况不同，能量存储时间的长短也不同。这种作用方式一般要求具有较大的能量存储容量，且能量存储期间损耗较小，可进行短时间或长时间的存储。

（五）能量的零存整取

不同种类储能的能量储存规模及容量都不相同。对于一些储能速度较慢、单次存储能量较少的储能方式，我们可利用其进行较长时间的能量存储，当存储的能量达到一定规模时再进行释放，实现功率等级较大的储能方式的功能。例如健身器材发电，首先将每个健身器材产生的较少能量进行存储，当积累到一定量时再进行能量的释放。这种作用方式的特点是一次性存储的能量较少，而供能时将积攒的能量进行大功率释放，反映到时间上为长时间的能量存储，短时间的能量释放。这种作用方式称为零存整取。这种作用方式要求储能装置性能较好，且能量存储期间基本没有或者只有少量的能量损耗。

（六）能量的整存零取

在实际的储能过程中，由于运输条件及储能装置自身的原因经常会出现能量的囤积现象，即将能量进行大量囤积后再分批、分时段进行利用。例如，煤等化石原料在运输存储过程中往往会进行一次性大量囤积，进行几天或者更长时间的能量供应。这种作用方式的特点是能量一次性存储的容量较大，能量利用为少量多次的利用方式，反映到时间上为在短时间内大量存储能量，进行长时间的能量供应。这种作用方式称为整存零取。这种作用方式要求储能的容量大、能量存储时间长且有较低的自耗散率，例如太阳池、存煤。

四、储能需求、功能、作用方式的对应关系

综合能源服务中储能的需求、功能、作用方式之间的对应关系如图 3－10 所示。储能不同作用方式的相互组合共同实现了储能在综合能源服务中的各种功能，而要实现综合能源服务发展的目标和理念，则要由储能的各种功能来

满足综合能源服务在某些方面对于储能的需求。其中，作用方式是最基础的分类依据，便于合理搭配不同类型的储能，从而实现储能的优化配置和协调控制，进而改善和提高整个系统的性能和运行效率。

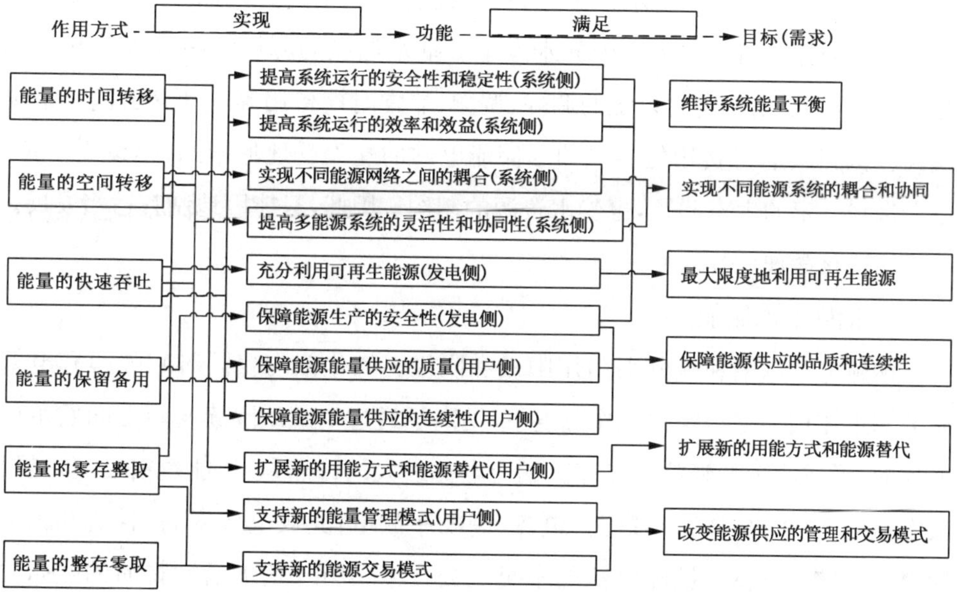

图 3—10　综合能源服务中储能的作用方式、功能与目标的对应关系

五、储能技术的分类

至今为止，人们已经开发了多种储能技术，主要分为物理储能、化学储能两个大类。物理储能主要包括抽水储能、压缩空气储能、飞轮储能和超导磁储能。化学储能主要包括铅酸电池、液流储能电池、二次电池（镍氢电池、锂离子电池）和钠硫电池。①

根据各种应用场合对储能功率和储能容量要求的不同，各种储能技术都有其适宜的应用领域。适用于大规模储能的技术主要有液流电池、钠硫电池、铅

① 李建林，田立亭，来小康．能源互联网背景下的电力储能技术展望[J]．电力系统自动化，2015，39(23)：15—25．

酸电池、抽水和压缩空气储能。近几年来，随着锂离子电池技术的进步，锂离子电池也逐步向用于分散储能及规模储能领域渗透。

抽水储能是目前唯一成熟的大规模储能方式。它是指在电力负荷低谷期将水从低水位水库抽到高水位水库，将电能转化成重力势能储存起来，在电网负荷高峰期释放高水位水库中的水发电。抽水储能的释放时间可以从几个小时到几天，主要用于电力系统的调峰、调频、非常时期备用等。其突出优点是规模大、寿命长、运行费用低。但抽水储能电站的建设受地形制约，建设周期长，也会带来一定的生态问题，也受水资源的制约。因此，只能因地制宜适当发展。

（一）化学储能技术①

1. 钠硫电池储能

钠硫电池以钠和硫分别用作阳极和阴极。氧化铝陶瓷同时起隔膜和电解质的双重作用。在一定的工作温度下，钠离子透过电解质隔膜与硫之间发生可逆反应，形成能量的释放和储存。钠硫电池最大的特点是：比能量密度高，是铅酸电池的3～4倍，体积小；可大电流、高功率放电；充放电效率高；且硫和钠的原料资源储量丰富。钠硫电池的不足之处在于：其正、负极活性物质的强腐蚀性，对电池材料、电池结构及运行条件的要求苛刻；电池的充放电状态（SOC）不能准确在线测量，需要周期性地离线度量；运行温度在300℃～350℃，需要附加供热设备来维持温度；并且钠硫电池仅在达到300℃左右的温度下才能运行，由此造成启动时间很长，这在一定程度上限制了其应用。例如，风力发电具有明显的季节性和随机性，在夏季风力资源不佳时，需要储能系统间歇性运行，这要求配套的储能有较好的启动特性。另外，如果陶瓷电介质一旦破损形成短路，高温的液态钠和硫就会直接接触，发生剧烈的放热反应，产生高达2 000℃的高温，存在严重的安全隐患。

2. 铅酸电池储能

铅酸电池是比较成熟的蓄电技术，具有价格低廉、安全性相对可靠的优点。

---

① 荆平，徐桂芝，赵波等. 面向全球能源互联网的大容量储能技术[J]. 智能电网，2015，3(6)：486—492.

但循环寿命短、不可深度放电、运行和维护费用高等缺点，加上失效后的回收难题，都使得铅酸电池在规模储能领域应用还有很长一段路要走。

3. 锂离子电池储能①

锂离子电池分为液态锂离子电池（LIB）和聚合物锂离子电池（PLB）。其中，液态锂离子电池是指 Li＋嵌入化合物为正、负极的二次电池。电池正极采用锂化合物 $LiCoO_2$ 或 $LiMn_2O_4$ 等，负极采用锂—碳层间化合物。锂离子电池具有高储存能量密度，可达 200～500Wh/L，重量轻，相同体积下重量约为铅酸产品的 1/5～1/6；额定电压高（单体工作电压 3.7V 或 3.2V），便于组成电池组。并且锂离子电池产业基础较好，这使得锂电池在车用动力电池领域备受青睐。但锂离子电池耐过充/放电性能差，组合及保护电路复杂，电池充电状态很难精确测量，成本相对于铅酸电池等传统蓄电池偏高，单体电池一致性及安全性仍不符合要求等因素制约了锂离子电池在规模储能领域的应用。美国 A123 公司使用磷酸铁锂电池建成 1MW（0.5MWh）移动储能电站。但至今未有在大规模风电场中应用的实例。

4. 液流电池储能

液流电池是电池的正负极或某一极活性物质为液态流体氧化还原电对的一种电池。根据活性物质不同，研究较多的液流电池有锌溴电池、多硫化钠/溴电池及全钒液流电池三种。其中，全钒液流电池被认为是最具应用前景的液流储能电池技术。全钒液流储能电池具有循环寿命长（大于 16 000 次）、蓄电容量大、能量转换效率高、选址自由、可深度放电、系统设计灵活、安全环保、维护费用低等优点，在输出功率为数千瓦至数十兆瓦、储能容量数小时以上级的规模化固定储能场合，液流电池储能具有明显的优势，是大规模高效储能技术的首选技术之一。2005 年，日本住友电工公司在北海道为 36MW 的风电场建造了 4MW/6MWh 全钒液流电池系统。该系统在 3 年的应用中实现充放电循环 27 万次，对于平滑风电场输出和储能发挥了重要作用。全钒液流储能电池是目前

① 门向阳，曹军，王泽森，杜文娟．能源互联微网型多能互补系统的构建与储能模式分析[J]．中国电机工程学报，2018，38(19)：5727－5737＋5929.

唯一一种在大规模风电场中进行了应用的储能技术。日本的示范经验表明，液流电池是最适合风力发电的储能技术。我国大连化物所与大连融科储能技术发展有限公司联合，采用全钒液流电池实施了多项“光—储”“风—光—储”应用示范工程，推动我国自主知识产权的液流电池技术进入产业化初期阶段。但液流储能电池能量密度和功率密度低，因此需要加快工程化和批量化生产技术开发，进一步降低成本、提升性能，以满足液流电池商业化需要。

（二）氢储能技术

氢储能可看作是化学储能的一种延伸，基本原理就是将水电解得到氢气和氧气。以风电制氢储能技术为例，其核心思想是当风电充足但无法上网、需要弃风时，利用风电将水电解制成氢气和氧气，将氢气储存起来；当需要电能时，将储存的氢气通过不同方式（内燃机、燃料电池或其他方式）转换为电能输送上网。狭义氢储能系统通常包括四个部分；电解制氢、储氢、氢发电以及能量管理系统。氢发电过程多采用燃料电池的方式，即在催化剂的作用下，通过燃料电池装置将氢气和空气中的氧气发生化学反应（无燃烧），产生电能和水。广义的氢储能技术还包括氢后端的转化及应用，如氢燃料电池汽车供氢、合成甲烷、合成油等，最大限度地利用过剩电力。通常所指的氢储能系统是电—氢—电的循环，且不同于常规的锂电池、铅酸电池。其前端的电解水环节，多以功率计算容量，代表着氢储能系统的“充电”功率；后端的燃料电池环节，也以功率计算容量，代表着氢储能系统的“放电”功率；中间的储氢环节，多以氢气的体积（标准立方米 Nm^3）计算容量，如换算成电能容量，$1Nm^3$ 氢气大约可产生 1.25 kWh 电能，储氢环节的容量决定了氢储能系统可持续“充电”或“放电”的时长。如果想增加电能的储存容量，就加大储氢罐的体积或压力。如果将氢储能技术用于储能领域，理论上能够存储多少氢气/合成气/合成油就能储存多大规模的能量，是仅有的能够储存百 GWh 以上且可长时间存储的储能技术方式，具有广阔的发展潜力和应用前景；需从“资源”开发的角度，加大开发和利用。

1. 新能源电力波动适应性的高效电解制氢技术

氢储能系统通过电解制氢环节将电能转化为氢能，电解水制氢系统要求输入功率尽量恒定。现有成熟的电解制氢设备的供电系统都是为稳定电源设计的，仅能适应50%～100%范围内的功率波动。需研究适应风电场功率快速、宽功率波动特征的水电解适应性技术，开发适用于波动性新能源电解制氢系统的电力变换器。此外，输入功率随机波动会导致电解槽工作电压的频繁变化，急剧降低电解效率，大大缩短电解槽寿命。配合间歇性新能源接入的电解制氢系统，输入功率需要实时动态跟随新能源发电出力的大幅度频繁变化。现有制氢技术远不能满足新能源发电制氢的需求，需开展电解槽对新能源波动的实时响应特性分析及优化设计技术研究。

2. 高效、大容量储氢技术

目前，氢的大容量存储问题尚未解决，缺少方便有效的储氢材料和储氢技术，严重制约了氢能的开发和利用，急需开发质量储氢密度和体积储氢密度高、放氢温度低的高效储氢技术。如利用吸氢材料与氢气反应生成固溶体和氢化物的固体合金储氢技术，不仅能够有效弥补气液两种存储方式的不足，而且体积储氢密度大、安全性高、操作容易，特别适合于体积和安全性要求较严格的大容量电网应用场合。目前，储氢材料的研究大多是以电动汽车为主要应用方向开展的，追求质量和体积储氢密度高、放氢速度快，而电网对于储氢材料有着不同的需求，如质量储氢密度、分解温度等方面。因此，研发适用于电网的高效、长寿命、低成本、高性能储氢技术，是推动氢储能在新能源接入中应用的关键技术之一。

3. 氢储能系统热、质、电高效耦合技术

氢储能系统中的电解槽和燃料电池在工作过程中会产生热，而合金储氢系统放氢过程中需要吸收热，如何实现高效的热管理是提升系统效率的关键途径之一。电解制取的氢气需要高效储存到储氢罐中，储氢罐的放氢流量需要与燃料电池发电功率相匹配，实现氢气的高效利用。电解制氢需要纯净水，水供应不足会降低制氢效率；氢的储存需要脱水，脱水不及时会降低储氢效率并影响寿命；燃料电池发电会产生水，排放不及时会影响电池寿命和效率，如何实现高效的水管理也是提升系统效率的关键途径之一。新能源发电与电解槽的功率需要匹配，大容量合金储氢系统氢的释放需要电加热，燃料电池发电系统自身需要消耗电能维持稳定工作，如何实现高效的电能管理也是提升效率的关键途径之一。因此，氢储能系统热、质、电高效耦合技术是提高氢储能系统效率的关键。

4. 氢储能系统建模与仿真

氢储能系统热、质、电高效耦合规律的认识，需要通过建立系统模型，仿真各个子系统的运行过程，为高效可靠的氢储能试验平台提供理论指导。氢储能系统的建模是基于电解水制氢、储氢、氢发电等子系统的模型，最终集成为氢储能的系统模型。子系统的模型包括电化学模型、传质传热模型、动量传递模型、控制模型等。需详细分析仿真平台的功能要求，确定氢储能系统模型的详细程度，鉴别出可忽略的部分，简化建模复杂度，以热、质、电的传递为主线，集成各个子系统模型，构建系统仿真平台。

5. 氢储能子系统参数匹配方法

氢储能系统由多个子系统构成，在各个子系统的设计及工程实施中，相关参数的匹配和确定十分关键。在满足应用场景需求和设计目标的前提下，还需要实现整个系统在运行、成本、效率方面的优化。该过程存在一个多目标、多参数优化的问题，不仅需要深入掌握系统原理，还需要工程应用经验。应结合具体应用场景，依托仿真平台进行参数优化计算，采用试验研究手段，验证参数的正确性，总结参数匹配的一般性方法。

6. 多参量的氢储能系统协调控制策略

氢储能系统包括制氢、储氢和氢发电三个子系统，系统的优化运行并不是这三个环节的简单叠加，还需要各个环节之间协调控制。另外，在电网中，使用的大容量氢储能系统并非氢燃料电池汽车系统的简单放大。当系统容量、功率越大时，需要检测和控制的参数就越多，其温度分布、压力控制、水气热电的管理就越难协调和控制。其次，电网应用场景与氢燃料电池汽车有很大差别，需要根据新能源发电和电网负载的动态变化，实时调节系统工作状态。以电解制氢的电网适配技术为例，需要协调制氢系统与电网的综合调峰控制，充分研究用电量、储氢量、制氢量、用电方式与用电时段等信息的实时采集与管理，优化匹配电解模块的工作状态；结合智能仿真和先进计算技术从而监测故障，确保高效、安全。

（三）压缩空气储能

压缩空气储能通过压缩机将电能存储于压缩空气中，释能时，其与天然气混燃通过燃气轮机发电，或者直接通过空气膨胀机发电。目前，压缩空气储能电站是在单个电站规模上，唯一可以与抽水蓄能电站相比的储能方式，其投入切出迅速，可快速提升或降低出力水平，十分适合调频、调峰电源受到地理条件限制的情形。全球商业运行的压缩空气储能电站只有两座，分别是德国的Huntorf电站和美国的McIntosh电站。目前，各国都在积极研发地面型压缩空气储能系统。我国中科院工程热物理所研发的1.5MW压缩空气储能系统已投入运行，可完成电网调峰、提高供电可靠性等功能。英国Highview公司通过和Leeds大学合作，成功开发了液化空气储能系统，并于2010年在英国伦敦附近的Slough建立液化空气储能系统，该系统通过与生物质电站连接，实现并网发电运行。

六、综合能源服务中储能应用关键技术分析

储能技术不仅建立了多种能源之间的耦合关系，更为综合能源服务互动、开放、优化共享的机制和目标提供了必要的支撑。[①] 储能将是综合能源服务构建中不可缺少的组成部分，在综合能源服务中发挥能量中转、匹配和优化的重要作用。当前阶段，储能在可再生能源发电场、配电网、微电网、智能家居等智能电网场景中的示范为储能在综合能源服务中的应用奠定了基础。综合能源服务对储能的应用提出了新需求，除储能本体研发外，还需要在储能的规划、设计、控制调度等应用关键技术上开展深入研究。

（一）大容量储能的规划及与可再生能源发电的协同调度技术

实现大规模可再生能源的高效利用是综合能源服务建设的核心目的。电

---

① 李建林，田立亭，来小康．能源互联网背景下的电力储能技术展望[J]．电力系统自动化，2015，39(23)：15－25.

网对集中式可再生能源发电的送出和消纳涉及系统充裕度、安全性和经济性等方面的问题。如何利用储能应对上述问题，实现高比例新能源发电的高效利用是当前关注的热点。规模化储能与可再生能源发电的协同规划与调度是实现电网级储能应用的两个关键问题。其中，储能的规划包括储能的选址、选型和容量配置几个层次的内容；储能的调度涉及包含储能、新能源、常规电源、可控负荷在内的机组组合问题。在规划层面，通过储能的合理选型、布局和容量配置，实现发输电资源的协调配合和高效利用；在调度层面合理安排储能系统的调峰调频和旋转备用容量，实现新能源本地和跨区域消纳。实际上，储能的规划与调度问题很难分解开，现有研究将其描述为两层优化问题：外层为电网潮流约束下的储能选址和容量配置优化，内层为以新能源送出消纳或经济性为目标的储能充放电运行优化。关于储能的规划和调度方法研究仍处于起步阶段，新能源发电不确定性的建模、储能成本模型、系统风险的评估以及优化问题的求解是该项工作的主要难点。以上只考虑了利用双向的电能存储技术实现电力供应平衡。在新能源发电供热、制氢，规模化电动汽车柔性充放电等条件下，电力系统与其他能源系统紧密耦合在一起，围绕新能源发电高效利用问题，考虑大容量储热、储氢、电动汽车的电—热—气—交通联合系统的规划和优化控制方法研究目前基本处于空白阶段。

分布式储能在配电网及用户侧的应用也是支撑可再生能源发电利用的关键技术，现有多数工作从本地应用角度出发，如何从系统角度评估储能的效益，对储能进行合理的规划和管理是分布式储能应用的关键，利用 VPP 技术对分布式储能进行广域协调控制是该问题的难点之一。

（二）基于储能的能量流优化和能量调度技术

在多能源耦合局域网中，能源输入输出路径和配置因多元化变得复杂，可通过外部电力供应利用电锅炉转化为热能，也可通过 CHP 获得。另外，综合能源服务中各类设备的“即插即用”及故障情况下的“网络重构”，使得能量流路径具有多变的特征。能源路径选择和能源分配的多元化和多变性为综合能源服务的设计和运行管理带来挑战。能源耦合结构优化、能量潮流优化、能量优化调度管理是局域综合能源服务的几个主要问题。对于能量流优化问题，类似于电力系统潮流优化，通常以系统能量消费总费用最低为目标，以各路径上的功率为控制对象，解决各元件生产或消耗功率的分配问题。在系统存在储能元件时，系统运行的经济性将受到储能效率的影响，同时除潮流方程外，系统还受到储能容量的约束。因此，当系统包含储能时，需要考虑一定周期内多个潮流断面的联合优化。

对于能量优化调度管理，通常以一定时长内的系统总运行费用最低为目标对各时段系统内的各元件的功率分配进行优化，现有研究主要建立了包含储能的多能源系统能量流的优化调度模型。在能量优化调度模型中，储能存在三种工作状态：储能、释能和空闲状态对储能工作状态的变化过程进行优化。可用图 3—11 所示的储能能量状态动态变化过程进行描述，其中储能的初始能量状态 $E(0)$ 和末期能量状态 $E(N)$ 给定，E_0 表示储能的最低能量状态，E_k 表示储能的最高能量状态。通过优化选择每一时段储能的状态变化，使得系统整体运行费用最低。在考虑储能时，系统的能量流优化和调度优化问题成为非凸非线性的混合整数规划问题，问题的规模和求解难度大大增加。

（三）储能与能量转换装置的集成设计和协调配置

在上述能量管理问题中，储能结构和容量约束条件已知，而如何利用储能建立各能源之间的耦合关系满足潮流约束，并配置合理的储能容量，是综合能源服务中有待解决的一项关键技术。[①] 在电力供应中，当储能对系统频率和电压进行控制时，系统的频率和电压响应特性可能发生显著变化。在这些条件下，储能动态特性对可靠性、能源利用率等指标的影响将不能忽略。目前，关于储能在多能源耦合系统的设计和容量规划方面的研究还少有工作涉及，储能对系统能量传输和转换的经济性、效率、可靠性、动态特性等方面的影响也有待评估。

分布式储能在微电网中的应用属于多能源耦合局域网关键技术的子集，现

---

① 荆平，徐桂芝，赵波等. 面向全球能源互联网的大容量储能技术[J]. 智能电网，2015，3(6)：486—492.

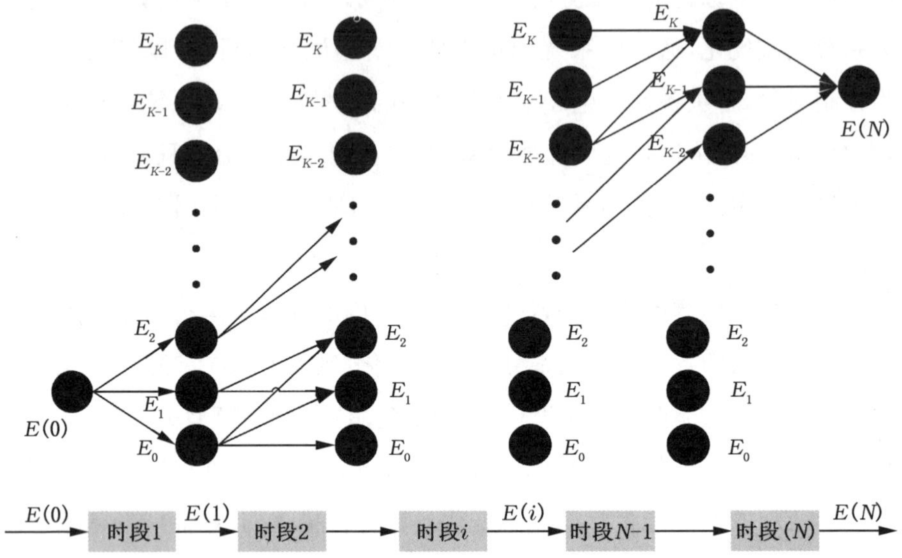

图 3—11　储能能量状态动态变化过程

有研究成果对微电网中储能的配置、充放电过程优化进行建模，多围绕稳态运行目标开展，部分还从微电网暂态运行能力对储能设计进行考察，储能在微电网中的规划和控制管理技术依然未形成系统性的方法。

第五节　大数据技术

一、大数据的国内外发展

各行各业对于数据的分析由来已久。大数据概念提出的背景，不仅仅在于数据量的剧增，更重要的是互联网的高速发展，引起了数据技术、数据应用、数据价值诸多方面的变革。随着互联网大数据应用取得的巨大成功，大数据获得了各行各业的广泛关注。①

① 刘世成，张东霞，朱朝阳等. 能源互联网中大数据技术思考[J]. 电力系统自动化，2016，40(8)：14—21、56.

大数据早期主要应用于商业、金融等领域，之后逐渐扩展到交通、医疗、能源等领域。2012 年，美国政府宣布启动“大数据研究与开发计划”。2013 年美国电力科学研究院(EPRI)启动了两个大数据研究项目：输电网现代化示范项目(TMD)和配电网现代化示范项目(DMD)。C3Energy、Opower、Solar GIS、Auto Grid 等新生高科技公司是能源电力大数据研发中的活跃力量。C3Energy 开发了能源分析引擎平台及电网分析包和电力用户分析包，并在近 20 家能源公司投入使用。美国 Opower 公司结合行为科学、云数据平台、大数据分析，为用户提供用能服务，帮助售电公司建立更稳定的客户关系并实施需求响应。德国联邦经济和技术部启动了未来能源系统(E—Energy)的技术促进计划。在六个示范项目中，普遍利用了大数据技术，分别从促进可再生能源发展、开发商业模式、能源服务、能源交易及传统的化石能源如何融入综合能源服务等方面推出了综合能源服务初步解决方案。加拿大新不伦瑞克实施了 Power Shift Atlantic 项目，其目的是通过控制热水器、空调、通风机、制冷系统等来持续跟踪风力发电的变动，从而保持电力实时平衡，是对综合能源服务的进一步探索。国际电工委员会(IEC)成立了智慧能源系统委员会，其定义的智慧能源系统是以智能电网为核心，以先进的信息通信技术(ICT)为支撑，实现电网与供热(冷)、供气系统的互通、交互，具有高度灵活性，可适应大规模新能源接入的系统，与中国普遍认同的综合能源服务概念基本一致。①

2012 年，中国在国家层面提出把“大数据”作为科技创新主攻方向之一。同年，国家电网公司发布了国家电网公司公共信息模型，为各信息系统之间的数据集成融合提供了依据。从 2013 年开始，国家电网公司在输变电运行管理、智能配电网、用电与能效、电力信息与通信、决策支持等专业领域开始开展大数据应用关键技术研究，启动了多项智能电网大数据应用研究项目。2014 年，国家电网公司启动了大数据应用试点研究，在电网设备状态监测、营配贯通、用电信息、客户服务信息等 7 个方面开展大数据研究和示范应用，并启动了营销大数据应用场景分析和应用规划研究。与此同时，国家电网公司下属的各个省公司

① 毛颖玲. 能源互联网中大数据技术思考[J]. 电脑迷，2018(9)：150－151.

也先后开展了智能电网大数据方面的应用尝试。如江苏省电力公司、上海市电力公司、福建省电力公司、浙江省电力公司等已在设备状态预警、用户能耗分析、优化用电方案、营配调数据融合、故障抢修管理、服务快速响应等方面取得了一定的成效。

二、综合能源服务与大数据

(一)大数据的基本概念和特征

目前,业界对大数据的定义并不统一。麦肯锡认为,“大数据是指其大小超出了典型数据库软件的采集、储存、管理和分析等能力的数据集”。Gartner 公司认为,“大数据是需要更新处理模式才能具有更强的决策力、洞察发现力和流程优化能力的海量、高增长率和多样化的信息资产”。李国杰院士在其文章中指出,“大数据是指无法在可容忍的时间内用传统的 IT 技术、软硬件工具和数学分析方法,对其进行感知、获取、管理、处理和分析的数据”。赵国栋提出,“大数据是在多样的或者大量的数据中,迅速获取信息的能力”。这些定义分别从体量、价值、时间、作用等不同角度对大数据进行了描述。

随着研究的深入,大数据的内涵进一步得以丰富。从宏观的视角来看,大数据不仅是指一种数据集,而且是指以这个数据集为研究对象的一项综合性技术,是传感量测技术、信息通信技术、计算机技术、数据分析技术与领域技术的结合。从更为广阔的视角来看,大数据还是一门科学也是一种认识论。大数据是数据的量和复杂程度发展到某个阶段的产物,是对传统的数据挖掘、数据分析技术的继承、提升甚至革命。

当前,对大数据基本特征的认识并不统一。总体来看,国内外公认的大数据特征可以概括为“4V”:体量大(Volume)、类型多(Variety)、增长快或速度快(Velocity)和价值大(Value)。这些都是从数据本身的特点去论述的。笔者认为,大数据的“大”是一个相对概念,并不是要严格到多大数据量才是大数据。大数据的“大”体现在两个方面:一是指数据“大”到一定程度,可全面表现数据所描述事物的特性或某种规律;二是指数据的规模和复杂程度“大”到传统的数据处理技术、分析技术不能满足需求，需要采用大数据技术。从大数据的内涵来看，大数据的核心是通过范围更广、数量更多的数据，认识事物的本质规律和发展趋势。

（二）综合能源服务中的大数据

1. 主要数据源[①]

就物理性质而言，综合能源服务是能源电力系统与信息通信系统高度融合而成的复杂大系统；就其规划发展和运营而言，综合能源服务中人的参与程度加大，受社会环境影响也更大。因此，可将综合能源服务看作是一个由内、外部数据构成的大数据系统，内部数据由能源生产、配送和消费系统产生，外部数据包括可反映经济、社会、政策、气候、用户特征、地理环境等影响电网规划和运行的数据。

从能源生产配送消费的过程看，综合能源服务中的数据源覆盖能源生产、能源传输、能源交易、能源消费等各个环节，涉及数以亿计的设备和系统，这些设备和系统的规划与运行过程产生了大量的数据；同时，综合能源服务具有互联网“开放、参与、交互”等特性，因此也受到了更多外部数据的影响，如天气、政策机制和电价、用户心理等。

综合能源服务的数据可分为五类：反映能源生产的数据；反映能源配送、转换的数据；反映能源消费、交易和调控的数据；对综合能源服务有影响的社会经济环境数据；表征综合能源服务的参与者——人的特征的数据。这些数据共同构成了综合能源服务中的大数据。

2. 数据特征

(1)综合能源服务中的大数据体量巨大。智能电网部署了大量的智能电表和其他监测设备，产生了大量的历史数据且在迅速增长。与智能电网相比，综合能源服务不仅将能源的生产和应用从电力扩充到与电力存在能源转化和互通互动的供热系统、供冷系统、燃气系统、交通系统，而且更强调在互联网思维

---

① 朱金鑫，陆圣芝，范永璞. 基于移动互联网的综合能源信息服务平台框架研究[J]. 机电信息，2017(3)：27－28.

影响和互联网技术支撑下的各方参与。鉴于此,综合能源服务的数据源被进一步扩大。

(2)综合能源服务大数据结构复杂、种类繁多。除传统的结构化数据外,还包含大量的半结构化、非结构化数据,如客户服务中心信息系统的语音数据,设备在线监测系统中的视频数据与图像数据等。

(3)综合能源服务大数据实时性要求(速度)高且增长快。能源生产、转化和消费要求瞬间完成,综合能源服务中的大数据中包含着很多实时性数据,数据的分析结果也往往具有实时性要求。随着智能化水平的提高,智能变电站、智能电表、电力设备在线监测系统、现场移动检修系统,以及服务于各个专业的信息管理系统的逐步建成与应用,能源电力系统产生数据的规模和种类快速增长,体量激增。

(4)综合能源服务大数据包含着巨大的价值。大数据应用贯穿综合能源服务的每个环节,通过大数据技术应用可对能源生产、配送、转化和消费各个阶段进行科学预测,及时发现潜在风险,保证安全性和经济性;大数据应用支撑综合能源服务新业态的产生,为各方参与者提供新服务。需要指出的是,大数据的数据集是不断完善的。以电力系统为例,大数据集不仅包含电力系统及其关联系统的数据全集,大数据更注重的是数据间的关联性分析,所得理论分析结果可作为传统电力系统精确仿真分析的辅助手段,对于需要精确分析研究的情况,并不建议采用大数据手段。

(三)综合能源服务中大数据的重要性

1. 辅助综合能源服务的多源系统协同运行决策

综合能源服务的多源系统协同优化决策的前提是对大量、翔实、可靠的信息进行及时处理,缺乏全面的信息资源将会造成决策的偏差、失误以及管理效率的低下。具体而言,在综合能源服务中,包含了大量分布式电源/微网/储能装置,还需实现电力与供热(冷)、供气和交通系统的互动,只有建立起电力与其他能源的一体化数据融合系统,利用大数据技术进行分析,支持决策,才能保证多种能源的智能生产与配送。

2. 支持综合能源服务的安全稳定经济运行

在综合能源服务中，多种能源的生产、配送、转化、交易和消费复杂多变，不同环节的时空关联性增强，受外部因素影响加剧，使综合能源服务的运行面临很大的风险。与此同时，社会对电力能源供应的安全性和可靠性提出了更高的要求。借助大数据技术，可对综合能源服务实时运行数据和历史数据进行深层挖掘分析，帮助各方更透彻地了解上下游的行为和变化，掌握综合能源服务的发展和运行规律，优化结构，实现对综合能源服务运行状态的全局掌控，提高其运行的安全性和可靠性。

3. 催化综合能源服务商业模式的形成

综合能源服务作为区域综合能源服务比智能电网更加开放，人参与的广度、深度加强，外部环境的影响也更显著。基于大数据分析，可充分了解不同类型参与者在能源生产、交易、消费中的社会心理，并充分考虑地域、气候、收入、受教育程度、居住环境等各种影响因素；可分析不同政策机制对各类用户产生的心理和行为影响，为政府制定政策，引导各方参与，为形成合理的区域综合能源服务商业模式提供参考依据。

4. 提高综合能源服务的管理水平

利用数理统计、模式识别、神经网络、机器学习、人工智能等深度数据挖掘算法，可从海量数据中挖掘出能源生产和消费中能量损失的原因，为能源生产和消费效率提升找到方向。基于天气数据、环境数据、综合能源服务设备监控数据，可实现动态定容，提高设备利用率，并提高设备运检效率与运维管理水平；通过搜集、整理、分析、检索各能源消费终端、生产链等能源信息，最快地传输能源需求和能源供给，在整个区域综合能源服务中实现能源调配，满足用户、企业、生产商、运营商等各方的需求，最大限度地避免能源浪费与低效利用。

5. 有利于综合能源服务信息资产的管理和共享

目前，综合能源服务数据以分散的、碎片化的形式分布在各个地区、业务领域、公司等，容易造成数据的流失和破坏，通过大数据集成管理，将有助于维护数据之间的有机联系，保持数据的系统和完整性，以反映整个区域能源互联的情况。区域综合能源服务的建设正处于起步阶段，其信息资源布局较为分散，一方面造成工作的重复进行以及人力、物力、财力的严重浪费；另一方面，业务系统相对独立，各部门业务数据难以共享，形成信息孤岛。大数据时代，数据的集成管理至关重要，它可以利用有限的软硬件资源，将分散的数据资源集成为新的“有机体”，从整体进行智能管理，使能源分配管理更加安全可靠，且可实现能源信息的共享。

（四）面临的挑战

综合能源服务中大数据的研究和应用是一项综合性技术，同时在数据的获取、隐私保护等方面涉及管理问题。因此，综合能源服务中大数据的应用研究在技术层面和管理层面都存在着新的挑战。[①]

1. 技术层面

（1）数据采集与传输问题。能源的生产、传输、消耗过程的数据呈爆炸性增长趋势，势必给数据传输、存储和分析带来挑战，同时，冗余的数据在一定程度上影响了系统的性能，因此，需要确保对有效数据的可靠采集。综合能源服务中，电网在传输效率等方面具有无法比拟的优势，将来仍然是区域综合能源服务中的“主干网”，综合能源服务的数据传输需要依托电力通信网络作为主要工具。

（2）数据融合问题。各业务部门的信息化系统由不同研发团队、围绕不同应用需求设计开发，采集的各类数据存在种类交叉、数据冗余、数据不一致、采集频率和存储频率差异性大、数据格式不统一等问题；同时，由于能源电力行业缺乏行业层面的数据模型定义与主数据管理，存在较为严重的数据壁垒，业务链条间尚未实现充分的数据共享，这为数据融合带来很大的技术挑战。

（3）数据质量问题。数据在体量上越来越大，但信息缺乏、数据质量低、防御脆弱、基础不牢、共享不畅等“瓶颈”依然存在。目前，能源领域数据可获取的颗粒程度以及数据获取的及时性、完整性、一致性和数据源的唯一性、及时性、准确性有待提升，且缺乏完整的数据管控策略和组织管理流程。

---

① 毛颖玲. 能源互联网中大数据技术思考[J]. 电脑迷，2018(9)：150－151.

(4)数据识别和挖掘问题。相对于其他行业而言,能源行业的大数据资源更为丰富,对于海量数据处理难度更大。综合能源服务的大数据应用是一项跨学科、跨专业的复杂性技术,现在的研究方式主要是基于团队的试验性研究方法,没有系统方法论的指导。

(5)数据隐私和信息安全问题。大数据由于涉及众多用户的隐私,对信息安全提出了更高的要求。综合能源服务作为区域能源服务地域覆盖范围大,各单位防护体系建设不平衡,信息安全水平不一致,安全性有待提高。需引入新的防护措施,提升安全传输、安全存储的防护水平,安全防护手段和关键防护措施需要进一步加强。

2. 管理层面

(1)数据管理模式有待创新。综合能源服务中,数据存储于不同系统中,而这些系统由不同企业和部门开发和运维管理,未考虑数据跨系统、跨部门共享和交互的需求,这给数据在跨部门、各业务环节的顺畅流通带来了困难。而大数据分析需要开展跨部门、跨业务的分析,为更好地发挥数据资产的价值,需要建立数据交互与共享机制,创新数据管理模式。

(2)新型跨专业合作模式需要探索。大数据是交叉学科,需要能源领域专家、数据分析专家、信息通信技术专家、社会学专家等协作开展研究,但目前各专业人员还存在交流上的知识壁垒,跨专业的复合型人才较少,需要探索新型联合攻关机制。

(3)大数据价值评估方法和体系缺乏。大数据需要大量人员和资金的投入,而大数据价值评估方法的缺失,将导致大数据价值不清晰,影响能源行业领域对大数据分析的决策。

(4)数据集成管理机制缺乏。在综合能源服务框架下,能源类型既有传统的煤电、大型水电,又有各种可再生分布式能源,在能源传输方面既有电网与输配电线路,又有智能化的气、热管道,同时考虑信息传输通道、气象、政策等因素,数据来源广泛且结构繁杂。因此,采用集成管理方法实现对综合能源服务数据的妥善保管非常必要。

三、综合能源服务中的大数据重点应用

综合能源服务是传统气网、电网、热网、油网与交通网等多种能源网络互联互通融为一体的新型能源网络，具有完整的能源资源利用和能量循环系统耦合结构。多种能源系统的信息共享，信息流与能量流通过信息物理融合系统（cyber-physical system，CPS）紧密耦合，信息流将贯穿于综合能源服务的全生命周期，包括其规划、设计、建设、运营、使用、监控、维护、资产管理和资产评估与交易。大数据技术不仅仅是能源产业某个技术环节所需要的专门性技术，更是组成整个综合能源服务的技术基石。大数据的应用将覆盖到综合能源服务的规划、运行、市场交易、设备管理等各个方面。①

（一）综合能源服务的优化规划

1. 电动汽车充放电设施建设和运行管理

研究电动汽车充电设施的空间优化规划，根据道路交通信息及配电网现状将快速充电站、充电桩规划在合理位置。利用地理信息技术，在选定的区域内，可将电动汽车充电桩布点规划状况及地理、气象、道路等方面的数据进行整合，并分层次、多视角地加以展现，以更优的可视化效果反映区域经济状况及各群体的行为习惯，识别电网薄弱环节，辅助电动汽车充电桩布点规划。通过电动汽车的聚合和分层式调控构架，将电动汽车充放电调控纳入能源互联网调度体系，发挥电动汽车的灵活性和储能潜力，提高电网运行的经济性和对大规模新能源发电的消纳能力。

2. 能源系统规划调度运行辅助决策

区域能源地图能够在地理信息空间全面、系统地反映本区域能源资源与能源生产、输送、消费等方面的内容，可为能源开发规划、监督管理、调度协调、合理消费提供服务。通过将风力、水力、气候、矿物质等资源数据，以及能源网络拓扑结构和设备运行数据、电动汽车充电站数据、人口数据、用户用能数据、区域社会经济数据、区域节能和新能源政策及实施效果数据和社交网站数据进行

---

① 周子茵．“一带一路”新型智库平台大数据管理服务体系建设研究[D]. 陕西师范大学，2018.

有效整合，识别区域能源生产供给的薄弱环节，辅助区域能源系统规划。通过区域能源地图，能以更优的可视化效果反映区域经济状况及各群体的行为习惯，为区域能源网络规划决策、基础设施改造提供直观依据支撑。

3. 储能系统在综合能源服务中的优化配置

在综合能源服务中，大量分布式可再生能源具有污染少、可靠性高、能源利用效率高、安装地点灵活等优点，但存在出力随机等弊端，因此，合理配置储能系统非常必要，这样既能提高综合能源服务的整体稳定性，又能促进可再生能源的应用。储能系统的优化配置必须以分布式能源的出力预测为前提，在了解分布式能源的出力特性后，采取合理的方式对其容量和控制策略进行优化。

4. 风资源评估及风力发电机选址优化

风力发电机的安装位置选择直接关系到发电能力和投资回报，因此，安装位置的选择要综合考虑温度、风向、风力和湿度等多种因素。基于大数据的数据实时处理平台，可广泛收集环境信息，优化风力涡轮机配置方案，实现高效的能量输出。

（二）综合能源服务的大数据的运行管理

1. 用能预测和协同调度

利用大数据技术进行用能宏观变化趋势和局部用能精细化预测，能够提高用能预测精准度。通过分析用能数据与其他数据之间的关联关系及宏观经济指标与用能之间的关系，并将这些抽象关系进行量化表征，建立用能预测模型，实现对用能量宏观变化趋势的整体把握与感知。利用机器学习、模式识别等多维分析预测技术，分析能源生产的影响因素，可更准确地对能源生产进行预测和管理。基于能源生产和用能预测结果，通过错峰资源聚类分析和错峰影响要素关联度分析，量化评估可调度资源错峰潜力，探究不同类型能源和用能负荷的优化组合原则及方法，实现错峰资源的分层优化及自动分配，完成能源生产与用能的协同调度。

2. 混合可再生能源预测

结合大数据分析和天气建模技术，可进行混合可再生能源预测。例如，针对安装于涡轮机上传感器监测到的风速、温度和方向数据，利用大数据分析技术，可较为精准地预测风电场所在区域在未来一段时间的天气情况，并预测每个单独的风力涡轮机的性能，进而估算可产生的发电量。混合可再生能源预测使能源电力公司能更好地管理风能和太阳能的多变特性，更准确地预测发电量。

3. 储能系统的智能控制

借助大数据，通过互联网，可指示、控制储能系统的能量充放及时间，实现储能系统充放的智能管理，这是一种通过互联网进行能源信息处理及控制的“云服务”。基于大数据支撑的储能系统智能管理，不仅给单个客户带来较好的收益，而且可利用储能系统调节地区能源供求。虽然每处设置的储能系统容量较小，但在太阳能发电及风力发电等可再生能源进一步发展的情况下，通过统一控制多个储能系统的运行，可稳定整个地区的能源供求。

（三）检修计划安排与事故处理

1. 灾害预警

自然灾害的发生会给综合能源服务带来安全风险。利用大数据技术对综合能源服务运行的稳态数据、保护故障录波数据、报警系统数据、全球定位系统(GPS)的时间数据，以及气象、地质等自然环境数据进行关联分析，对风险源进行全面持续的量化评价，通过薄弱区域识别、薄弱区域原因分析，联合评价指标库，给出综合预警结果，最终达到灾难有效预警的目标。

2. 状态检修管理

随着以小型化、分布式为特征的新能源的发展，设备数量将呈几何级数增长，设备状态数据体量大、类型繁多。通过采用时间序列分析、马尔可夫模型、分类算法，寻找设备信息间的关联关系，结合多元状态量的历史数据与当前数据，研究消缺、检修、运行工况、气象条件等因素对设备状态的影响，评估设备运行的风险水平，利用并行计算等技术实现检修策略优化，能够克服传统阈值判定方法难以准确检测设备状态异常的局限性，有效提高设备异常检测的准确性和状态评价的正确率，为解决现有状态检修问题提供有效的技术支撑。

3. 智能微网云调度管理平台应用

未来千千万万个智能微网的互联互通，将构建成真正意义上的综合能源服务，智能微网云调度管理平台支持并协同调度人员统观全局，有效管理分布式微网安全、稳定和经济运行，包括以下三个方面的应用：

(1)微网运行状态监控。微网正常运行时，通过监视和控制微网的各实时大数据，使之符合规定，确保电能质量和用电负荷。

(2)多微网群运行的经济优化调度。在保证微网安全监控的基础上，通过智能云调度平台实现对多微网群的经济优化调度，以达到降低损耗、节省能源的经济优化运行目的。

(3)安全分析、故障诊断和处理。运用实时大数据分析和故障诊断技术，实现对微网运行的安全预警分析，提供故障诊断对策和相应的监控分析手段，避免或减少故障造成的损失。

(四)能源服务与交易①

1. 用能行为分析

(1)用户能效管理。通过能源系统的集中监测和控制，实现能源数据采集—过程控制—能源介质消耗分析—能源管理等全过程自动、高效、科学化管理，使能源管理与能源生产、使用的全过程有机结合起来，提升能源管理的整体水平。基于能源生产信息数据、制造执行系统的综合生产信息数据、企业资源计划(ERP)、销售成本和能源业务日常管理等信息数据，运用数据处理与分析技术，实现能源系统的生产分析和管理。

(2)客户热点关注分析。基于大数据的客户关注热点分析，为客户服务改善、业务事件监控、工作调度提供帮助，它可以让现场管理人员迅速了解客户的关注热点。通过客户热点关注分析，可以及时掌握服务动态，有针对性地调整应对策略，优化调度服务资源，从客户最关注的方面进行服务和管理的提升。

(3)缴费渠道分析。客户在缴费渠道上除原有的能源企业自有营业厅、金

① 金鑫，陆圣芝，范永璞. 基于移动互联网的综合能源信息服务平台框架研究[J]. 机电信息，2017(3)：27－28.

融机构代收网点、非金融机构代收网点外，出现了手机应用、微信支付、支付宝支付等多种线上缴费方式。基于大数据分析技术建立缴费渠道与费用回收时间、金额、客户类型之间关联关系模型，决定如何优化缴费渠道布局和管理。

2. 用能平衡

对用户的能源消耗量、不同地域与时段的能源价格、天气预报及用户的供暖特性等多种数据进行综合分析，确定最优运行方式和负荷控制计划，并通过合理的电能、燃气价格结构引导用户转移负荷，平坦负荷曲线。基于综合能源服务大数据，通过对电力等能源企业生产运行方式的优化、对间歇式可再生能源的消纳，以及对全社会节能减排观念的引导，达到节约能源和保护环境的长远目的。

3. 能源需求响应

整合各种能源生产、运输、销售、管理的数据，可以对需求侧响应的过程进行模拟仿真，对区域性能源需求的构成比例进行解析，梳理出影响需求侧响应的各种因素，找出开展需求侧响应的最佳对象，形成相关的仿真模型。基于仿真模型，通过调整不同类型的企业、居民用户在需求侧响应中的比例，从而确定最佳的需求侧响应策略。

4. 市场交易

综合能源服务的市场具有主体多元化、商品标准化、物流智能化、交易自由多边化的特点。通过庞大的能源生产与消费数据，进行用户用能行为分析和用户市场细分，使能源企业有针对性地优化营销组织，改善服务模式。同时，通过与外界数据的交换，挖掘用户能耗与能源价格、天气、交通等因素所隐藏的关联关系，为决策者提供多维、直观、全面、深入的预测数据，主动把握市场动态。

（五）提供社会服务

1. 支撑政府的宏观经济分析

通过收集大量用能企业的电力数据，应用大数据的聚类、分类、神经网络等算法，对企业用能的特点进行聚类分析，包括用电高峰时段、功率因子、电能质量、企业区域网络潮流稳定性等分析。通过汇聚大量用能企业及居民用户的用能数据，可以支撑地方政府开展区域性的宏观经济分析，如通过对用电量、电费、电量波动情况、电量在各行业的占比波动、电量的使用时段占比分析等手段，可以帮助政府机构了解本地区的经济状况，对本地区的短期经济发展趋势进行预判，并通过大数据技术中的各类预警模型，通过模拟调整一系列的参数，制定适合本地区的政策。

2. 支撑政府能效决策

利用企业能效管理中应用能效终端等工具，实时采集企业的能耗使用数据，对企业的能耗数据进行分析，应用大数据的模型对企业的能耗数据进行挖掘，找出企业能耗存在的问题。可以帮助电网及政府机构更好地掌握企业的用能情况，明确区域能耗的实际水平，并通过大数据相关的仿真分析模型，对企业能效管理的政策、技术标准等进行调整，从而预测区域能耗水平的变化趋势，支撑电网公司与政府机构制定更合理的政策法规。

四、研究框架与技术路线图

综合能源服务中的大数据是一项应用技术，是将大数据的一般性技术与综合能源服务相结合的产物。本节总结大数据的技术体系，结合综合能源服务的重点应用，提出研究框架和发展路线建议。①

(一)技术体系

大数据在综合能源服务中的应用可以分为数据采集、数据清理、数据存储及处理、数据分析、数据解读、数据应用 6 个环节(见图 3—12)，每个环节的关键技术构成了大数据的技术体系。数据存储及处理是数据分析和数据解读的前提，而数据分析和数据解读紧密联系、相互印证，共同帮助用户实现对大数据的深层次洞察与多维度掌控，并为数据应用提供了知识基础。

借助于数据统计、机器学习、传统数据挖掘、领域普适知识挖掘，以及数据可视化等技术，可以洞察并展现一些隐藏于综合能源服务大数据中的分布、关系、趋势、模式、规律乃至性质等，从中获悉用户个性化用能需求、不同用户用能

① 傅倩. 政府大数据平台的建设策略研究[D]. 南昌大学，2014.

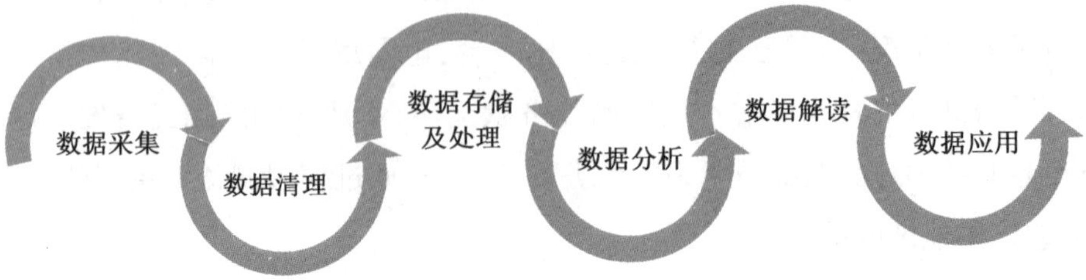

图 3—12 大数据技术体系

特性、网络能源损耗的时空分布特性等，可以用于用户互动与需求管理、用能预测、智能用能与网络降损，以及用户用能方案的私人订制等业务。

数据应用的不同方法需要与具体的业务相匹配。在综合能源服务中，数据驱动的无模型应用方法，带来的是从数据到数据的业务流程，这适用于一些相对简单、直观、数据性明显的业务，而对于系统性强、复杂度高的业务，如能源管道优化、能源调度等，可能无法较好地适用。对于管道优化而言，粒度更小、更为精确的大数据分析结果辅以修正后的优化方法，有可能给出更优的管道优化方案。

（二）研究框架

综合能源服务大数据的研究体系可分为三个层次：第一层是大数据相关理论；第二层是技术层面，包含了现有和即将发展和产生的数据存储、处理和分析技术；第三层是大数据的应用层面。具体研究框架如表 3—4 所示。①

表 3—4 综合能源服务大数据研究框架

类　别	研究内容
基础理论研究	综合能源服务大数据理论体系、知识体系和技术体系，综合能源服务大数据方法论研究
关键技术研究	满足综合能源大数据获取要求的 ICT 架构研究；综合能源服务大数据管理机制研究；综合能源服务大数据标准体系研究；综合能源服务大数据融合和集成技术研究；综合能源服务大数据分析技术应用研究
应用研究	应用研究（需求分析、场景设计、应用研发）

① 蒋宏图，袁越. 电力系统自动化综合应用信息平台设计与实现[J]. 电力自动化设备，2009，29(5)：113—116.

1. 综合能源服务大数据基础理论研究

大数据的基础理论正在形成中，从而给综合能源服务大数据的研究提供新的理论和方法，而新理论的形成又将带动新技术的发展。

2. 综合能源服务大数据关键技术研究

综合能源服务大数据关键技术包括数据的获取、集成和融合，数据质量控制，以及数据存储、处理和分析等多个方面。需要在现有的数据集成与融合技术的基础上，结合综合能源服务大数据的异构性、冗余性和相关性等特性，研究大数据的数据融合和集成方法，以有效地解决综合能源服务大数据获取的全面性和一致性问题。

3. 综合能源服务大数据应用研究

在应用层面，需要针对综合能源服务相关技术领域，开展大数据技术应用需求分析、场景设计、分析模型、专业方法的研究。

（三）发展路线

根据目前综合能源服务中大数据技术研究应用现状及其发展前景的分析和预测，其发展路线建议如下（见图 3—13）[①]：

(1)2015～2016 年，组建国家层面的综合能源服务大数据推进组，下设若干专业研究组，由各利益相关方推荐相关专业人员组成，重点开展如下工作：综合能源服务大数据技术需求分析、重点应用场景设计、应用价值分析；综合能源服务数据分析；综合能源服务大数据标准体系研究；综合能源服务大数据基础理论、知识体系和技术体系研究；综合能源服务大数据方法论研究。

(2)2017～2018 年，依托综合能源服务示范工程，开展如下研究：综合能源服务大数据关键技术研究（数据获取、数据融合、数据分析、数据解读等）；重点应用研发；综合能源服务大数据管理机制研究；综合若干示范工程研究成果，解决综合能源服务大数据的关键技术问题，建立综合能源服务大数据管理机制。

(3)2019～2020 年，重点开展如下工作：推广应用，即扩展应用场景，并形成

---

① 周玲，王建树，苑旭楠，郭鹏鹏. 电力系统自动化综合应用信息平台设计与实现[J]. 科技创新与应用，2015(35)：210.

系统性解决方案、完善的标准体系和系统的方法论，在全国推广应用；国际化，即提升技术水平，增强国际合作、交流和技术输出。①

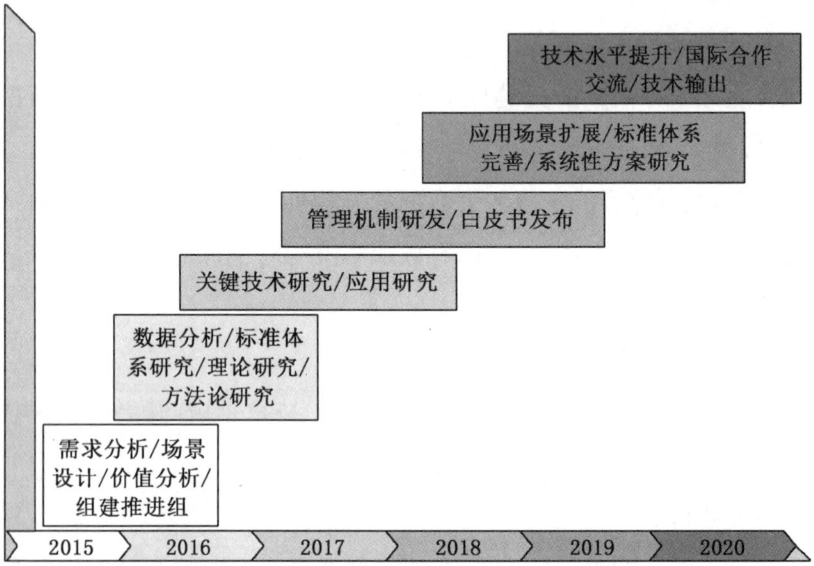

图 3－13　能源互联网大数据技术发展路线图

综合能源服务是能源生产、配送、消费系统和信息通信系统高度融合的复杂大系统，由于综合能源服务具有多能、开放、交互和共享等特征，外部环境和参与者的特性对其规划和运行也将产生重大的影响。因此，综合能源服务也可看作是一个由内、外部数据构成的大数据系统。大数据采集、大数据预处理、大数据存储及管理、大数据分析及挖掘、大数据可视化等技术，与人工智能、机器学习技术相结合，将在综合能源服务中发挥重要的作用。综合能源服务大数据研究及其应用刚刚起步，仍面临很多困难，需要在政府的大力支持和组织下，制定合理的发展战略，多方通力合作，才能稳步推进，获得应有的成效。

---

① 朱金鑫，陆圣芝，范永璞. 基于移动互联网的综合能源信息服务平台框架研究[J]. 机电信息，2017(3)：27－28.

第六节　物联网

综合能源服务的提出冲破了各类能源产业之间的界限，实现了传统能源与可再生能源的互通与互补，并通过有效的信息采集、分析与计算得出能源最优调度方案，提升了整个能源网络的能源利用率。将物联网技术运用在综合能源服务中，利用物联网感知层采集如发电量、用电量及可再生能源总量等与能源相关的对象信息，提高综合能源服务能源—信息一体化架构中信息环节的采集与获取能力。通过对信息流的分析计算进而及时对综合能源服务的能源流进行调度和控制，最终实现对能源可靠、高效、合理的调度，最大化提高可再生能源的利用和整个能源网络中的能源利用率。①

一、物联网的概念

物联网最早是于 1999 年由麻省理工学院的 Auto-ID 实验室提出的，又名传感网，是通过射频识别（RFID）、红外感应器、全球定位系统（GPS）、激光扫描器等信息传感设备，按约定的协议，把任何物品与互联网相连接，进行信息交换和通信，以实现智能化识别、定位、跟踪、监控和管理的一种智能网络概念。物联网有可感知、可互联和智能化等基本特征，其由采集与感知物理世界发生的事件及数据的感知层，将感知层采集数据接入互联网的接入层，完成所有采集信息的组网和汇集的互联层，实现采集数据的转换、分析、计算及各系统协同共享的应用层和对物联网内所有信息进行管理和控制的服务管理层所组成。②

二、物联网的关键技术

物联网的关键技术主要在于信息的采集、网络与通信及智能化等方面。信

---

① 华煌圣，甘霖，伍竹林等.基于物联网技术的能源互联网数据支撑平台[J].供用电，2018，35(1)：40—45.

② 郭冲，闫文卿，许斌.面向服务组合质量的物联网绿色能源管理[J].电信科学，2017，33(10)：34—42.

息采集方面主要集中在识别与追踪技术与传感器网络技术，其主要目的是为了完成感知层的数据采集任务，将现实世界中的信息映射到网络这个虚拟世界中。

三、物联网基本架构

随着人们对物联网的认识越来越深入，物联网技术也逐渐深入各行各业，在智能电网、能源互联网、新一代综合能源系统等新概念中也能见到物联网建设在其中起到的作用。物联网可以采集的信息类型非常多，可以是声、光、电，也可以是位置、压力、化学反应等各种信息，通过各种可能实现的网络方式，实现物与物、物与人或者是物与过程的智能化感应、识别和管理。这种信息整合，极大地提高了资源利用程度和实际生产效率，促进了人类现代化发展。

根据物联网的分层网络特点，结合综合能源服务具体的需求特征，可将面向综合能源服务的物联网分为如图 3－14 所示的由感知层、网络层和应用层组成的体系架构。

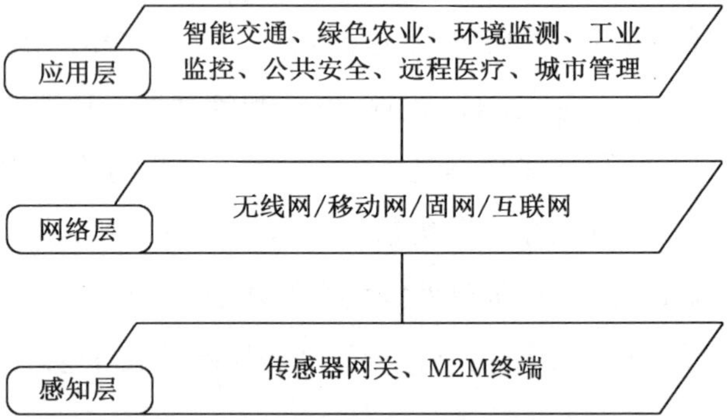

图 3－14　物联网构架

（一）感知层

感知层是物联网感知外部信息和采集外部数据的结构层次，是物联网实现“物物通信”与智能控制的基础。面向综合能源服务的物联网的感知层主要为了监测综合能源服务中各个环节的电力对象、能源对象和社会对象等信息。其中:电力对象主要包括整个电力系统中的环境状态、设备状态及用电状态等信息;能源对象包括可再生能源的利用状态、安全性状态及其与电能之间的转换状态等信息;社会对象包括各种能源的价格信息和各地的能量需求信息等。这些感知对象的信息收集主要通过综合能源服务中的传感器网络及 RDID 技术实现。在感知层采集的这些信息通过光纤通信或者电力载波方式传入感知层上层的网络层。

（二）网络层

网络层主要实现整个综合能源服务中信息的传递、路由和控制,其包括接入网和核心网。接入网的目的是将感知层所采集的数据接入核心网。核心网实现了整个综合能源服务各个部分之间的信息传递。由于综合能源服务其本身存在基于互联网的通信架构,所以面向综合能源服务的物联网架构中的核心网可以在其基础上建立。由于综合能源服务特殊的电力系统架构,其间的信息传递采用光纤与电力载波相结合的信息传递方式,提高了网络层信息传递方面的可靠性。

（三）应用层

应用层可以分为中间件和具体应用两个部分。中间件对从感知层获取并经网络层传输的信息数据进行处理、计算和分析,为之后在综合能源服务中的具体应用提供了接口。具体应用是根据不同用户的需求,在这基础上搭建各类基于能源互联网的能源应用系统。各个应用系统通过从中间件接口获取的数据,对这些数据进行有针对性的分析和管理,从而实现特定需求下的能源控制或系统安全性的监控等。

物联网在实际建设中,通常包含三层:感知层、网络层和应用层。图 3－14 给出了物联网的架构。感知层实现信息采集、对象识别;网络层负责信息传输;应用层则是为了实现信息的存储、加工等,是物联网的处理中心。

由图 3－14 可知,在物联网的三层架构体系中,主要信息来源是通过感知层来实现的,信息采集的来源和方式对于整个物联网的运转起到决定性的作用。信息采集通常是通过传感器、无线射频、无线通信等方式实现的。传感器的智能程度、组网形式和通信方式,对整个能源监测与节能管理系统起到重要作用,在一定程度上,会影响到系统的实际运行。

当今传感器技术正经历从传统传感器到智能传感器的发展,鉴于智能传感器所表现出来的各种优点,本章将对基于智能传感器进行数据采集技术进行介绍。

四、物联网在综合能源服务中的应用

综合能源服务加入了大量的可再生能源、分布式发电系统和分布式储能系统并且实现广域能源共享,这就对综合能源服务中获取各个部分信息的实时性、准确性和全面性提出了要求。①

(一)智能用电应用

在传统用户中,物联网感知层通过智能双向电表采集数据,将用户用电量、电能质量等全方位的用户电能数据传输至应用层的用电状态分析及管理系统,从而实现对用户的用电信 息和窃电信息监测。另一方面随着新能源汽车的发展,对电动汽车这一用电终端的监控有着重要意义。基于电动汽车充电桩的物联网应用可以监测充电设施的车位状态和充电状态等。同时,通过电动汽车中的传感器和 RFID 系统可以获取电动汽车的运行状态、电池状态等信息。宏观上,将这些基础信息传输给应用层的调度指挥中心,根据实时的运行状态信息判断要充电的汽车数量和充电站的剩余充电车位,通过智能计算协调就近的充电设施,能一定程度上解决充电设施不足及充电等待时间长的问题。物联网的加入使得综合能源服务能够实现电动汽车的高质量和快速充电,对未来电动汽车的发展有着重要意义。

(二)能源调度应用

综合能源服务最大的特征是实现可再生能源及分布式发电系统和分布式储能系统的接入,减少传统化石能源的消耗,实现广域的能源调度分配。通过

---

① 华煌圣,甘霖,伍竹林等. 基于物联网技术的能源互联网数据支撑平台[J]. 供用电,2018,35(1):40－45.

感知层采集预测各个地区的用电总量信息及附近可再生能源发电总量信息，将这些信息传输至应用层的能源调度信息中心，通过大数据、云计算和人工智能等算法，实现各个能量单元之间的能源合理分配，降低能量传输线损，最大化可再生能源的利用。

第七节　人工智能

能源电力领域正在不断发生变化。一次能源向绿色、清洁、可再生转变；电能替代和再电气化成为趋势，电动汽车、分布式新能源出现；电网向高电压大电网、广域互连发展，配电网柔性自适应；逐步形成能源互联网。随着大量新能源、新兴负荷接入，电网实时平衡面临挑战；电网逐步演变为源、荷、储、人等多重因素随机变化，时空不确定的新型网络，传统方法已经无法解决上述问题，必须采用人工智能的方法。采取数据驱动的人工智能技术，是支撑新一代能源互联网的重要手段。①

一、人工智能技术概述

人工智能技术的基础包括知识表示、推理、搜索、规划，其是由计算机科学、控制论、信息论、神经生理学、心理学和语言学等多学科相互交叉融合进而发展起来的一门综合性前沿学科。各类学科背景的学者从不同的出发点、方法学以及不同的应用领域出发，进行了大量的研究。在长期的研究过程中，由于人们对智能本质的不同理解，针对人工智能技术可划分出多种不同的研究途径和学派，主要包括符号主义（Symbolism）、联结主义（Connectionism）和行为主义（Behaviorism），以下分别作简要介绍。②

---

① 孙秋野，杨凌霄，张化光．智慧能源——人工智能技术在电力系统中的应用与展望[J]．控制与决策，2018，33(5)：938－949.

② 肖占胜．人工智能技术在电气自动化控制中的应用思考[J]．电子技术与软件工程，2018(20)：106－107.

（一）符号主义人工智能

符号主义人工智能所定义的人工智能起源于数理逻辑。20 世纪 30 年代，将数理逻辑应用于描述智能行为，随之结合计算机实现逻辑演绎系统，开启了人工智能发展的先河。符号主义人工智能中，其认知的基本元素为符号，将信息和行为抽象为基于符号和符号规则的物理符号系统，应用计算机本身的逻辑推理法则，仿照人脑的抽象思维，完成对智能行为的模拟。其基本方法包括根据已知环境进行模型规则、框架、程序的设计，利用样本进行调试，实现串行处理。

此类形式化的人工智能发展出了多种技术，从启发式算法到专家系统以及知识工程理论与技术，为早期的人工智能应用奠定了基础。专家系统作为符号主义人工智能的代表成就，依据专家经验知识来设计智能计算机程序系统，模拟专家进行推理判断从而解决复杂问题。专家系统所具有的启发性、透明性、灵活性，使专家经验应用于实际问题时具有较高的适应性和精确计算能力。

符号主义人工智能所具备的逻辑推理特征对于解决可用符号完整表达的系统问题具有较好的应用效果，是被应用于电力系统的最为成熟的人工智能技术，但其对全局性判断、模糊信息处理等问题的处理效率不高。

（二）联结主义人工智能

联结主义人工智能认为，人工智能起源于仿生学。1943 年由生理学家 Mcculloch 和数理逻辑学家 Pitts 共同创立的脑模型，开创了从神经元角度研究人脑结构及功能模型的新途径。联结主义人工智能中，认知的基本元素为神经元，通过模仿神经网络与神经元之间的联结机制和学习算法，实现人类智能行为在计算机上的模拟。其采用全局分布式数据存储模式和并行的数据处理方式，依据神经网络物理结构进行计算模拟和训练，可进行非逻辑的、具备环境适应性的信息处理。

人工神经网络技术作为联结主义人工智能的核心技术，借助其所具备的学习和适应、自组织、函数逼近以及大规模并行处理的能力，可解决非线性、多变量、实时动态系统问题，具有联想记忆、鲁棒性强等特点，其模型及改进模型应用于智能系统具有广阔前景。目前热度较高的深度学习则是在神经网络模型的基础上衍生出来的更深层的神经网络。在当前云计算和大数据技术日趋完善的基础上，其更加复杂的模型可适用于对大规模数据进行特征学习和分类。

在实际工程所存在的一些复杂决策问题中，系统规模较大，数据众多，且可能存在数据不完备情况。对相关数据的变化规律进行分析，需满足一定的精度和速度。例如，在对风电功率进行预测时，需根据天气预报提供的地区天气数据进行预测。如果输入数据误差较大，则会影响预测结果。再如电力市场变化所需进行的电价预测，具有波动变化特性且其相关影响因素众多，包括燃料价格、机组容量、用电需求以及市场体制影响等。神经网络、深度学习具有极强的非线性拟合能力、自主学习能力，能更好地提取数据特征，使此类型人工智能技术对于包含大量非线性问题的复杂电力系统具有很大的应用潜力。

（三）行为主义人工智能

行为主义人工智能起源于控制论。20 世纪 80 年代，由 Brooks 为代表的研究学者将行为主义研究思想与人工智能融合，开启了与传统人工智能相区别的人工智能技术研究方向。符号主义人工智能、联结主义人工智能是基于人类内在的思维形式，与之相区别的，行为主义人工智能则通过外在可观测的行为特征实现人工智能。根据主体与外在环境之间的交互影响，通过自主感知环境的反馈并做出相应的动作完成智能行为，运用分布并行的数据处理方式，分解复杂动作结构，由底向上进行求解。

目前，此类人工智能技术主要分为进化计算和强化学习两种研究方法。进化计算方法可通过进化计算建立感知—动作法则驱动动作执行或建立行为模型，并运用进化计算驱动模型执行动作。强化学习方法基于无模型环境条件下，依据环境反馈所进行的动作自主评估学习过程。行为主义人工智能以快速自主反馈代替精确数学模型的方式，对于解决复杂、不确定和非结构化的环境系统问题具有较好的应用效果。

当前，能源结构的变化以及交易市场的改革对电力系统的发展要求更为智能化、灵活化，而电力系统的结构发展也更为复杂和分散，可能会出现无法对环境模型精确建模的问题。在此背景下，依照行为主义人工智能的特征有望在未来电力系统优化控制研究方面发挥重大的作用。

综上所述，三类人工智能技术均有各自的应用特点：符号主义人工智能在解决实际问题时不受外界环境影响，专家经验不受时空限制，但其对海量样本、模糊信息的处理效率不高；联结主义人工智能可实现数据特征的自动提取，具有较强的鲁棒性和容错能力，可学习和自适应不确定系统，但目前机理尚不明确；行为主义人工智能体现出较强行为主动性和环境自调整性，可针对无具体环境模型系统进行实时控制，但由于其自下而上的决策过程，忽略人的心理状态，欠缺对全局整体性的把控。因此，结合上述三类人工智能技术的优缺点，可根据不同的场景、对象、目标，综合应用各类人工智能技术。

二、人工智能技术应用框架

依据不同的人工智能技术应用环节和能源环节，将人工智能技术在电力系统中的应用分别与两环节的映射图进行归纳。根据人工智能技术应用环节的不同，将其分为感知、决策、执行三个环节。① 感知环节主要是信息的获取过程，体现为信息获取、辨识、预处理、分类、预测等功能的实现。决策环节主要是根据数据、模型等信息进行综合分析，体现为优化、博弈、推理、知识获取等过程。执行环节是实现系统的自主闭环控制、保护、自愈等功能，体现为控制、调度、保护、恢复等过程。以此为基础衍生出了人工智能技术的三个应用环节与电力系统应用领域的映射关系。

为了实现智慧能源的核心环节，即能源的生产、传输、存储、消费四个环节的互联互通，人工智能技术与能源网络各环节技术融合的问题成为研究热点。因此，从能源的生产、传输、存储、消费的角度总结了各类人工智能技术的应用，包括专家系统、深度学习、对抗学习、强化学习、图像处理、多智能体技术在内的各类人工智能方法被应用于能源系统。随着分布式能源的高比例渗透、分布式

① 乔宏仪，李昂，韦道知，高育鹏．人工智能发展趋势及其应用领域研究［J］．集成电路应用，2018，35(10)：57－58、61．

储能形式的介入，利用人工智能技术解决新能源功率预测、线路运行状态评估、需求响应等问题有利于提高新能源的消纳水平及实现源、网、荷、储各环节的协同控制。能源网络的结构复杂度促使网络的安全稳定问题更为突出，利用人工智能技术所进行的复杂系统建模分析、设备及线路风险评估、故障诊断将提升系统的整体安全性能。而针对能源系统模型的不确定性和随机性，结合人工智能技术实现离线分析、在线匹配的控制策略将有效解决传统方法所存在的准确性、时效性方面的不足。同时，结合人工智能技术所进行的微网、电动汽车等系统的综合规划可满足能源网络的智能化需求。

三、人工智能技术在综合能源服务中的应用

随着能源结构变革，新能源产业得到快速发展，分布式能源的高比例渗透以及电动汽车大规模接入使能源互联网更为复杂和灵活，存在不确定性大、非线性强、耦合关系复杂等特点。能源互联网呈现智能化发展趋势，其应用技术的要求趋向于高效、简单、可靠。① 而传统技术存在可靠性不高、缺少长久验证、机理不清等问题。因此，人工智能技术凭借其优势和特点，已成为解决复杂能源互联网络问题的有力措施，是提升其安全、可靠、经济性的有效工具。在研究进程中，人工智能技术首先在综合能源服务调控、规划、交易等领域得到广泛的应用。

（一）人工智能在综合能源服务调控中的应用

目前，特高压大电网运行特性日趋复杂，安全稳定运行风险持续增大；新能源继续保持加速发展态势，节能减排要求日益提高。复杂的内、外部环境因素及电力市场化改革趋势给电网运行带来了诸多挑战。原来电力系统简单的源—荷潮流单向流动模式，逐渐转变成了能源互联网中源—网—荷—储潮流双向流动模式。这些不确定、不可控的元素交织在一起，使得对能源互联网的仿真难度极大增加。使用原有的仿真｜控制的模式难以满足调控运行的需求。

---

① 孙秋野，杨凌霄，张化光.智慧能源——人工智能技术在电力系统中的应用与展望[J].控制与决策，2018，33(5)：938－949.

因此，面对未来能源互联网日趋复杂的挑战，必将以人工智能来应对。电网调控作为电力系统的指挥中心，是一个集合大量规则、专家经验的知识密集型“大脑”，特别适合专家系统、人工神经网络、深度学习、自然语言处理等人工智能技术的应用。为调控运行提供智能化的辅助决策手段，需要在以下四个方面开展研究[①]：①基于自然语言处理的调控操作方案智能解析；②适应调度实时运行的人机交互；③基于电网运行历史数据的电网运行特性知识发现；④多维度调控操作决策辅助分析。

（二）人工智能在综合能源服务规划中的应用

（1）在全面推进分布式电源建设、发展以清洁能源为主的分布式发电就地消纳模式的情况下，为了充分考虑多阶段规划周期、供能可靠性、能源价格的影响，更加优化配置，实现低碳经济用电，如何应用人工智能技术有效地考虑电源规划与电网规划的协调进行、实现能源高效传输是电力系统规划的研究重点之一。

（2）考虑到可再生能源发电的随机性、燃料价格的波动性、未来负荷的增长、未来可用性燃料供应系统和插电式电动车辆的不确定性影响，需结合可进行随机优化和具有强大编程能力的人工智能技术来解决此类能源系统规划中所存在的问题。

（3）未来系统规划方式的发展以集中式与分布式相结合为主，结合多智能体技术、深度学习、强化学习的人工智能技术应用需进一步研究。

（三）人工智能在综合能源交易中的应用

（1）能源交易机制将依据市场形势发生变化。其中，对于电力交易，目前用户与供电公司的电力交易多为点对面的形式，点对点的交易方式将是未来的发展趋势，同时智能用户的参与也使得交易更加复杂多变。在此情况下，对市场激励下产生的电价进行预测，提高对用户供电的灵活性和可靠性服务，开发先进的市场清算软件等问题应进一步探究。因此，考虑如何应用人工智能技术解

---

① 王辰璞. 以智慧能源物联网为例浅析通信及信息技术对人工智能工程的影响[J]. 中国新通信，2018，20(4)：27－28.

决综合考虑上述要素及其作用的较为完备的能源交易模型和方法体系是未来需深入研究的方向。

(2)配电侧分布式电源的大规模接入使电力交易主体数量增多，随机性更强，由此造成对电力交易的管理难度加大。同时，伴随更多大用户直购电现象的出现，电力的生产和消费也趋向于分布式结构。分布式人工智能技术的应用研究将更为深入，尤其以区块链技术为主导，其作为新兴的分布式数据库技术，与传统技术相比具有成本低、安全性高的特点，可实现电力交易的去中心化管理，在未来的电力系统中也会有较大的应用空间。在智慧能源的大力倡导下，未来能源系统发展的关键点是产能、储能、用能一体化发展，更多能源生产、转化、传输、储存、消费环节将通过信息技术进行深度融合，推动能源系统高效运行。当前，人工智能技术对于解决现代电力系统所含有的非线性、不确定性强、耦合性强、多变量等特点的问题具有较好的适应性和灵活性，对于提高电力系统的运行效率，提高其安全可靠性以及智能化水平将起到重要作用。在此基础上，人工智能技术也将更多地渗透入能源系统，以真正实现智慧能源的智能化。

智能电网和能源互联网作为新一代能源变革的重要载体，在智慧能源的发展中占据着核心和引领地位。能源互联网的主要功能将是以智能电网、人工智能技术、云计算、物联网、大数据和移动互联网为支撑，基于信息、物理、社会三者深度融合结构，实现能源的优化决策和广域协调。为此，人工智能技术与能源互联网技术的融合，将赋予传统能源网络智能化的功能。未来在能源互联网领域，以动态系统建模与深度学习相结合的复杂工况参数辨识、以预测与强化学习相结合的混合能源实时优化决策、以小样本技术为支撑的能源设备故障分析等方面也将成为重点研究方向。

第八节　云计算技术

一、综合能源服务与云计算

信息技术在综合能源服务中发挥着重要作用，在现有电网的基础上，通过信息技术贯通分布式储能装置和先进的发电技术，将能量和信息双向流动的电力形成一个互联共享网络，此研究领域得到了国内外研究的认可。另外，未来综合能源服务发展将集中在两个方面：一是通过互联网技术将电源、电网一些相关信息进行采集和检测，并对此进行评估，通过互联网信息技术实现物理信息的融合。二是信息流准确控制能量流，使其有序地流动，这一功能主要是通过能源路由器和信息采集芯片来实现的。①

综合能源服务中的信息全方位覆盖电源、电网和负荷，既有描述系统参数的静态基础数据，也有监测系统运行状态的动态数据，还有各种分析数据。信息呈现出分布式、多样性、海量数据、实时动态以及交互性等特征。传统的电力信息系统平台难以满足综合能源服务环境下信息的存储、计算、集成和分析等方面的要求。云计算是一种新的网络计算模式。它利用网络将分散的计算和存储资源整合，形成一个统一的资源池；再根据用户需求提供计算、存储及平台等服务。云计算的出现，完全改变了计算与存储模式，无疑为物联网提供了一个高效的大脑，为实现低成本解决海量数据处理提供了一条道路。所谓云计算，即为一个具备很强计算处理功能的系统，它是利用网络将许多种成本较低的计算实体合并而成，并能够把这种强大的计算处理优势利用商业模式分配给各种终端用户。因此，这种系统为用户提供了极大方便，他们可以根据自己的需求从系统中获取计算功能、存储空间与信息服务。所有的计算都在云端实现，而终端用户本身只起到一个输入输出设备的作用，大大减轻了用户终端的处理负担。

综合能源服务与云计算在对资源的利用上具有异曲同工之处。它们都是将物理上分布式的资源，在逻辑上整合成一个有机的整体，通过有序的控制调度实现更大的效能。由于实现了资源的统一管理和调度，因此，对于资源的利用者或者提供者，不必关心资源来自何方或者输送至何处，只要按照各自的需求调用或者提供相应的资源即可，从而保证资源的随时获取和无限扩展。

---

① 王尔玺，周一．基于云平台的分布式新能源监控数据分析方法研究[J]．能源与环保，2018，40(3)：154—158.

综合能源服务环境下能源与信息高度融合，基于云计算平台进行信息计算分析处理，是实现能源有序流动的最好途径。

二、综合能源服务信息的特征

综合能源服务的特征决定了其信息具有分布式、多样性、海量数据、实时动态性和交互性等特点。[①]

（一）分布式

分布式是综合能源服务的本质特征。首先，物理上是分布式的，电源、电网和负荷分布在不同的地点，作为综合能源服务的信息源，它们产生的信息必然是分布式的。其次，与传统电网不同，分布式的新能源微网不属于电网公司单一部门，可能来自不同机构或者个人。因此，逻辑上也是分布式的。

（二）多样性

信息的多样性主要体现在信息来源、信息格式和信息作用的多样性。与传统电网相似，综合能源服务的信息主要来源于电源、电网及负荷。能源双向、多边互动的特征决定了信息的多样性。信息格式的多样性表现为业务系统的结构化数据、网络系统的半结构化数据和系统日志文件的非结构化数据等。信息按照作用可以分为电网设备参数及拓扑结构等静态信息、电源发电负荷需求变化以及电力交易等业务信息和电网运行监控的动态控制信息三类。

（三）海量数据

综合能源服务中，信息的分布式和多样性特征必然带来海量数据的结果。除了具有传统电网的运行和管理数据以外，综合能源服务由于新能源的接入，对于风能、光伏等能源，必须依据大量气象背景数据进行电能输出的预测。同时，新能源汽车也将是综合能源服务中的重要组成部分，对庞大数量的充电汽车的有序充电或放电，必须依赖海量的汽车运行数据和充放电历史信息的准确预测分析。除此之外，综合能源服务中负荷用户高度参与到电力市场运行中，

① 李洋，何宝灵，刘海涛等. 面向全球能源互联网的分布式电源云服务与大数据分析平台研究[J]. 电力信息与通信技术，2016，14(3)：30－36.

因此，电力交易也具有非常庞大的数据量。[①]

（四）实时动态性

综合能源服务由分布式的新能源微网组成。间歇性、不稳定性和小规模的特征影响到微网的安全稳定运行。获取电网的实时状态信息和用户需求，及时准确地分析和预测电能的供需数据，实现能量流在用户与微网之间、微网与微网之间的有序流动，形成整个综合能源服务的动态平衡。信息的实时动态特征主要体现在两个方面：一是能够实时地获取系统运行状态数据以及用户需求信息；二是能够实现对海量数据的高性能计算，实时地获取计算分析结果。对数据信息的实时动态处理是实现综合能源服务环境下能源有序流动、电能生产与消纳平衡的重要保证。

（五）交互性

传统电力系统中，发电、输电和配电等各个环节是单向的能量和信息传递，其中的信息交互更多地体现为对电网的运行状态监测和控制。由于是集中发电，电网统一调度管理，因此，只要实现对电网的有效调度管理，就可以保证系统的安全稳定。

三、云计算的基本特征[②]

（一）虚拟化

虚拟化是实现云服务的技术基础，是将底层的硬件基础设施层统统进行虚拟，包括服务器、存储器、计算设备、网络客户端、通信与安全设备，以及其他硬件基础设备。建立可实现各资源共享的虚拟资源池，允许用户通过各种不同的网络终端随时随地获取云端的各种服务资源，这些资源并不是来源于具体的物理实体的资源，而均来源于云端，即实现用户所获取的服务都运行于云端。

---

① 张利，李静，牛跃华，高毅. 能源互联网背景下的电力系统云计算技术的商业模式分析[J]. 通信电源技术，2017，34(5)：130－132.

② 齐林海，陈思路，任旭，熊里. 能源互联网信息特征及其云平台处理技术[J]. 电力信息与通信技术，2016，14(9)：28－32.

（二）一切即服务

云计算的应用可实现用户无须构建具体访问所需的硬件资源和基础设施，仅仅通过访问的方式或者是租用的方式即可获取云端的各类服务。云平台计算中，各层面的部分功能都可作为服务按需提供给用户，包括基础设施即服务（IaaS）、平台即服务（PaaS）、系统应用即服务（SaaS）。

（三）可扩展性

云计算的规模并不是一成不变的，而是随着系统应用的发展以及用户的规模而动态变化的。当系统用户规模发生变化时，云平台可根据系统变动灵活地对基础设施层进行改造，完成对不同服务器与数据库的整合改造，同时对数据存储容量进行升级，进而全面提升云计算的能力。所以，云服务的具体服务模式较为透明，可根据计算负载的动态变化自动改变。

（四）可靠性

云服务可实现自动检测失效节点的功能，可将发生故障的计算节点自动排出，保障系统整体运行的可靠性，避免了因服务器的局部故障抑或是数据库的存储错误而导致整个系统运行发生紊乱。

（五）按需提供服务

云服务就像我们生活中的水、电、煤一样，用户可以随时随地按需进行购买。云平台可以根据用户需求提供与之相适应的计算、存储、网络等一系列服务，且云管理服务的工作通过后台中心统一完成，服务申请者与服务提供者之间不再具备某种合约关系。用户所获取资源的规模不再是其关注的重点，“云”作为一个大规模的资源池，可以实时满足用户的资源需求。

（六）高性价比

相较于传统的数据存储、计算、处理方式，云计算通过虚拟化技术的运用，对于所有可利用的资源实现集成，形成了基本的通用资源池，用户不必在硬件资源及获取所需服务的软件资源上进行花费，而只需通过简单接入即可方便获取云端的各种服务。

四、基于云计算的综合能源服务信息系统分析

现有电力数据中心无法满足综合能源服务对海量存储和处理的需求。综合能源服务要求数据中心必须存储各个电力系统所需的数据。综合能源服务需要数据中心提供更丰富的信息服务，并为数据挖掘与辅助决策提供高性能的分布式计算环境。

(一)云计算平台

云计算平台架构如图 3—15 所示。①

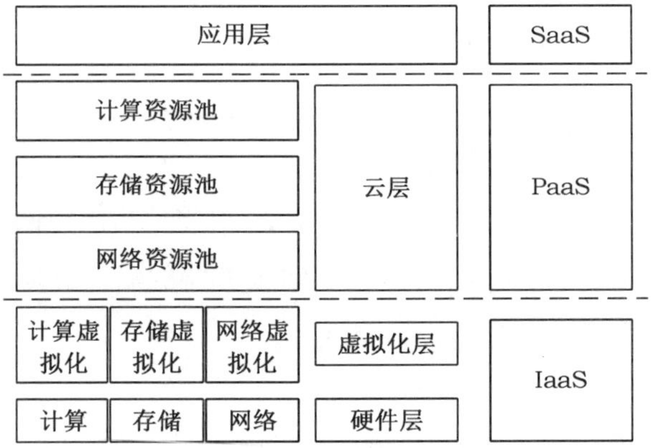

图 3—15　云计算平台架构

云计算分为私有云(Private Cloud)、公有云(Public Cloud)和混合云(Hybrid Cloud)。私有云是为一个组织单独使用而构建的，部署在组织内部的基础设施上，对数据、安全性和服务质量实施有效控制；公有云部署在第三方供应商的基础设施上，通过网络对公众开放使用，负责托管客户的数据和程序以及提供安全性保护；混合云是公有云和私有云的结合，由于安全和控制原因，并非所有的组织信息都适合放在公有云上，但构建私有云成本较高，使用混合云模式是一个不错的选择。

① 邓维，刘方明，金海，李丹. 云计算数据中心的新能源应用：研究现状与趋势[J]. 计算机学报，2013，36(3)：582—598.

云计算核心服务通常可以分为三个子层：基础大数据与云计算设施即服务层(Infrastructure as a Service，IaaS)、平台即服务层(Platform as a Service，PaaS)、软件即服务层(Software as a Service，SaaS)，统称 XaaS。[①]

(二)综合能源服务信息系统分析与设计

基于云计算平台的综合能源服务信息系统旨在借助云计算的高并发性、高可靠性、高扩展性、低成本等特点构建一个便捷、高效的信息收集、处理、分析和展示平台。

传统的电力数据中心平台服务于现有的、覆盖输配电网络的电力信息系统，并占有重要位置，且已经形成了初具规模的计算资源集群。因此，无论从经济角度，还是从技术实现角度，充分利用现有的基础计算资源是必须考虑的因素。

鉴于此，提出以数据中心为云计算资源的管理和调度中心，以能源路由器为链接，以各微网为节点，采用递增的方式构建云服务信息平台的解决方案。

采用云计算技术对现有的电力数据中心进行改造，建立面向综合能源服务的新一代电力数据中心，其基础架构如图 3－16 所示。

大电网和微网各自构成私有云平台。IaaS 层采用虚拟化平台对服务器、存储设备与网络设备等硬件资源进行虚拟化，屏蔽掉各个节点千差万别的硬件资源，以虚拟机为单位进行统一的自动化管理；PaaS 层，以虚拟机为单位构建服务器集群，采用云计算的分布式存储、计算和调度系统实现海量数据的大规模存储。

综合能源服务通过能源路由器和网络将大电网和微网链接起来，构成统一混合云平台。IaaS 层采用虚拟化平台对网络、能源路由器、大电网云 IaaS 和微网云等资源虚拟化；PaaS 层采用云计算的分布式文件系统、分布式数据库管理系统、分布式数据处理系统、数据仓库与数据分析工具实现海量数据的大规模存储，为数据挖掘与辅助决策等高级应用提供高性能的分布式计算环境；SaaS

① 叶天琦，芮烨，李刚辉等.能源云技术的研究及其标准化[J].信息技术与标准化，2015(4)：60－63.

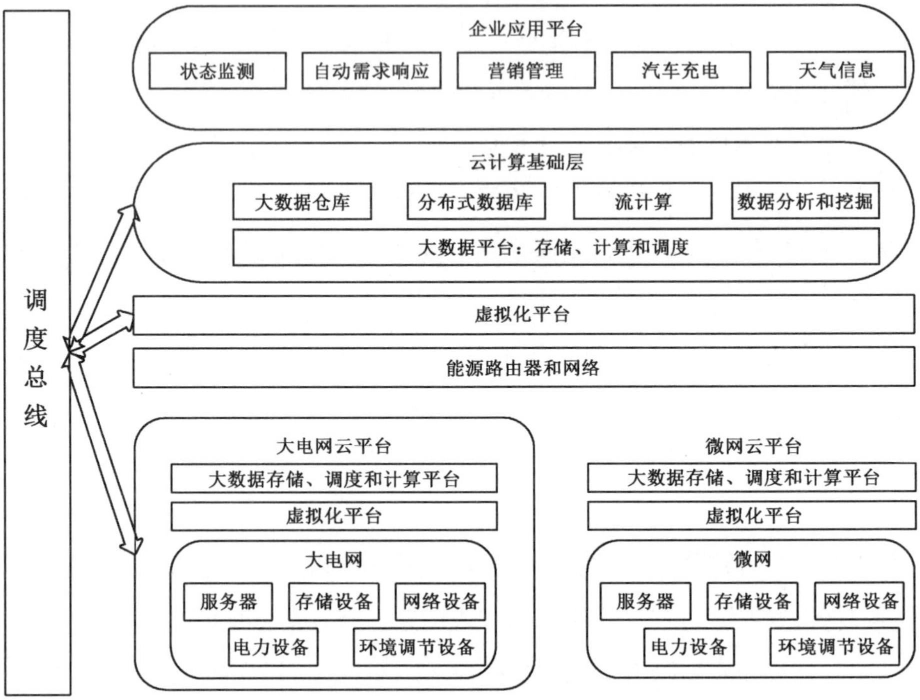

图 3—16　能源互联网信息系统云计算平台基础架构

层为企业应用部署平台，集成了状态监测、主动需求响应、汽车充电管理和营销管理等企业应用。

利用调度总线，实现资源的分配、调度和管理工作。各云平台既可以作为 IaaS 提供硬件资源，也可以作为 PaaS 提供计算和存储资源，按流量收费。

在综合能源服务云平台中，各微网数据存储策略为“就近存储，异地备份”。就近存储是将数据存储距数据源最近的节点上，方便存取，也可节省网络带宽；异地备份是指数据的副本存储在其他节点或其他微网中的数据中心，方便数据的灾难恢复。

（三）综合能源服务云平台应用

能源互联侧重分布式能源和可再生能源的接入，云平台技术在综合能源服务中的应用主要有负荷预测、电能质量检测与控制和需求侧管理与响应等。

1. 负荷预测

负荷预测是综合能源服务正常运行和调度的基础。云平台通过存储海量的历史数据、采集实时数据和高性能计算，使负荷预测更加精确。未来的负荷预测将适应各种事件维度和空间的复杂度，预测结果将更及时、更精确。

2. 电能质量检测与控制

电能质量包括电网的各种电气特征，是电网性能和用户用电体验的保障。随着分布式电源接入电网，采集点的数量和采集数据的频率也逐步提高，其规模将形成大数据。其中对于电压暂降等暂态问题的分析，需要借助云平台实现。

3. 需求侧管理与响应

综合能源服务中用户既是消费者，又是生产者，供需关系更加复杂，需求侧管理的作用更加突出。借助云平台使负荷预测更加准确，供需平衡动态调整更迅速。

第九节　案例——上海市黄浦区能源互联网发展目标

一、总体目标

围绕黄浦区建立安全、清洁、高效、可持续的现代能源体系的要求，以能源智能化、信息化为基础，以强化建筑节能管理和降低用电峰谷差为抓手，建立信息对称、多能协同、供需互动、交易开放的能源互联网体系架构，提升区域能源利用效率，实现高效、可靠、清洁、智能的多种能源互补、供需无缝衔接的能源互联网，推进黄浦区成为以智慧能源为特色的中心城区低碳发展典范。①

二、规划指标

(一)供需平衡方面

电网发展：至 2020 年，本区配电网供电可靠率不低于 99.998%，配电自动

① 黄浦区发展改革委员会.上海黄浦区“互联网＋”智慧能源发展规划研究[J].上海节能，2018(2)：72－77.

化覆盖率达到 100%，配电通信网覆盖率达 100%，智能电表覆盖率达到 100%。至 2025 年，供电可靠率不低于 99.999 8%。

需求侧管理：至 2020 年，虚拟电厂容量 50MW，自动需求响应能力 10 MW。至 2025 年，虚拟电厂容量 100MW，自动需求响应能力 20MW。

储能发展：至 2020 年，结合区域电力用户负荷特点，在大型公共建筑积极推广 2～3 个储能示范工程。至 2025 年，推进储能的普遍应用。

（二）分布式能源方面

燃气分布式供能：至 2020 年，上海黄浦区新增燃气分布式供能装机容量 1MW。至 2025 年，新增装机容量 5MW。

光伏发电：积极推广光伏发电项目，利用学校、医院、政府办公大楼等建筑屋顶建设，至 2020 年，黄浦区新增光伏装机容量 1MW。至 2025 年，新增装机容量 2MW。

充电设施发展：至 2020 年，基本建成多点分散、密度较高的服务网络，公共充电设施数量达到 1 300 个。至 2025 年，公共充电设施数量达到 2 000 个。

（三）能源大数据方面

至 2020 年，基于建筑能耗监测平台搭建区域能源大数据平台，实现建筑全能源数据接入，具备对重点用能单位和建筑进行节能管理、考核、需求侧管理等功能。至 2025 年，平台实现供需侧数据全面接入，具备辅助决策、能源精细化管理和能源交易等功能。

（四）能源市场方面

至 2020 年，在需求侧管理的基础上，按照国家电力体制改革工作的总体部署，对若干建筑或区域开展需求侧负荷调节交易、建筑用能直接交易、分布式能源直供电交易的能源市场试点；若干区域开展增量配电业务试点。至 2025 年，基本形成能源市场交易体系。

三、上海黄浦区能源互联网发展的重点任务

（一）推动构建区域能源局域网

进一步完善区域配电网建设。加强配电网与城市控制性详细规划相对接，

推进110kV紫霞站、福州站、东江阴站、牯岭站、世博三站等站点建设，扩建金陵站、新东门站、南京站，基本解决区域热点地区用电紧张局面。加快老旧小区配电网改造，推进"光明工程"建设，支撑老城厢升级扩容。提升配电网智能化水平，推进关键节点自动化覆盖，配置"三遥"终端，实现故障定位自动化、网架分析智能化、配网调度可视化。

1. 强化能源信息智能化采集系统建设

以现有建筑能耗监测系统为基础，全面推进用电信息自动采集和建筑用户安装分项计量设施，逐步实现建筑的电、气、冷热等多种能源种类的全面监测，推进终端用户安装类型多样的智能化终端设施。

2. 构建区域能源局域网

以配电网为骨干网络，以智能化数据采集终端为节点，汇聚分布式光伏、燃气分布式供能系统、电动汽车充电设施、楼宇需求侧负荷调控和储能设施，以在现建筑能耗监测平台的基础上建设的区域能耗监测平台为枢纽，逐步构成区域电、气、冷热等多种能源高效集成互补，接入本市电力、燃气等能源主干网运行的区域能源局域网。

（二）深入开展需求侧管理

1. 完善区域需求侧管理平台

大力推进黄浦区商业建筑虚拟电厂建设，至2020年，建设完成基本覆盖黄浦区商业建筑的虚拟电厂，虚拟电厂容量50MW，自动需求响应能力10MW，二次调频能力2MW，年虚拟发电运行时间不小于50小时。将分布式光伏、储能、充电桩等多种数据接入平台，实现数据处理、在线预警、电能质量分析、能效分析和双向互动等功能，进一步扩大需求侧负荷响应范围和程度。

2. 探索储能系统示范应用

探索结合上海南市发电厂、世博城市最佳实践区等分布式光伏项目，合理配置储能系统，实现平滑出力波动、提升消纳能力、为电网提供辅助服务等功能；探索在恒基名人购物中心、金融广场等用电规模较大的商办建筑内，配套建设储能系统，利用储能电池削峰填谷的特点，参与需求响应；探索通过构建储能系统综合管理平台，将存量的分布式储能设备通过互联网进行有效管控和运营，实现对储能设备的网络化管理。

3. 探索多种能源、不同主体参与需求响应模式

探索建筑楼宇、电动汽车、储能等需求侧资源参与需求响应，研究建筑、园区、小区不同层次的用能主体及综合能源服务商等新型市场主体的参与方式和运行模式。

4. 完善需求侧响应的管理机制

制定和细化参与者补贴标准，建立并完善需求响应的市场交易模式；建立统一的信息交互标准，实现设备、系统之间的互联互通。

（三）大力发展分布式能源

促进燃气分布式供能发展。在医院、宾馆、大型商场等建筑物及区域推进燃气分布式供能项目，力争至2020年燃气分布式供能新增装机容量达1MW。推进红房子等分布式供能系统示范项目建设。

推进屋顶分布式光伏开发。重点推进重庆南路139号区机关大楼、黄浦区老年护理医院等公共机构建筑的屋顶分布式光伏开发，力争至2020年黄浦区新增光伏装机容量1MW。

加强电动汽车发展。鼓励区内公交车、通勤班车等公共服务车辆开展新能源车辆更新和替代；继续推动电动汽车充电基础设施配套建设，至2020年基本建成多点分散、密度较高的服务网络，公共充电设施数量达到1 300个以上。

（四）探索推进区域新能源汽车与电网智慧互动

1. 试点布局新能源汽车V2G(Vehicle to Grid)项目

选取区域内楼宇用电负荷波动较大、充电设施较多的区域，组织相关企业对充电站点进行适当改造，在现有充电供能的基础上加设放电功能，在楼宇用电高峰期间，试点新能源汽车向电网放电，就地平衡楼宇负荷。加强新能源汽车充放电管理，根据车辆用途合理安排充放电时间，进行有序管理，实现电网负荷低谷时电动汽车充电、负荷高峰时电动汽车向电网馈电，达到削峰填谷的效果，协助电网优化运行。组织供电企业及区域内相关充电设施运营企业等探索

电动汽车与公共电网互馈的新的运行模式。

2. 组织开展新能源汽车 V2H(Vehicle to Home)示范

选取电力条件较好的新建小区，以电动汽车动力电池为储能载体，在用电低谷时对电动汽车进行充电，在用电高峰为家庭供电，开展 V2H 项目的试点示范。

3. 探索开展 V2V(Vehicle to Vehicle)的应急充电模式

组织区内有关新能源汽车运营企业，研究充电站无空余桩位或负荷不足而无法为小型电动汽车充电时，电动大巴作为补充电源为小型电动汽车充电的运行模式。结合拟建的 V2G 项目或分时租赁站点，根据嘉定供电公司的相关技术规程，开展 V2V 项目的试点工作。

(五)构建区域能源大数据平台

1. 完善建筑能耗监测平台

进一步拓展监测楼宇范围和能源品种，增加燃气、分布式光伏、充电桩、燃气分布式供能系统、需求侧负荷调节、重点用能单位和楼宇用能等信息采集。加强监测能耗数据在楼宇能耗费用收费管理、电力负荷精细化预测和管理的衔接。创新平台数据接入运维机制，加强数据采集、传输设备信息库建设和动态管理，在建筑能耗监测平台的基础上拓展数据智能运维功能，创新运营远程运维等长效机制，进一步提升接入数据质量，为平台发挥预期功能奠定基础。

2. 夯实平台精细化节能管理功能

加强大数据分析，分析平台数据承担节能指标、重点用能单位承担指标、重点用能楼宇能效水平变化等数据的关联关系，强化数据预测预警和辅助决策功能，并加强建筑业主、设备类型等能耗相关信息的收集分析，研究建筑能耗与入住率、经济、气象、环境等各方面的关系，为政府后续针对重点用能单位、建筑开展能耗对标、节能考核，乃至后续差别化电价等精细化管理工作提供坚实的数据基础。

3. 探索开展能源供需数据衔接和互动

逐步接入区域配电网、燃气等供应侧数据，基于建筑能耗监测平台，整合能源供应侧、传输侧、消费侧各环节的能源数据，构建以供需衔接、多能互补为特征的区域能源大数据平台。在此基础上，建立基于精确需求导向的能源规划模式，指导区域内能源设施合理布局，提高能源规划的科学性、合理性。

4. 强化平台对外综合服务功能

加强平台能耗监测数据与楼宇、重点用能单位能源审计等的衔接，研究楼宇节能潜力及光伏、分布式供能、充电桩等新技术的应用潜力。在保障信息安全的前提下，根据需要采取适当方式逐步向区域用能单位、物业管理单位，以及符合有关要求的节能服务企业及充电桩、光伏、分布式供能系统等潜在投资商公开相关数据，实现数据共享，从而推动节能潜力挖掘和新技术应用。基于对能源大数据的信息挖掘和智能预测，鼓励各类企业开展面向能源生产、流通、消费等环节的增值服务，探索开展建筑用电直接交易、需求侧负荷辅助服务交易等业务。

（六）探索开展能源市场交易

1. 试点开展区域配售电业务

积极推进配售电改革工作，依托世博城市实践区、创意园区等小区域现有配售电网架，向社会资本开放售电业务，多途径培育售电侧市场竞争主体，以区内用电负荷、充换电设施和光伏发电系统等项目为基础，积极购买区域外电力，在按规定缴纳输配电费用后，开展区域内配售电业务，以提高能源利用效率，提高供电安全可靠性。

2. 探索开展区域楼宇用电直接交易

依托建筑能耗平台，引入社会资本，将监测的楼宇用电打包，作为整体直接与本市发电企业或市外清洁电力开展交易，使用户拥有更多选择权，促进能源资源优化配置。

3. 启动开展楼宇需求侧负荷调节交易

在已有区域需求侧调节工作的基础上，深入挖掘各楼宇需求侧调节的潜力，研究开展负荷调节等辅助服务市场交易，包括区域内参与交易的主体、交易品种、交易机制，以及区域需求侧负荷与本市电力辅助服务市场的衔接机制等，并根据实际情况启动楼宇需求侧负荷调节交易。

4. 培育能源互联网服务创新产业发展

结合能源市场交易开展，鼓励和支持具有技术引领、模式创新的能源互联网创新创业；鼓励能源互联网金融领域创新；鼓励传统能源企业、研发机构、技术服务企业等开展跨界合作；培育能源大数据相关的互联网企业。

（七）打造智慧能源示范区域

1. 打造智慧能源示范园区

选择世博城市实践区、八号桥等园区，建设分布式光伏、燃气分布式供能、储能等项目，实现电、热、冷等多种能源生产、传输、消费全过程实时监控，探索供需衔接、多能互补的运行模式。试点开展配售电业务，形成可复制、可推广的智慧能源示范园区建设和管理经验。

2. 打造智慧能源示范小区

在部分电力接入条件较好的小区，结合智能用电、家电等应用，构建社区能源公共服务平台，实现对全景用能，包括对家电应用、分布式光伏、电动汽车充电等的监测和控制，提升终端负荷的灵活可控性，探索示范家居领域的智慧能源应用。

3. 打造智慧能源示范楼宇

针对部分需求侧调节能力较大的楼宇，构建楼宇微能网，完善建立楼宇需求侧管理平台，探索开展对楼宇用电负荷、充电设施、储能设施、分布式光伏、燃气三联供等系统的联合调控，实现更大范围、更大程度的削峰填谷效应。

四、黄浦区能源互联网发展的保障措施①

（一）加强组织管理，推进项目落地

以区域列入国家需求侧管理示范项目为契机，构建区能源互联网推进领导小组，由区分管领导担任组长，办公室设在发展改革委，统筹协调各有关部门，

① 黄浦区发展改革委员会. 上海黄浦区“互联网＋”智慧能源发展规划研究[J]. 上海节能，2018(2)：72－77.

对区内能源互联网发展重大事务进行决策、协调和推进。将能源互联网相关目标和任务纳入区节能低碳工作年度安排，落实责任分工和推进机制，推动项目落地。

（二）积极对接主管部门，加强专业服务机构支撑

加强与国家、市两级有关主管部门的交流，就国家和本市有关部门电力体制改革、能源互联网建设、需求侧管理等相关工作对接，争取将全区能源互联网方案及世博城市实践区等区域增量配电方案，列为国家和本市智慧能源示范、电力体制改革增量配电试点项目。支持各类专业咨询服务机构，在智慧能源等领域开展具有前瞻性的课题研究，为区域能源互联网及各类能源项目的技术方案、投融资方案等提供专业服务，为区域能源互联网推进提供蓝图和指导。

（三）拓宽资金渠道，完善投融资机制

在区内现有节能低碳等相关扶持资金的基础上，充分发挥市场机制作用，大力推行能源互联网项目的市场化运作，广泛吸纳社会资本、外商投资、国外金融机构等社会各类资金投入。探索风险投资、产业基金以多种形式参与智慧能源技术应用和产业创新。与银行等金融机构、专业咨询机构开展发行专项债券、股权交易、众筹、PPP 等方式进行投融资项目的研究，加快示范项目建设。

第四章○○○○○○○○○

综合能源服务基础数学模型

第一节　区域能源中心选址模型

综合能源服务项目选址是提供综合能源服务的首要工作，选址决策是关键技术。选址决策主要是对综合能源服务项目投资的必要性、可行性及实施方案等问题进行科学论证，选址决策的结果将直接影响到综合能源服务项目的经济效益和社会效益。科学合理的选址决策可以提高项目的经济效益，降低项目的建设成本，还能有效降低和规避项目中存在的风险，不科学的选址往往会造成项目决策的盲目性和带来财产损失，甚至会造成不可逆的后果，导致项目投资失败。因此，综合能源服务项目的科学选址决策研究是非常必要的。

为了构建一套科学合理的综合能源服务项目选址决策指标，在指标的选取过程中应遵循以下基本原则：(1)科学性原则，综合能源服务项目决策指标要满足综合能源服务的基本要求，遵循国家产业政策及地区发展规划等；(2)全面性原则，在决策指标选取时，必须全面考虑选址相关的影响因素，不可忽略一些难以发现的因素，否则将会影响到综合能源服务项目选址的合理结论；(3)可操作性原则，决策指标的选择应尽量层次分明且相互独立，指标的数据易获得，评价过程简单便利可操作;(4)重要性原则,在决策指标的选取中,选择重要指标,剔除次要指标,使得选择的指标具有代表性。

当前与综合能源服务项目选址决策相关的方法模型研究极少,但类似电力项目选址决策的方法模型研究较多,如层次分析法、专家评价法、模糊评价法等。通过对常用选址决策方法模型的分析,本节选取模糊综合评价决策模型与灰关联投影决策模型进行介绍,这两种模型可以解决选址决策中一些模糊不清、因素不易量的问题,可以得到比较合理的评价结果。

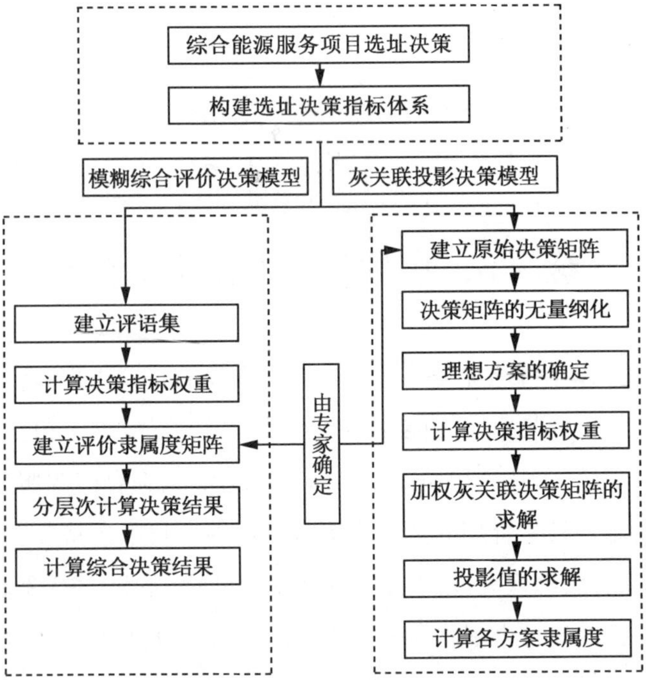

图 4—1　选址决策逻辑框图

一、模糊综合评价选址决策模型

此决策模型系根据能源基础项目选址的统筹性、适宜性、经济性、环保性、高效性等基本原则,并结合综合能源服务项目的特点及其独特的选址决策影响因素的分析而构建。其中,建设条件决定着综合能源服务项目可开发规模的容量及建设成本，主要包括可开发规模、送出条件、土地性质及其他条件；服务规模是综合能源服务项目选址的重要影响因素，直接影响项目的经济效益，如用户规模、生产规模及生产效率等；政策条件是综合能源服务项目选址的重要影响因素，综合能源服务项目的建设成本和技术成本较高、建设指标规模有限及税收制度不完善，没有政府的扶持和补贴政策无法保证综合能源服务项目的盈利空间，主要包括政府的补贴、税收优惠等；社会环境影响项目运维期间的维护费用及人员工资等。

建立科学的综合能源服务项目选址决策指标，包括三个层次：最高层为目标层；中间层为准则层；最底层为指标层。不同的准则支配不同的指标，如表4—1所示。

表4—1　选址决策指标

目标层	准则层	指标层
综合能源服务项目选址	建设条件	可开发规模 送出条件 土地性质 其他条件
	服务规模	用户规模 生产规模 生产效率
	政策条件	补贴政策 税收优惠 综合价格
	社会环境	人员工资 维护费用

运用模糊集合和模糊矩阵对综合能源服务项目选址的影响因素和评语进行描述，并采用相应的运算来模拟选址过程，且得出带有模糊性的结论，即是模糊评价选址模型。模型是利用模糊数学隶属度的相关理论，对不确定的事物或对象做出一个总体评价，其特点包括适用于对多种非确定性问题的解决，能较好地解决综合能源服务项目选址决策中影响因素难以量化及模糊的问题，评价结果清晰。

模糊综合评价决策模型一般步骤如下：

（一）建立选址评价指标集合

选址评价指标分为多个层次，先建立一级评价指标集 B：

$$B=\{B_1,B_2,\cdots,B_j\} \tag{4-1}$$

二级评价指标集 B_i：

$$B_i=\{B_{i1},B_{i2},\cdots,B_{ij}\} \tag{4-2}$$

（二）建立评语集

评语集是专家评估各指标可能出现结果的集合，通过专家判断定级，建立评语集。

$$V=\{V_1,V_2,\cdots,V_P\} \tag{4-3}$$

（三）计算选址决策指标权重

一级指标的权重集为：

$$W=\{W_1,W_2,\cdots,W_j\} \tag{4-4}$$

二级指标的权重集为：

$$W_i=\{W_{i1},W_{i2},\cdots,W_{ij}\} \tag{4-5}$$

（四）建立评价隶属矩阵 R

$$R=\begin{bmatrix} R_1 \\ R_2 \\ \vdots \\ R_m \end{bmatrix}=\begin{bmatrix} r_{11} & r_{12} & \cdots & r_{1n} \\ r_{21} & r_{22} & \cdots & r_{2n} \\ \vdots & \vdots & \ddots & \vdots \\ r_{m1} & r_{m2} & \cdots & r_{mn} \end{bmatrix} \tag{4-6}$$

式中，R_i 为第 i 个因素的评价结果；r_{ij} 为因素 i 对评价等级 j 的隶属度；n 为评语集中评价等级的个数；m 为被评价因素的个数。

（五）分层次模糊评价

首先，进行一级模糊评价，根据敏感度分析求得的指标权重 W 和建立的评价隶属度矩阵 R，运行模糊运算法则，计算得到因素 B_i 对评语集 V 的隶属度向量 S_i。

$$S_i = W_i R_i = (W_{i1}, W_{i2}, \cdots, W_{ij}) \begin{bmatrix} r_{11} & r_{12} & \cdots & r_{1n} \\ r_{21} & r_{22} & \cdots & r_{2n} \\ \vdots & \vdots & \ddots & \vdots \\ r_{m1} & r_{m2} & \cdots & r_{mn} \end{bmatrix} \quad (4-7)$$

然后进行准则层模糊评价，计算总的评价向量 A。

$$A = W \cdot S \quad (4-8)$$

（六）计算综合评价结果

将上述决策结论转换数值，假设评价集对应的数值集为 V，计算评价数值 F：

$$F = A \cdot V \quad (4-9)$$

二、灰关联投影选址决策模型

综合能源服务项目选址涉及相关产业政策、技术水平、场址自然条件、社会环境等多方面因素，因此属于典型的多因素决策问题，且这些因素相互之间存在着密切关联。对综合能源服务项目选址决策评价分析时，决策中的信息是无法被完全认知和量化的，可利用的信息是不完备的，选取的指标也是不全面的，无法利用已知的全部有效信息进行准确评价，因此，综合能源服务项目选址决策具有灰色特征。通过对风电、太阳能光热等项目选址决策方法模型的研究分析，灰关联投影模型能够解决综合能源服务项目选址决策系统中的灰色问题，模型中将各方案分别用向量来表示，把向量模的大小和夹角余弦的大小结合起来，不仅准确反映各决策方案与理想方案之间的关联程度，而且能够减少运算量。

灰关联投影是一种多因素决策法，在灰关联分析基础上引入矢量投影，将指标的影响程度反映在整个指标空间，最后计算决策方案在理想方案上的投影值，决策出最优备选方案。传统灰关联投影模型在假定理想方案指标系数时，只考虑了最优方案指标系数而忽略了最劣方案指标系数。在计算过程中可能存在多个备选方案与最优理想方案的关联度相同，但各备选方案与最劣方案的关联度不同。因此，为了避免灰关联投影法的不足及得到更加准确的决策结果，通过分析各备选方案对于最优方案和最劣方案的广义距离，在确定理想方案时不仅考虑预选方案与最优方案的灰关联度系数，而且考虑与最劣方案的灰关联度系数，得到一种模糊灰关联投影法，可解决备选方案的优劣排序问题。灰关联投影模型较多地应用于多个预选方案的选址决策。实践中常常对传统灰关联投影模型进行改进，进而基于改进的灰关联投影选址决策模型更好地解决实际问题。

改进的灰关联投影模型步骤如下：

（一）初始决策矩阵的建立

设 G 为待决策方案的集合，则有：

$$G=\{方案1,方案2,\cdots,方案n\}=\{G_1,G_2,\cdots,G_n\} \tag{4-10}$$

设 V 为待决策方案的评价指标集合，则 $V=\{V_1,V_2,\cdots,V_m\}$，其中 $V_1,V_2,\cdots,V_m$ 为待评价方案的 m 个评价指标。

假设方案 G_i 在指标 V_j 下的属性值记为 a_{ij}，$i=1,2,\cdots,n$；$j=1,2,\cdots,m$。则由上述的 n 个方案所对应 m 个评价指标的属性值，就可以构成原始决策矩阵 A。

$$A=(a_{ij})_{n\times m}=\begin{bmatrix} a_{11} & a_{12} & \cdots & a_{1m} \\ a_{21} & a_{22} & \cdots & a_{2m} \\ \vdots & \vdots & \ddots & \vdots \\ a_{n1} & a_{n2} & \cdots & a_{nm} \end{bmatrix} \tag{4-11}$$

（二）决策矩阵的无量纲化

选址决策指标存在属性差异和数量差异，有些指标的属性值越大则结果越好，也存在指标的属性值越小则结果越好，只有对这些差异性的决策指标进行无量纲化处理，才能使用决策矩阵对各类指标进行定量，即初始决策矩阵的规范化。不同类型的指标，它们的无量纲化处理方法也不一样。

1. 效益型指标的规范化

$$b_{ij}=\frac{a_{ij}-a_j^{\min}}{a_j^{\max}-a_j^{\min}} \quad i=1,2,\cdots,n \tag{4-12}$$

其中，$a_j^{\max}$ 为指标 j 的最大值；$a_j^{\min}$ 为指标 j 的最小值。

2. 成本型指标的规范化

$$b_{ij}=\frac{a_j^{\max}-a_{ij}}{a_j^{\max}-a_j^{\min}}\quad i=1,2,\cdots,n \tag{4-13}$$

其中，$a_j^{\max}$ 为指标 j 的最大值；$a_j^{\min}$ 为指标 j 的最小值。

通过上述指标的无量纲化处理方法对所选的指标进行规范化处理，得到度量标准相同的决策矩阵 $B=(b_{ij})_{n\times m}$。

3. 最优方案与最劣方案的确定

通过决策矩阵的规范化处理可知，最优方案就是决策矩阵中各指标取值均为 1 时，即最优方案 $G_0^+=\{1,1,\cdots,1\}$；而最劣方案就是决策矩阵中各指标取值均为 0 时，即最劣方案 $G_0^-=\{0,0,\cdots,0\}$。

4. 正、负加权灰关联决策矩阵的求解

按照灰关联分析法的相关理论，可知，对于待决策方案 $G_i(i=1,2,\cdots,n)$，在指标 $j(j=1,2,\cdots,m)$处，相对于理想最优方案 G_0^+ 的灰关联系数表达式为：

$$\gamma_{ij}^+=\frac{\min\limits_n \min\limits_m|b_{0j}^+-b_{ij}|+\alpha\max\limits_n \max\limits_m|b_{0j}^+-b_{ij}|}{|b_{0j}^+-b_{ij}|+\alpha\max\limits_n \max\limits_m|b_{0j}^+-b_{ij}|} \tag{4-14}$$

同理可得，待解决方案 G_i 在目标 j 处，相对于理想最劣方案 G_0^- 的灰关联系数表达式为：

$$\gamma_{ij}^-=\frac{\min\limits_n \min\limits_m|b_{0j}^--b_{ij}|+\alpha\max\limits_n \max\limits_m|b_{0j}^--b_{ij}|}{|b_{0j}^--b_{ij}|+\alpha\max\limits_n \max\limits_m|b_{0j}^--b_{ij}|} \tag{4-15}$$

式中，b_{0j}^+ 为最优方案中各个指标对应的值，b_{0j}^- 为最劣方案中各个指标对应的值。将最优方案矩阵和备选方案矩阵重新构建，得到正灰关联矩阵 $\gamma_{(n+1)\times m}^+$：

$$\gamma^+=\begin{bmatrix}\gamma_{01}^+ & \gamma_{02}^+ & \cdots & \gamma_{0m}^+\\ \gamma_{11}^+ & \gamma_{12}^+ & \cdots & \gamma_{1m}^+\\ \vdots & \vdots & \ddots & \vdots\\ \gamma_{n1}^+ & \gamma_{n2}^+ & \cdots & \gamma_{nm}^+\end{bmatrix}_{(n+1)\times m} \tag{4-16}$$

同理，可得负灰关联决策矩阵 $\gamma^-_{(n+1)\times m}$：

$$\gamma^- = \begin{bmatrix} \gamma^-_{01} & \gamma^-_{02} & \cdots & \gamma^-_{0m} \\ \gamma^-_{11} & \gamma^-_{12} & \cdots & \gamma^-_{1m} \\ \vdots & \vdots & \ddots & \vdots \\ \gamma^-_{n1} & \gamma^-_{n2} & \cdots & \gamma^-_{nm} \end{bmatrix}_{(n+1)\times m} \tag{4-17}$$

将各指标权重值加入上述决策矩阵中，即可得到加权灰关联决策矩阵。

用 γ^+_w 与 γ^-_w 表示正、负加权灰关联决策矩阵，则有：

$$\gamma^+_w = \gamma^+ \cdot w = \begin{bmatrix} w_1 & w_2 & \cdots & w_m \\ w_1\gamma^+_{11} & w_2\gamma^+_{12} & \cdots & w_m\gamma^+_{1m} \\ \vdots & \vdots & \ddots & \vdots \\ w_1\gamma^+_{n1} & w_2\gamma^+_{n2} & \cdots & w_m\gamma^+_{nm} \end{bmatrix}_{(n+1)\times m} \tag{4-18}$$

$$\gamma^-_w = \gamma^- \cdot w = \begin{bmatrix} w_1 & w_2 & \cdots & w_m \\ w_1\gamma^-_{11} & w_2\gamma^-_{12} & \cdots & w_m\gamma^-_{1m} \\ \vdots & \vdots & \ddots & \vdots \\ w_1\gamma^-_{n1} & w_2\gamma^-_{n2} & \cdots & w_m\gamma^-_{nm} \end{bmatrix}_{(n+1)\times m} \tag{4-19}$$

式中，γ^+_w 与 γ^-_w 的行向量分别表示 G_i 相对于 G^+_0 与 G^-_0 的最优、最劣加权灰关联系数。

5. 正、负灰关联投影值的计算

如果行向量 $G_i(i=1,2,\cdots,n)$ 表示一个决策方案，那么方案 G_i 与理想方案 G_0 之间必然将会出现一个夹角 θ_i，θ_i 即为 G_i 与 G_0 的灰关联投影角，故而 θ_i 的余弦值计算方法如下：

$$\cos\theta_i = \frac{\vec{G_i} \cdot \vec{G_0}}{|\vec{G_i}||\vec{G_0}|} = \frac{\sum_{j=1}^{m} w_j\gamma_{ij} \cdot w_j}{\sqrt{\sum_{j=1}^{m}(w_j\gamma_{ij})^2} \cdot \sqrt{\sum_{j=1}^{m}(w_j)^2}} \quad (i=1,2,\cdots,n) \tag{4-20}$$

故 $G_i(i=1,2,\cdots,n)$ 在 G_0 上的投影为：

$$D_i = |\vec{G}_i| \cos\theta_i = \frac{\vec{G} \cdot \vec{G}_0}{|G_0|} = \sum_{j=1}^{m} \gamma_{ij} \frac{w_j^2}{\sqrt{\sum_{j=1}^{m} (w_j)^2}} \tag{4-21}$$

得到灰关联投影权重 μ_j：

$$\mu_j = \frac{w_j^2}{\sqrt{\sum_{j=1}^{m} (w_j)^2}} \quad (j=1,2,\cdots,m) \tag{4-22}$$

因此

$$D_i = \sum_{j=1}^{m} \gamma_{ij}\mu_j \quad (i=1,2,\cdots,n) \tag{4-23}$$

式中，D_i 表示为备选方案与理想方案之间的关联程度。

用 D_i^+ 表示备选方案投影到最优方案的值，用 D_i^- 表示备选方案投影到最劣方案的值，根据上式可得：

$$D_i^+ = \sum_{j=1}^{m} \gamma_{ij}^+\mu_j \quad (i=1,2,\cdots,n) \tag{4-24}$$

$$D_i^- = \sum_{j=1}^{m} \gamma_{ij}^-\mu_j \quad (i=1,2,\cdots,n) \tag{4-25}$$

当 G_i 是最优方案时，它投影在 G_0^+ 上的值为：

$$D_0^+ = \sum_{j=1}^{m} \gamma_{0j}^+\mu_j = \sum_{j=1}^{m} \mu_j \tag{4-26}$$

当 G_i 是最劣方案时，它投影在 G_0^- 上的值为：

$$D_0^- = \sum_{j=1}^{m} \gamma_{0j}^-\mu_j = \sum_{j=1}^{m} \mu_j \tag{4-27}$$

因此可知 $D_0^+ = D_0^- = \sum_{j=1}^{m}\mu_j$，设 $D_0^+ = D_0^- = D_0$，则 D_0 为经加权处理得到理想方案的解。

6. 隶属度的求解

将方案 G_i 相对于 G_0^+ 的隶属度记为 v_i，则 v_i 又被称为方案 G_i 的优属度，因此 $1-v_i$ 就是方案 G_i 相对于 G_0^- 的隶属度。依照模糊集的相关理论，不妨将隶属度当作是权重，因此方案 G_i 与理想最优方案 G_0^+ 之间的广义全距离即可表示为：

$$D_{gi}=v_i(D_0+D_0^+) \tag{4-28}$$

同理，方案 G_i 与理想最劣方案 G_0^- 之间的广义全距离即可表示为：

$$D_{ci}=(1-v_i)(D_0-D_0^-) \tag{4-29}$$

通过最小平方和准则，可以得到目标函数如下：

$$\min\{F(v_i)=(D_{gi})^2+(D_{ci})^2\} \tag{4-30}$$

由 $\frac{\partial F(v_i)}{\partial v_i}=0$ 得

$$v_i=\frac{1}{1+\left(\frac{D_0-D_i^+}{D_0-D_i^-}\right)^2}(0\leqslant v_i\leqslant 1) \tag{4-31}$$

待决策方案 G_i 相对于 G_0^+ 的隶属度随 v_i 增大而增大。因此，只要求得各决策方案的 v_i，并将 v_i 按照从大到小排序，选取最大 v_i 值所对应的方案即为备选方案中的最优方案。

三、某 50MWp 光伏项目模糊评价选址决策分析案例①

（一）项目概况及决策指标分析

项目场址位于某城区西北侧约 23km 处，可利用面积约为 1 659 亩，土地性质为未利用地，交通运输便利。本项目预计装机容量为 50MW，采用 260Wp 多晶硅组件，预计该项目年均利用小时数为 1 098. 6h，年均发电量为 5 542. 7×10^4kW・h，25 年总发电量约为 13. 8×10^8kW・h。该项目建设条件优越，符合该省生态建设的目标，对促进民族地区社会经济发展、保持地区稳定具有重要的作用。因此，该光伏电站的建设是十分必要的。

光伏发电项目选址的决策指标分析包括建设条件分析、上网电量分析、政策条件分析和社会环境分析。决策专家也将根据项目信息及评价标准对各决策指标进行等级评定，评定等级分为“优”“良”“中”“差”和“劣”五个等级。

1. 建设条件分析

---

① 黄欢. 光伏电站的选址决策方法研究[D]. 华东交通大学，2018.

建设条件指标分析包括可开发规模容量、送出条件、土地性质及其他条件四个方面。

可开发规模容量：项目可开发规模容量与场址面积大小和可备案容量等因素有关。项目场地占地面积约为 1 657 亩，勘测设计建设容量为 50MWp。该省“十三五”规划目标容量为 1 500MW，截止到目前累计装机容量为 492MW，完成率为 33%，该省光伏项目规划开发容量剩余较多。因此，该项目可开发容量条件较好。

送出条件：根据电站地理位置、装机规模及近区电网规划，电站以 35kV 电压接入系统，拟建设 5 回线路送入开关站，再经约 10km 线路接入 35kV 变电站。

土地性质：场址位于高山山顶，山脊连续，起伏不大，顶部较宽，整体地形平缓，场地内多为草地，属于未利用地。场地的地质结构稳定性良好，适宜建设光伏电站。

其他条件：光伏电站项目一次性资金投入较大，项目采取 20% 自有资金和 80% 银行贷款，由于当地政府对光伏产业的大力支持，项目融资条件良好，长期贷款利率为 6%。

2. 上网电量分析

上网电量指标分析包括电力消纳、光照资源和转换效率三个方面。

电力消纳：该地区近些年工业发展迅速，但受环境、资源压力制约，电源建设相对工业发展滞后，地区电力电量不能自平衡，运行主要靠主网调节和平衡。该项目可以有效解决某县电力供应紧张的状况，满足用电需求，预计本项目光伏电量可全额消纳。

光照资源：该地区太阳能资源良好，年均辐射总量为 4 793～5 867MJ/m^2。本项目选用该地区气象站作为代表气象站，距离项目所在地较近，具有良好的代表性。经过分析可知项目场址处工程年平均辐射量为 5 007MJ/m^2，年平均日照时数为 2 323.5h，根据相关的评判标准该区域属Ⅲ类资源区，具有良好的开发价值，适宜建设大型并网光伏电站。

转换效率：光伏电站转换效率与光伏方阵效率、直流输电效率、交流并网效率及功率衰减有关。结合已有项目经验，本项目初步设计光伏方阵效率为82％～89.9％，直流输电效率为93.2％～96％，交流并网效率为93.7％～94.6％，组件衰减后多年平均效率为88.7％。

3. 政策条件分析

政策条件指标分析包括补贴政策、税收优惠及上网电价。

补贴政策：项目所在地区没有额外的装机补贴和上网补贴。

税收优惠：项目在增值税方面可享受即征即退50％的政策，在运营期营业所得税可享受“三免三减半”政策。

上网电价：由于近几年该省新能源发电项目的快速增长，而全省的用电量增速放缓，考虑到未来发展的不确定性，该项目电价有可能会实行竞价上网。

4. 社会环境分析

社会环境指标分析包括人员工资和维护费用。

人员工资：当地建设人员工资水平低于全国平均水平，人员年平均工资约为4.5 。

维护费用：结合现行国家、地方有关政策规定，按照可研阶段工作深度要求，采用2016年价格水平，维护材料价格依据当地造价信息提供的价格，材料费定额10元/kW，维修费率为投资总额的0.2％。

（二）决策指标隶属度的确定

根据构建的选址决策指标和评价等级理论，采用表格调查法，邀请20位来自光伏企业的高级开发工程师、光伏领跑企业工程师、大学里研究光伏电站项目选址的教授和从事光伏电站选址研究的管理者、设计、施工、监理及运维等负责人对该项目选址决策指标进行打分，具体评价结果如表4—2所示。

表4—2　　项目决策指标专家评价

指标层决策指标	优	良	中	差	劣
可开发规模	9	7	4	0	0
送出条件	6	7	5	2	0

续表

指标层决策指标	优	良	中	差	劣
土地性质	4	7	6	3	0
其他条件	4	5	8	3	0
电力消纳	5	5	7	3	0
光照资源	12	5	3	0	0
转换效率	9	6	4	1	0
补贴政策	5	7	6	2	0
税收优惠	4	5	7	4	0
上网电价	7	6	5	2	0
人员工资	7	6	7	0	0
维护费用	8	6	3	3	0

根据上述专家评价表，就能得到项目决策指标隶属度向量矩阵如下：

$$R_{12\times 5}=\begin{bmatrix} 0.45 & 0.35 & 0.2 & 0 & 0 \\ 0.3 & 0.35 & 0.25 & 0.1 & 0 \\ 0.2 & 0.35 & 0.3 & 0.15 & 0 \\ 0.2 & 0.25 & 0.4 & 0.15 & 0 \\ 0.25 & 0.25 & 0.35 & 0.15 & 0 \\ 0.6 & 0.25 & 0.15 & 0 & 0 \\ 0.45 & 0.3 & 0.2 & 0.05 & 0 \\ 0.25 & 0.35 & 0.3 & 0.1 & 0 \\ 0.2 & 0.25 & 0.35 & 0.2 & 0 \\ 0.35 & 0.3 & 0.25 & 0.1 & 0 \\ 0.35 & 0.3 & 0.35 & 0 & 0 \\ 0.4 & 0.3 & 0.15 & 0.15 & 0 \end{bmatrix}$$

（三）模糊综合评价决策

1. 准则层模糊综合评价结果

建设条件指标评价：

$$S_1=W_1\cdot R_1=[0.8167,0.0767,0.0267,0.0800]\times\begin{bmatrix}0.45&0.35&0.2&0&0\\0.3&0.35&0.25&0.1&0\\0.2&0.35&0.3&0.15&0\\0.2&0.25&0.4&0.15&0\end{bmatrix}$$

$$=[0.4118,0.3420,0.2225,0.0237,0.0000]$$

根据上述求得的模糊隶属度，假设给评语集分别赋予90～100，80～90，70～80，60～70，0～60值，取区间范围中值得到$V=[95,85,75,65,30]$，通过计算求出评价分值。

$$F_1=0.4118\times95+0.3420\times85+0.2225\times75+0.0237\times65+0.0000\times30=86.4200$$

上网电量指标评价：

$$S_2=W_2\cdot R_2=[0.3077,0.3077,0.3846]\times\begin{bmatrix}0.25&0.25&0.35&0.15&0\\0.6&0.25&0.15&0&0\\0.45&0.3&0.2&0.05&0\end{bmatrix}$$

$$=[0.4346,0.2692,0.2308,0.0654,0.0000]$$

同理可得：$F_2=85.7308$

政策条件指标评价：

$$S_3=W_3\cdot R_3=[0.3803,0.1033,0.5164]\times\begin{bmatrix}0.25&0.35&0.3&0.1&0\\0.2&0.25&0.35&0.2&0\\0.35&0.3&0.25&0.1&0\end{bmatrix}$$

$$=[0.2965,0.3138,0.2793,0.1103,0.0000]$$

同理可得：$F_3=82.9648$

社会环境指标评价：

$$S_4=W_4\cdot R_4=[0.3172,0.6828]\times\begin{pmatrix}0.35&0.3&0.35&0&0\\0.4&0.3&0.15&0.15&0\end{pmatrix}$$

$=[0.3841, 0.3000, 0.2134, 0.1024, 0.0000]$

同理可得：$F_4=84.6586$

2. 目标层模糊综合评价结果

$$S_0=W_0\cdot R_0=[0.2856, 0.3572, 0.2934, 0.0638]\times\begin{bmatrix}0.4118 & 0.3420 & 0.2225 & 0.0237 & 0.0000\\0.4346 & 0.2692 & 0.2308 & 0.0654 & 0.0000\\0.2965 & 0.3138 & 0.2793 & 0.1103 & 0.0000\\0.3841 & 0.3000 & 0.2134 & 0.1024 & 0.0000\end{bmatrix}$$

$=[0.3844, 0.3051, 0.2415, 0.0690, 0.000]$

将模糊隶属度向量转换成分值，可得：$F_0=85.0478$。

通过模糊评价决策模型分析，得到该项目决策评分为 85.047 8，根据评语等级可以判断该项目决策结果为"良"。本电站建成后预计年均发电量为 5 542.7×10^4kW·h，与相同发电量的火电相比，相当于每年可节约标煤 18 340t，减少 SO_2 排放量 1 667t，CO_2 约 55 400t，NO_X 约 833.8t，碳粉尘约 15 000t，具有较好的环保效益。由此可见，某 50MWp 项目场址决策整体条件和周围环境良好，且在温室气体减排及高原生态环境保护上可起到显著作用。因此，适宜进行光伏电站建设。

第二节　区域综合能源系统优化调度模型①

综合能源系统可同时为用户提供冷能、热能及电能等多种形式的能量，具有优越的能源梯级利用性、污染气体排放少的环保性等特点而得到广泛的关注。综合能源系统的运行策略决定了系统的经济和环保性，"以热定电"的运行策略优先满足热负荷需求，不足的电力由大网补充，富余电力也可直接上网，适用于联网运行；"以电定热"运行策略优先满足电负荷需求，不足的热能由辅助

① 周任军，康信文，李绍金等．冷热电联供系统能量流函数及运行策略[J]．电力自动化设备，2014，34(1)：1－5.

锅炉提供,该策略更适用于孤岛运行。

一、综合能源系统及其能量流

综合能源系统由燃气轮机、辅助锅炉、余热锅炉、风电机组和吸收式制冷机等构成,系统能量流如图 4－2 所示。图中,F_{fuel}(m^3)、f_{pgu}(m^3)、f_b(m^3)分别为系统内天然气消耗总量、燃气轮机及辅助锅炉天然气消耗量。为了准确反映系统能量流的特性,以能量流函数来刻画冷、热、电等各能量的平衡。

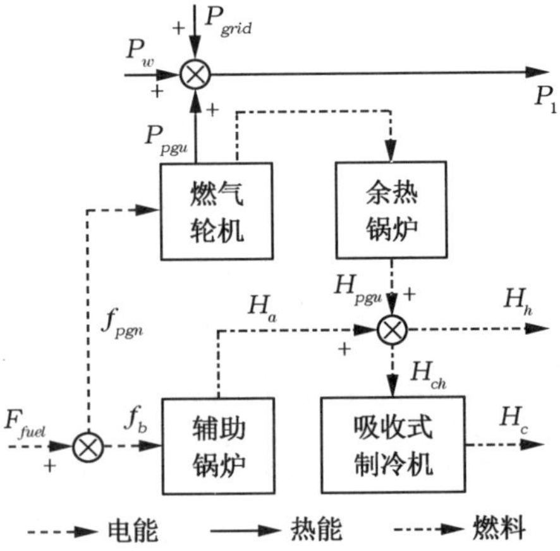

图 4－2　综合能源系统能量流

燃气轮机以天然气为驱动能源;余热锅炉热出力为 H_{pgu}(kW);风电机组发电功率为 P_w(kW),供给系统的电功率为 $P_{w.c}$(kW);辅助锅炉为系统提供 H_a(kW)的热功率补充;吸收式制冷机以系统热能 H_{ch}(kW)为驱动功率,为用户提供 H_c(kW)的制冷功率。燃气轮机、风电机组和城市电网协调满足电负荷 P_1(kW)的需求。

燃气轮机能同时提供热电出力,机组存在热电出力可行域,如图 4－3 所示。燃气轮机热电出力可行域可用如下线性不等式描述:

$$x_m H_{pgu} + y_m P_{pgu} \geqslant z_m \quad m=1,2,\cdots,N_{lin} \tag{4-32}$$

其中,N_{lin} 为燃气轮机热电出力可行域边界线性约束的数量,x_m、y_m、z_m

为机组相应线性约束参数。燃气轮机可行域的函数表述形式为 $P_{pgu}(H_{pgu})$ 和 $H_{pgu}(P_{pgu})$，不同的运行策略，函数对应不同的自变量。

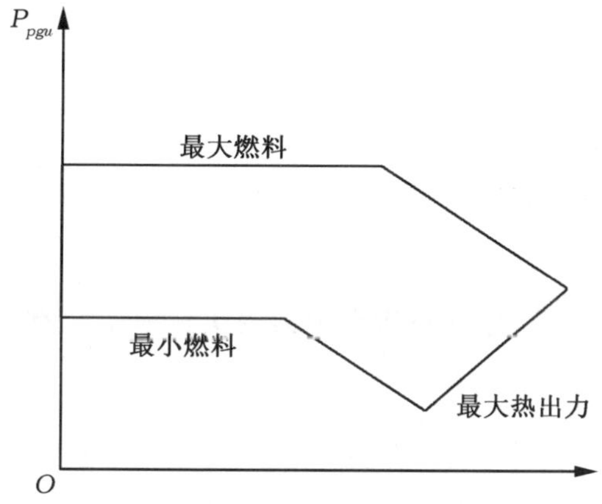

图 4—3　燃气轮机热电出力可行域

二、“以热定电”运行策略及其经济环保调度优化模型

（一）“以热定电”运行策略的能量流函数

“以热定电”运行策略是指系统各供热机组协调调度优先满足热负荷能量流的平衡，因为燃气轮机热、电出力必须运行在其可行域内，为了实现电功率的实时平衡，因此存在系统与大电网电功率实时交互的情况。当电负荷与系统各发电机组电功率出力之和的差大于 0 时，电功率由城市电网流入系统；小于 0 则相反。该策略包括以下两种运行情况：

(1)当热负荷与吸收式制冷机功率之和小于余热锅炉最大出力（$H_h+H_{ch}<H_{pgu}^{\max}$）时，系统热能由余热锅炉提供，辅助锅炉停运，此时 $H_{pgu}=H_h+H_{ch}$。

各机组电出力存在如下情形：

若 $P_1<P_{pgu}^{\max}(H_h+H_{ch})$，燃气轮机电出力为 P_1，风电全部上网，风电供给系统的电功率为 $P_{w.c}=0$；

若 $P_{pgu}^{\max}(H_h+H_{ch})\leqslant P_1<P_{pgu}^{\max}(H_h+H_{ch})+P_w$，燃气轮机电出力为 $P_{pgu}^{\max}(H_h+H_{ch})$，风电供给联供系统的电功率为 $P_{w.c}=P_1-P_{pgu}^{\max}(H_h+H_{ch})$；

若 $P_1 \geqslant P_{pgu}^{\max}(H_h+H_{ch})+P_w$，燃气轮机电出力为 $P_{pgu}^{\max}(H_h+H_{ch})$，风电供给联供系统的电功率为 $P_{w.c}=P_w$，电负荷不足由电网补充 $P_{grid}=P_1-[P_{pgu}^{\max}(H_h+H_{ch})+P_w]$。

(2)当热负荷与吸收式制冷机功率之和大于或等于余热锅炉最大出力时，燃气轮机以最大热出力 $H_{pgu}^{\max}$ 运行，热负荷不足由辅助锅炉提供补充，本书假设辅助锅炉能够满足最大热负荷需求，此时 $H_a=H_h+H_{ch}-H_{pgu}^{\max}$。

各机组电出力存在如下情形：

若 $P_1<P_{pgu}^{\max}(H_{pgu}^{\max})$，燃气轮机电出力为 P_1，风电全部上网，风电供给系统的电功率为 $P_{w.c}=0$；

若 $P_{pgu}^{\max}(H_{pgu}^{\max}) \leqslant P_1<P_{pgu}^{\max}(H_{pgu}^{\max})+P_w$，燃气轮机电出力为 $P_{pgu}^{\max}(H_{pgu}^{\max})$，风电供给联供系统的电功率为 $P_{w.c}=P_1-P_{pgu}^{\max}(H_{pgu}^{\max})$；

若 $P_1 \geqslant P_{pgu}^{\max}(H_{pgu}^{\max})+P_w$，燃气轮机电出力为 $P_{pgu}^{\max}(H_{pgu}^{\max})$，电负荷不足由电网补充 $P_{grid}=P_1-[P_{pgu}^{\max}(H_{pgu}^{\max})+P_w]$，风电供给系统的电功率为 $P_{w.c}=P_w$。

(二)"以热定电"运行策略的经济环保调度优化模型

1. 经济环保目标函数

目标函数由燃料成本 $F_{Fuel.C}$、购电成本 $F_{G.C}$ 和环境成本 $F_{E.C}$ 三部分组成：

$$F=\min(F_{Fuel.C}+F_{G.C}+F_{E.C}) \tag{4—33}$$

(1)燃料成本：$F_{Fuel.C}=\sum_{t=1}^{T}[C_{pgu.F}(P_{pgu.i.t},H_{pgu.i.t})+C_{a.F}(H_{a.j.t})]$

其中，$C_{pgu.F}(P_{pgu.i.t},H_{pgu.i.t})$ 为 N_{gpu} 台燃气轮机热、电功率分别为 $H_{pgu.i.t}$、$P_{pgu.i.t}$ 时的燃料成本总和；$C_{a.F}(H_{a.j.t})$ 为 N_a 台辅助锅炉热功率为 $H_{a.j.t}(j=1,2,\cdots,N_a)$ 时的燃料总成本；T 为调度周期内调度时段总数。

(2)购电成本：$F_{G.C}=\sum_{t=1}^{T}[c_{sell.t}\min(P_{grid.t}\Delta t,0)+c_{buy.t}\max(P_{grid.t}\Delta t,0)]$

综合能源系统为满足电负荷需求可能向城市电网购电，系统电力富余时会向电网卖电。

其中，$c_{sell.t}$、$c_{buy.t}$ 为 t 时刻卖电和购电单价；Δt 为最小调度周期时长；$F_{G.C}$

为正值时表示系统向电网购电，为负值时表示系统向电网馈电。

(3)环境成本：$F_{E.C}=c_c\sum_{t=1}^{T}\{\mu_e\max[(\sum_{i=1}^{N_{pgu}}P_{pgu.i.t}+\sum_{k=1}^{N_w}P_{w.k.t}-P_{l.t})\Delta t,0]$

$$+\mu_f[(\sum_{i=1}^{N_{pgu}}(P_{pgu.i.t}+H_{pgu.i.t})+\sum_{j=1}^{N_a}H_{a.j.t}]\Delta t\}$$

环境成本主要考虑了系统污染气体排放需缴纳的惩罚费用而带来的成本。其中，μ_e、μ_f 为天然气燃烧和电能生产过程中的污染气体排放系数，c_c 为污染气体惩罚系数，N_w 为风电机组台数。

2. 约束条件

(1)等式约束。模型等式约束包括各机组在“以热定电”运行策略下的热电能量流函数式和功率平衡约束：

$$P_{l.t}=\sum_{i=1}^{N_{pgu}}P_{pug.i.t}+\sum_{k=1}^{N_w}P_{w.k.t}+P_{grid.t} \tag{4-34}$$

$$H_{h.t}+H_{ch.t}=\sum_{i=1}^{N_{pgu}}H_{pug.i.t}+\sum_{j=1}^{N_a}H_{a.j.t} \tag{4-35}$$

式(4－34)为电功率平衡，式(4－35)为热功率平衡。系统内的热、电、冷能损耗暂不考虑。

(2)不等式约束。不等式约束包括辅助锅炉出力约束和在“以热定电”运行策略下燃气轮机热、电出力约束：

$$H_{a.j}^{\min}\leqslant H_{a.j.t}\leqslant H_{a.j}^{\max} \tag{4-36}$$

$$H_{pgu.i}^{\min}\leqslant H_{pgu.i.t}\leqslant H_{pgu.i}^{\max} \tag{4-37}$$

$$P_{pgu.i}^{\min}(H_{pgu.i.t})\leqslant P_{pgu.i.t}\leqslant P_{pgu.i}^{\max}(H_{pgu.i.t}) \tag{4-38}$$

三、“以电定热”运行策略及其经济环保调度优化模型

(一)“以电定热”运行策略的能量流函数

“以电定热”运行策略是指燃气轮机、风电机组、城市电网协调调度优先满足电功率的实时平衡，然而燃气轮机固有的热、电出力可行域约束可能致使系统存在热能流出力大于负荷热能流的情况。本书暂不考虑蓄热装置，假设过剩

热能直接排入大气，且燃气锅炉能保证系统的最大热能流需求。该策略包括以下三种运行情况：

(1)当电力负荷小于燃气轮机最大电出力，即 $P_1 \leqslant P_{pgu}^{\max}$ 时，由燃气轮机出力 P_1 满足电力负荷需求，风电供给系统的功率为 $P_{w.c}=0$。

各机组热出力存在如下情形：

若 $H_h+H_{ch}<H_{pgu}^{\max}(P_1)$，燃气轮机满足热负荷 $H_{pgu}=H_h+H_{ch}$；

若 $H_{pgu}^{\max}(P_1) \leqslant H_h+H_{ch}$，燃气轮机提供 $H_{pgu}^{\max}(P_1)$ 的热功率，辅助锅炉提供热补充 $H_a=H_h+H_{ch}-H_{pgu}^{\max}(P_{pgu})$。

(2)电力负荷大于等于燃气轮机最大电出力，且小于风电出力和燃气轮机最大电出力之和即 $H_{pgu}^{\max} \leqslant P_1<H_{pgu}^{\max}+P_w$ 时，燃气轮机以最大电功率 $H_{pgu}^{\max}$ 出力运行，风电供给系统的电功率为 $P_{w.c}=P_1-P_{pgu}^{\max}$。

各机组热出力存在如下情形：

若 $H_h+H_{ch}<H_{pgu}^{\max}(P_{pgu}^{\max})$，燃气轮机满足热负荷 $H_{pgu}=H_h+H_{ch}$；

若 $H_{pgu}^{\max}(P_{pgu}^{\max}) \leqslant H_h+H_{ch}$，燃气轮机热出力为 $H_{pgu}^{\max}(P_{pgu}^{\max})$，辅助锅炉提供热补充 $H_a=H_h+H_{ch}-H_{pgu}^{\max}(P_{pgu}^{\max})$。

(3)电负荷大于等于风电出力与燃气轮机最大出力之和 $P_1 \geqslant P_{pgu}^{\max}+P_w$ 时，燃气轮机以最大电功率 $P_{pgu}^{\max}$ 出力运行，风电机组出力全部供给系统即 $P_{w.c}=P_w$。电负荷缺额由电网补充且有 $P_{grid}=P_1-(P_{pgu}^{\max}+P_w)$。

各机组热出力存在如下情形：

若 $H_h+H_{ch}<H_{pgu}^{\max}(P_{pgu}^{\max})$，燃气轮机满足热负荷 $H_{pgu}=H_h+H_{ch}$；

若 $H_{pgu}^{\max}(P_{pgu}^{\max}) \leqslant H_h+H_{ch}$，燃气轮机热出力为 $H_{pgu}^{\max}(P_{pgu}^{\max})$，热不足由辅助锅炉提供热补充 $H_a=H_h+H_{ch}-H_{pgu}^{\max}(P_{pgu}^{\max})$。

(二)“以电定热”运行策略的经济环保调度优化模型

1. 经济环保目标函数

目标函数由燃料成本 $F_{Fuel.C}$、购电成本 $F_{G.C}$ 和环境成本 $F_{E.C}$ 三部分组成：

$$F=\min(F_{Fuel.C}+F_{G.C}+F_{E.C}) \tag{4-39}$$

(1)燃料成本：$F_{Fuel.C}=\sum_{t=1}^{T}[C_{pgu.F}(P_{pgu.i.t},H_{pgu.i.t})+C_{a.F}(H_{a.j.t})]$

其中，$C_{pgu.F}(P_{pgu.i.t},H_{pgu.i.t})$为 N_{gpu} 台燃气轮机热、电功率分别为 $H_{pgu.i.t}$、$P_{pgu.i.t}$ 时的燃料成本总和；$C_{a.F}(H_{a.j.t})$为 N_a 台辅助锅炉热功率为 $H_{a.j.t}(j=1,2,\cdots,N_a)$时的燃料总成本；$T$ 为调度周期内调度时段总数。

(2)购电成本：$F_{G.C}=\sum_{t=1}^{T}[c_{sell.t}\min(P_{grid.t}\Delta t,0)+c_{buy.t}\max(P_{grid.t}\Delta t,0)]$

综合能源系统为满足电负荷需求可能向城市电网购电，系统电力富余时会向电网卖电。

其中，$c_{sell.t}$、$c_{buy.t}$ 为 t 时刻卖电和购电单价；Δt 为最小调度周期时长；$F_{G.C}$ 为正值时表示系统向电网购电，为负值时表示系统向电网馈电。

(3)环境成本：
$$F_{E.C}=c_c\sum_{t=1}^{T}\left\{\mu_e\max\left[\left(\sum_{i=1}^{N_{pgu}}P_{pgu.i.t}+\sum_{k=1}^{N_w}P_{w.k.t}-P_{l.t}\right)\Delta t,0\right]+\mu_f\left[\left(\sum_{i=1}^{N_{pgu}}(P_{pgu.i.t}+H_{pgu.i.t})+\sum_{j=1}^{N_a}H_{a.j.t}\right]\Delta t\right\}$$

其中，μ_e、μ_f 为天然气燃烧和电能生产过程中的污染气体排放系数，c_c 为污染气体惩罚系数，N_w 为风电机组台数。

2. 约束条件

(1)等式约束。模型等式约束包括各机组在“以电定热”运行策略下的热电能量流函数式和功率平衡约束：

$$P_{l.t}=\sum_{i=1}^{N_{pgu}}P_{pug.i.t}+\sum_{k=1}^{N_w}P_{w.k.t}+P_{grid.t} \tag{4-40}$$

$$H_{h.t}+H_{ch.t}=\sum_{i=1}^{N_{pgu}}H_{pug.i.t}+\sum_{j=1}^{N_a}H_{a.j.t} \tag{4-41}$$

式(4—40)为电功率平衡，式(4—41)为热功率平衡。系统内的热、电、冷能损耗暂不考虑。

(2)不等式约束。不等式约束包括辅助锅炉出力约束和在“以热定电”运行策略下燃气轮机热、电出力约束：

$$H_{a.j}^{\min}\leqslant H_{a.j.t}\leqslant H_{a.j}^{\max} \tag{4-42}$$

$$H_{pgu.i}^{\min}(P_{pgu.i.t})\leqslant H_{pgu.i.t}\leqslant H_{pgu.i}^{\max}(P_{pgu.i.t}) \tag{4-43}$$

$$P_{pgu.i}^{\min}\leqslant P_{pgu.i.t}\leqslant P_{pgu.i}^{\max} \tag{4-44}$$

四、某小区典型日实例仿真分析

以某小区典型日进行实例仿真分析，其冷、热、电典型日负荷曲线如图 4—4 所示。

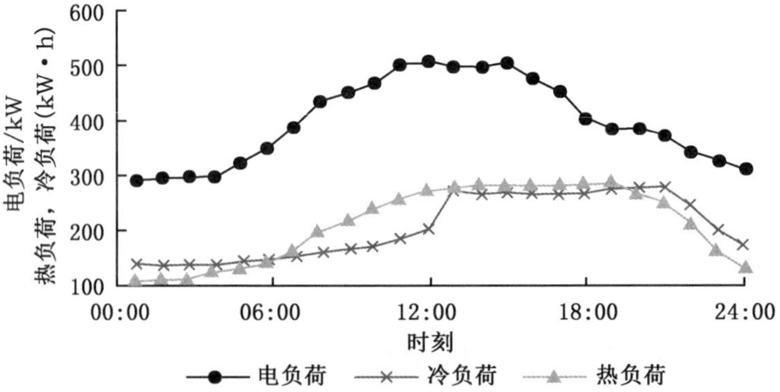

图 4—4 冷、热、电典型日负荷曲线

分时电价为：06:00 至 21:00 买电、卖电价格分别为 0.13、0.10 \$/(kW·h)，21:00 至次日 06:00 买电、卖电价格分别为 0.09、0.05 \$/(kW·h)。天然气燃烧和电能生产过程中污染排放系数及相应的惩罚系数 μ_f=220g/(kW·h)，μ_e=960g/(kW·h)，c_c=0.000 003 \$/g。

调度周期内各成本如表 4—3 所示。

表 4—3 不同运行策略下调度周期成本 单位：\$

运行策略	总成本	购电成本	环境成本	燃料成本
以热定电	365 941.12	480.16	15.05	365 445.91
以电定热	373 132.76	253.78	13.09	372 865.89

仿真结果表明，“以热定电”运行策略系统的经济效益突出，但购电成本更高，对电网的依赖程度更大、影响更严重。“以电定热”运行策略系统环境效益

更显著。联供系统可根据所需运行策略选择相应的优化调度方案。

第三节　综合能源服务能效评估模型

筛选投入产出指标要素是构建企业能源效率评估指标体系的基础，指标要素涉及的内容是基于能源效率评估所期望实现的目标而确定的，指标体系的完善与否决定了企业能源效率评估的合理性和准确性，影响着后续的能源效率影响因素的分析结果。由于DEA方法在进行效率问题计算时不需要考虑指标权重，因此本节能效评估指标体系需要研究的是如何选取和量化能源效率评估指标。

一、指标体系建立的基本思想和原则

（一）基本思想

建立企业能源效率评估指标体系不是简单地将各种投入产出指标罗列起来，而是需要科学地根据指标体系建立的基本思想对指标进行筛选，并且通过指标之间的联系反映能源效率的内涵。本书企业能效评估指标体系的建立主要基于以下三个基本思想：

（1）以企业为研究对象，分析企业的能源利用状况，通过实地调研和企业年度统计报告所示数据对企业整体的能源消耗状况进行客观、合理、有效的评估，充分挖掘数据的潜在价值。

（2）能源消耗量不仅需要考虑生产上的能源资源使用量，也包括企业在进行生产活动中的其他资源消耗，例如能源管理、设备管理、人力资源配置等方面的资源消耗也是企业能源效率综合评估的重要内容。

（3）所有的能源效率评估指标都需要具备可获得性、可量化性，同时指标数据的有效性、准确性也是十分重要的，只有指标能够通过准确的数据表达出来，才能得到准确的能源效率评估结果，为管理者的决策方案提供理论支撑。

（二）原则

能效评估指标体系是系统、全面分析企业能源效率的基础，构建企业能源效率评估指标体系需要基于以下几项原则：

（1）系统性原则。评估指标体系需要从不同的侧面反映出企业能源效率水平与投入要素和产出要素之间的关系。由于评估指标体系中的底层是由具体可量化的指标要素组成，虽然各指标在量纲和数值上有区别，但是基于一个统一的生产系统，指标之间实质上是彼此相互联系的，因此，指标体系是一个统一的、有机的整体，需要通过整体的投入产出配置情况分析企业能源效率水平。

（2）典型性原则。评估指标需要进行归纳整理，避免出现指标信息重复并尽可能准确反映出上层指标的全部信息。例如，对于火电企业而言，生产能源投入需要考虑水资源消耗量和煤炭的消耗量。评估指标体系也应尽可能简化，具有典型代表性的同时又方便处理数据计算问题，提高评估计算处理速度又不影响评估结果。

（3）动态性原则。由于时间的变化会影响一些能源效率评估指标的核算，给评估结果带来不确定性。因此，评估指标要素的选择需要充分考虑指标随时间推移而产生的多种变化，即需要动态地对相关指标的特点进行研究。

（4）简明科学性原则。企业能源效率评估指标体系的设计及评估指标的选择必须以科学性为原则，能客观真实地反映出全要素能源效率的内涵，并且避免指标含义的重复性。在保证评估指标体系完整性的基础上应该尽量简化企业能源效率评估指标体系，使能源效率评估操作者既容易理解又能简化计算过程。

（5）可比、可操作、可量化原则。指标选择上，特别注意在总体范围内的一致性。企业能源效率评估指标体系的构建是企业科学评估和管理能源使用状况的前提，评估计算方法的选取应该与指标体系保持一致。各指标的简洁、代表性有利于数据的收集，而评估方法的简练保证了评估过程的可操作性。

二、基于 AHP 的超效率 DEA 模型

（一）CCR 模型

数据包络分析法（简称 DEA）是由查恩斯等人于 1978 年提出的。DEA 具

有能够同时有效地处理包含多个投入和产出变量、不涉及权重计算、不受量纲影响等诸多优势，使得该方法在效率分析问题上具有广泛的应用前景。DEA的第一个模型——CCR模型，是最基本和应用最广泛的DEA模型之一，其基本原理如式(4－45)所示。

$$\min\theta$$

$$\text{s.t.}\begin{cases}\sum_{j=1}^{n}\lambda_j x_{ij}\leqslant\theta x_{io}\\ \sum_{j=1}^{n}\lambda_j y_{ij}\geqslant y_{to}\\ \lambda_j\geqslant 0\end{cases}\tag{4－45}$$

其中，$i=1,2,\cdots,m$，m为输入变量的数量；$r=1,2,\cdots,s$，s为输出变量的数量；$j=1,2,\cdots,n$，n为决策单元的数量。

(二)BCC模型

CCR模型求的效率值为综合效率，为了将综合效率进一步分解为纯技术效率和规模效率，Banker等改变CCR模型中的固定规模报酬假设，建立了可变规模报酬的BCC模型。BCC模型在CCR模型的基础上增加权重约束为等于1的条件，具体形式如式(4－46)所示。

$$\min\theta$$

$$\text{s.t.}\begin{cases}\sum_{j=1}^{n}\lambda_j x_{ij}\leqslant\theta x_{io}\\ \sum_{j=1}^{n}\lambda_j y_{ij}\geqslant y_{ro}\\ \sum_{j=1}^{n}\lambda_j=1\\ \lambda_j\geqslant 0\end{cases}\tag{4－46}$$

(三)超效率DEA模型

采用CCR模型和BCC模型计算效率时，往往会存在多个决策单元的效率值为1的情况，为了进一步对有效决策单元之间的效率进行比较，Andersen和

Petersen 提出超效率 DEA 模型（SE—DEA）。超效率 DEA 模型的基本思路是：在求取决策单元 DMU_j 的效率值时，将其排除在决策单元集合之外，具体模型如式（4—47）所示。

$$\min\theta-\varepsilon(\hat{e}^{\mathrm{T}}s^{-}+e^{\mathrm{T}}s^{+})$$

$$\text{s. t.}\begin{cases}\sum\limits_{\substack{j=1\\ j\neq jo}}^{n}\lambda_j x_j+s^{-}=\theta x_o\\ \sum\limits_{\substack{j=1\\ j\neq jo}}^{n}\lambda_j y_j-s^{+}=y_o\\ \lambda_j\geqslant 0,s^{-},s^{+}\geqslant 0,j=1,2,\cdots,n\end{cases}\tag{4—47}$$

式中，$\hat{e}^{\mathrm{T}}=(1,1,\cdots,1)\in E_m$；$e^{\mathrm{T}}=(1,1,\cdots,1)\in E_s$；$\theta$ 为决策单元超效率值，当 $\theta\leqslant 1$ 且 $s^{-}\cdot s^{+}\neq 0$ 时，表示决策单元为 DEA 无效；当 $\theta\geqslant 1$ 且 $s^{-}=s^{+}=0$ 时，表示决策单元为 DEA 有效，即投入产出组合达到最佳配置状态。

由于 DEA 模型在评价时不受主观性约束，只受输入和输出指标的数据影响，因此，在具体评价时权重的分配方面缺乏合理性，为了解决权重分配的不合理性，将 AHP 这种主观评价方法引入进来，与客观分析法灰色关联法相结合。带有灰色关联的评价方法可以通过计算分析所有被评价方案与最优方案之间的关联度来判断评价方案的好差，这样可以对评价方案的优劣有更好的区分度。改进后的方法步骤具体如下：

利用 AHP 求出最底层指标相对于总评价目标的权重，表示为：

$$w=(w_1,w_2,\cdots,w_n)\tag{4—48}$$

把底层指标分为输入指标和输出指标两大类，计算出不同评价对象的剩余变量 s^{-} 和松弛变量 s^{+}，则第 i 个评价对象的剩余变量 s^{-} 和松弛变量 s^{+} 可以用向量表示为：

$$S_i=(s_1^{-},s_2^{-},\cdots,s_n^{-},s_1^{+},s_2^{+},\cdots,s_m^{+})\tag{4—49}$$

将 S_i 归一化有：

$$S^{*}=(s_1^{*},s_2^{*},\cdots,s_{m+n}^{*})\tag{4—50}$$

根据层次分析法计算出的权重来求解综合权重 α，此处需要引入偏好系数

β，该变量可以用来调节各评价模型权重的比例，为：

$$\alpha=\beta w+(1-\beta)S_i^* \tag{4-51}$$

确定最优评价对象指标集 $Q_0=(q_{01},q_{02},\cdots,q_{0j})$，其中 q_{0j} 表示第 j 个评价指标的最优值，假设第 i 个评价对象的指标集 $Q_i=(q_{i1},q_{i2},\cdots,q_{in})$，则评价对象集矩阵 G 为：

$$G=\begin{bmatrix} Q_0 \\ Q_1 \\ \vdots \\ Q_n \end{bmatrix}=\begin{bmatrix} q_{01} & q_{02} & \cdots & q_{0j} \\ q_{11} & q_{12} & \cdots & q_{1j} \\ \vdots & \vdots & \ddots & \vdots \\ q_{n1} & q_{n2} & \cdots & q_{nj} \end{bmatrix} \tag{4-52}$$

由于各评价指标间的量纲不同，不能直接对比，根据数据单位的特点，当数据的数量级相差比较大时，可以选取 Z-score 法来对数据进行归一化处理，设 μ_i、σ_i 分别表示最优评价对象集 G 中的第 i 列元素的平均值和标准差，这样最优评价对象集 G 中任一元素 q_{ji} 以及 G 归一化后的表达式分别可以用式(4—53)和式(4—54)表示为：

$$q_{ji}^*=\frac{q_{ji}-\mu_i}{\sigma_i} \tag{4-53}$$

$$G^*=\begin{bmatrix} q_{01}^* & q_{02}^* & \cdots & q_{0j}^* \\ q_{11}^* & q_{12}^* & \cdots & q_{1j}^* \\ \vdots & \vdots & \ddots & \vdots \\ q_{n1}^* & q_{n2}^* & \cdots & q_{nj}^* \end{bmatrix} \tag{4-54}$$

基于以上基础，计算关联度：

据式(4—55)可求出第 a 个评价对象中第 b 个评价指标与其对应的最优评价指标的关联系数 ε_{ab}。

$$\varepsilon_{ab}=\frac{\min\limits_i \min\limits_j |q_{ij}^*-q_{0j}^*|+\rho\max\limits_i \max\limits_j |q_{ij}^*-q_{0j}^*|}{|q_{ab}^*-q_{0b}^*|+\rho\max\limits_i \max\limits_j |q_{ij}^*-q_{0j}^*|} \tag{4-55}$$

式中，ρ 为分辨系数，一般取 $\rho=0.5$，这样就可以求解出由关联系数 ε_{ab} 构成的关联系数矩阵 E。

根据求解的关联系数矩阵 E 中的行向量 E_i 与综合权重 α_i^*，求第 i 个评价对象的关联度 ξ_i 为：

$$\xi_i = E_i \times \sigma_j^* = [\varepsilon_{i1}, \varepsilon_{i2}, \cdots, \varepsilon_{ij}] \times \begin{bmatrix} \alpha_1^* \\ \alpha_2^* \\ \vdots \\ \alpha_j^* \end{bmatrix} \tag{4-56}$$

计算得出的关联度 ξ_i 数值越大，说明该评价对象与最优目标越接近，这样就可以根据关联度值的大小对各被评价对象进行优劣排序。

三、火力发电厂节能减排评价应用分析①

(一)发电厂原始数据

由于超临界和亚临界机组是目前我国需要进行节能减排改造的主力，因此，本书选取超临界机组作为评价对象。原始数据源于中国电力联合会 2012 年度 600MW 级机组的能效对标竞赛(见表 4—4)。

表 4—4　　发电机组原始数据

指　标	机　组				
	A	B	C	D	E
供电煤耗/(gec・kW^{-1}・h^{-1})	311.67	320.86	309.38	299.96	325.81
厂用电率/%	4.54	5.34	3.71	3.78	5.16
助燃用油/t	20	67.33	45.9	10.18	28.23
电补给水率/%	0.69	1.39	0.69	0.73	0.85
综合耗水率/%	0.24	0.31	0.36	0.43	0.55
等效强迫停运率/%	0.06	0.38	0	0.06	0.27
SO_2 排放质量浓度/(mg・m^{-3})	29.79	134.48	66.07	71.8	49.32
NO_X 排放质量浓度/(mg・m^{-3})	60.63	225.03	559.3	323.54	82.64

① 孙建梅，邢柳．基于 SE—DEA 的火力发电厂节能减排评价研究[J]．工业安全与环保，2018，44(11)：96—100.

续表

指　标	机　组				
	A	B	C	D	E
烟尘排放质量浓度/(mg·m^{-3})	20.69	23.31	17.01	22.91	21.3
除尘效率/%	99.5	99.9	99	99.7	99.6
脱硫效率/%	97.31	93.12	96.02	93.6	95.52
脱硝效率/%	80.66	26.55	83.26	50	76.59
等效可用系数/%	94.66	93.92	83.61	77.49	96.76
运行暴露率/%	95.73	67	99.14	96.58	92.96

（二）基于 AHP 的 SE—DEA 模型的火电厂节能减排评价研究

根据数据包络分析需要输入和输出指标的特性，因此在建立节能减排指标上需要考虑火电机组指标中的输入输出量。对于 DEA 模型中引入非期望产出的问题，目前有两种比较认同的解决方法：一种是将污染物作为投入处理，另一种是将非期望产出进行线性变换。本书将污染物作为投入量进行处理，原因是 Vencheh 等在 DEA 基本理论上论证了非期望产出作为投入与原来的模型具有相同的有效性；国内外很多学者也在对该方法的准确性进行了相关理论研究和论证，得出的结果也比较合理，符合实际情况。

（三）建立评价模型

本书的评价模型增加了除尘效率、脱硫效率、脱硝效率等污染物处理设备的指标和运行暴露率、等效强迫停运率的可靠性指标。污染物处理设备的效率直接关系到污染物的排放浓度，根据处理的效率可以对设备的减排改造潜力有更好的认识。可靠性不仅关系到电网的安全稳定，也是电力生产企业管理和技术水平的体现，发电机组故障启停会消耗大量的煤和燃油，因此增加了运行暴露率和等效强迫停运率这两个指标，从而更好地监控电厂的运行管理状况。通过模型的扩展可以尽可能多地涵盖火电厂节能减排评价指标，使评价体系更加完善，使评价结果更加合理。原始数据源于中国电力联合会 2012 年度 600MW 级机组的能效对标竞赛，基于数据包络分析的特性模型，在原来的模型基础上

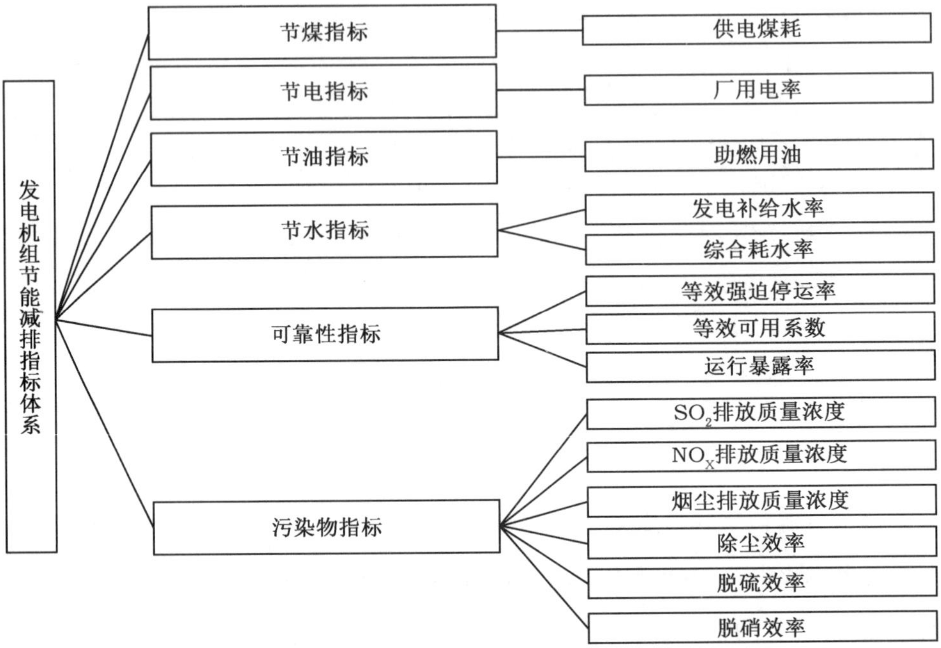

图 4—5　发电机组节能减排指标体系

进行了扩展，本书选取越小越好的指标为输入指标，越大越好的指标为输出指标。输入指标为：供电煤耗 s_1^-，厂用电率 s_2^-，助燃用油 s_3^-，发电补给水率 s_4，综合耗水率 s_5^-，等效强迫停运率 s_6^-，SO_2 排放质量浓度 s_7^-，NO_X 排放质量浓度 s_8^-，烟尘排放质量浓度 s_9^-。输出指标为：除尘效率 s_1^+，脱硫效率 s_2^+，脱硝效率 s_3^+，等效可用系数 s_4^+，暴露率 s_5^+。

（四）求解权重

利用层次分析法求解出底层 14 个指标的权重值为：

$w=[0.241\,3, 0.123\,2, 0.025\,7, 0.024\,8, 0.046\,9, 0.039\,6, 0.099\,5, 0.088\,3, 0.113\,1, 0.048\,7, 0.038\,5, 0.031\,0, 0.039\,6, 0.039\,6]$

利用 DEA-SOLVER 软件中的 SE—SBM 模型求解剩余量 s^- 和松弛量 s^+，结合以上权重得到综合权重，本书选取偏好系数 $\beta=0.5$ 来求解综合权重 α，也就是主客观权重各占一半的比重，尽可能使得权重的计算更符合实际情况。求解得出的 α^{T} 结果如下：

$$\alpha^{T}=\begin{bmatrix} 0.168 & 0.119 & 0.208 & 0.119 & 0.034 \\ 0.064 & 0.061 & 0.092 & 0.076 & 0.122 \\ 0.067 & 0.070 & 0.014 & 0.265 & 0.113 \\ 0.014 & 0.014 & 0.013 & 0.013 & 0.015 \\ 0.025 & 0.023 & 0.023 & 0.023 & 0.015 \\ 0.015 & 0.014 & 0.016 & 0.013 & 0.024 \\ 0.176 & 0.170 & 0.046 & 0.046 & 0.141 \\ 0.197 & 0.249 & 0.055 & 0.055 & 0.185 \\ 0.056 & 0.058 & 0.198 & 0.055 & 0.055 \\ 0.031 & 0.019 & 0.016 & 0.125 & 0.075 \\ 0.043 & 0.025 & 0.016 & 0.016 & 0.048 \\ 0.058 & 0.085 & 0.118 & 0.017 & 0.060 \\ 0.034 & 0.038 & 0.034 & 0.034 & 0.022 \\ 0.053 & 0.057 & 0.152 & 0.143 & 0.072 \end{bmatrix}$$

（五）关联度和结果分析

将综合权重值代入上文中的公式，依次求解最终得到关联度 ξ 为 $\xi=[0.802,0.444,0.803,0.792,0.639]$。

根据结果可以看出，C 机组的节能减排状况最好，由实际数据也可看出 C 机组除了在氮氧化物的排放和助燃用油的表现比较落后，其他指标都非常优秀；虽然 D 机组的氮氧化物和脱硝效率及等效可用系数的可靠性都比较差，但是其他指标非常优秀特别是供电煤耗优势明显，因此 D 机组排在 C 机组之后；A 机组的污染物排放指标都很优秀，但供电煤耗和厂用电率相对较高，因此也排在 C 之后；C、D 和 A 这 3 台机组的差距不大，各有优势，因此关联度分数很接近，其余两台机组与实际情况符合。

第五章。。。。。。。。。

综合能源服务业务体系

党的十九大报告指出，我国经济已由高速增长阶段转向高质量发展阶段。对于能源行业来说，高质量发展意味着能源开发使用更安全、优质、经济、绿色；对于电力客户来说，高质量发展意味着能效更高、能耗更低、效益更优；对于电网企业来说，高质量发展意味着核心竞争力更强、客户满意度更高。当前综合能源服务虽处于起步阶段，但以发展的眼光看，综合能源服务必将成为撬动高质量发展的基点。

一是开展综合能源服务有助于推动能源变革。未来能源转型的根本途径是"再电气化"，从能源消费环节看，再电气化体现为电能对化石能源的深度替代。开展综合能源服务，将服务触角进一步延伸至客户内部，一方面提倡"节约的能源是最清洁的"，有效推动节能减排；另一方面，可以通过在客户侧实施电能替代，优化能源结构，促进能源消费更清洁低碳。

二是开展综合能源服务有助于满足客户核心诉求。不同客户对于能源服务有着不同需求，但最终目的都是节能降耗、提高效益。开展综合能源服务，将以客户需求和实际情况为基础，推动水、电、气、冷、热等多种能源在生产、运输、转化和综合利用等环节相互协调，寻找最优解决方案，以实现提高用能效率、降低能源损耗和减少污染排放的目的。

三是开展综合能源服务有助于提升电网企业竞争力。随着能源变革不断深入，能源市场由单一领域竞争转变为跨种类、跨行业的综合性竞争。传统石化、燃气、光伏等供应商不断布局售电及综合能源服务市场，电网企业传统的服务模式难以适应激烈的市场竞争，开展能源综合服务，将与电网企业传统供售电业务形成互济互补的局面。

以下内容将从不同角度对综合能源服务的业务进行介绍，多维度地了解其业务模式，可以对整个体系的运行有更深入的把握。

第一节　综合能源服务业务模式

一、运营阶段的综合能源服务业务

近年来，随着客户侧能源技术变革和信息通信技术的快速发展和推广应用，使终端客户能够通过优化能源供应结构，改变能源消费方式，达到经济、环保、安全等综合最优目标，催生了客户对能源服务的新需求，扩大了能源服务的新内涵，推动传统能源服务逐渐向综合能源服务转变。

综合能源服务具有客户需求多、项目点多面广、技术类别复杂、服务模式多元化等特点。因此，在运营阶段，综合能源服务商业模式应充分结合不同客户的需求，通过为客户提供多种形式的服务来开展商业运营并获得收益。以下为运营阶段的服务内容及收益方式①：

(1)降低客户初始设备投资。将客户设备投资变成租赁方式，通过合同能源管理等方式为客户开展节能改造，主要以提供金融服务与劳务服务方式获取收入。

(2)降低客户能源购入价格。提供售电代理交易、电能替代打包交易、热电联供、分布式新能源开发、需求响应等服务，以及未来在现货市场价格基础上开展商业化的储能服务。主要以收取服务费、投资分享、工程实施、项目运营等获

---

①　武志宏，郑永义，杨子成. 关于综合能源服务业务的开展研究[J]. 山西电力，2018(2)：58－61.

取收入。

(3)降低客户能源消费总量。开展能效诊断、电能质量管理、节能改造项目、电能替代、用能监控等服务。主要以项目投资、节能效益分享、技术服务费等方式实现盈利。

(4)满足客户减排和环保方面的需求。开展电采暖、电锅炉、热泵等冷热供应项目,实施污水治理、脱硫脱硝等环保工程,开发可再生清洁能源等。以项目投资、冷热能源费、咨询服务、工程实施等方式获得收益。

(5)减少客户的管理成本。提供运维服务、数据分析、业务代办、专用充电站服务等。以收取劳务费、服务费等方式获得收入。

综合能源服务的基本服务模式,是以分布式能源和能源互联网为基础,综合采用以上服务方式,通过能源输送网络、信息物理系统、综合能源管理平台以及信息和增值服务,实现能源流、信息流、价值流的交换与互动。满足生态、安全可靠、优质、经济等多目标要求。

为确保营销策略的准确性,综合能源服务的目标应优先选择对降低能源成本存在迫切需求的客户,充分考虑用能规模、需求稳定性、利润水平、支付能力等因素,提出综合能源服务解决方案。目标客户分类如下:

(1)工矿企业客户用能规模大,平均电价较高,能源消耗相对平稳,能源成本占生产成本比重高,对于能源成本比较敏感。上述五种服务内容均适用,其中第二、三、四种服务是重点,这类客户是需要争取的优质售电客户,且对国网品牌和服务的认知程度较高。

(2)园区往往聚集了地方大型工业用户,整体用能水平非常可观。各自孤立、分散的用能模式会增加园区客户的能源初始投资压力和运营维护成本。对新建园区,利用园区统一规划、统一建设、集成布置的契机,以第三类服务方式为切入点,辅之以其他方式,开展区域能源站建设及综合能源服务。

(3)公共建筑(如学校、医院、商业综合体等)伴随着我国服务产业的逐步增长,用能量越来越大。公共建筑人流量大,对冷热电有较高的品质需求,同时用电价格较高,用能需求稳定,支付能力较强,是推广综合能源服务的重要对象。

该类客户由于建筑光照面积较大，光伏发电可重点考虑。

（4）政府公用事业（如高速隧道照明、市县城区路灯照明、城市公交充电系统等）。这类客户承担社会公共服务职能，能源消耗稳定，投资风险相对可控，项目示范效应明显，社会形象好，应以第一、三类服务方式为主开展业务。

整个综合能源服务解决方案的运营过程主要包括以下几个步骤：

步骤一：在系统运营商的控制下，系统的能源供应主要由电源侧的分布式发电来提供，配合储能设备的有序充放电，提高出力功率的稳定性和频率稳定性。

步骤二：当电源侧的功率注入微网后，由智能控制系统来协调整个系统中的潮流分布和走向，同时负责发布微网两端的电力供需信息，并计算得到不同用户的优化用电方案。微网控制单元的运行也由综合能源服务商来管控。

步骤三：用户侧使用微网网端传来的电能，用户按照智能控制系统制订的优化用电方案来错峰用电和储能，实现供需双向协调。

步骤四：智能控制系统根据历史负荷数据、用户用电弹性、用户需求侧响应特性等数据，预测第二日的负荷曲线，制订微网小范围的能源调度运行计划。

上述内容是综合能源服务解决方案的基本运营模式，然而由于不同的地理条件、生活习惯对用户的用能行为特征都会产生影响，因此在具体实施时，综合能源服务商还应当因地制宜地对上述运营模式做针对性的修改。综合能源服务商（或者叫系统运营商）是综合能源服务解决方案的核心和纽带，在整个能源服务的过程中至关重要。

二、支付阶段的综合能源服务业务

在互联网＋的大背景下，综合能源的业务集中在线上交易，追求更高效、更迅速，包括支付管理、增值服务、安全认证。支付管理要求随时随地，简便快捷；增值服务包括金融增值服务，变闲钱为投资；安全认证注重网络安全、数据安全、应用安全。

在支付阶段，可以由以下几个环节构成一个闭环的服务模式：便捷提取、账户查询、密码安全、绑定管理、担保赔付、基金理财、民生服务、无忧交易。

电力作为兼具公益性与服务性的特殊商品，市场化之后形成的市场竞争不再仅仅是产品质量的竞争，更是服务质量的竞争。开放的售电市场中，客户拥有“货比三家”的选择权，客户与售电商之间除了电量交易和电费结算外，供电质量、服务质量和增值服务成为新的交易内容，为客户提供低成本、高品质、高可靠性的供电服务成为关键。

针对工商业用户的电力增值服务，主要倾向开发能效管理、电力运维和提升服务。对于追求企业成本控制和稳定性的工商业用户而言，提供经济环保的用电方案、提高设备的维护和运行效率、配备高可靠性的设施，是其最主要的需求。最为典型的是，供电企业以用电信息数据为基础，开发“客户能效分析系统”，可以进行用电分析、安全性评价等，为客户提出用电建议，降低电费成本，确保设备健康运行。

面对非工商业用户的电力增值服务，更要注重增值服务的经济性和便捷性，从当前城乡居民的用电习惯改变和服务的更新可见一斑。针对城市居民，应用掌上电力、电 e 宝等平台，居民可实现在线缴费之外，预付电费余额还可进行理财，实现增值；针对农村用户，农业用电实现井井通电，个别企业开发建设出“井井通电”扫码用电服务功能，为用户提供“扫码灌溉”服务，实现机井远程合闸用电、费用实时测算、电费自动扣款，为客户提供方便、快捷的用电服务。

以电力营业厅为例，介绍综合能源服务背景下支付阶段的服务业务①：

客户体验型智慧营业厅，以客户为中心，以营业厅为载体，整合大数据、互联网、物联网、数字媒体和人机交互技术等资源，将智慧营业厅呈现给客户。客户深入参与互动和体验，一方面感受到了公司提供的快捷优质服务；另一方面为公司提供了高效、精准的客户体验数据，实现客户和公司双赢。

将客户体验与售电业务嫁接，一是通过客户身份识别，实现客户信息自动采集、档案管理电子化；二是搭建营业厅互动服务和技术支撑系统，简化业务办理手续，提高办理效率；三是实现客户服务网站、互动网站、手机客户端、手机短

---

① 梁波，郭亮. 客户体验型智能营业厅创意与实践[J]. 中国电力企业管理，2017(14)：74—75.

信等互动服务渠道的整合，实现“线上到线下”协同的服务模式，优化服务过程。以客户申请业务扩展，办理新装高压用电业务为例进行介绍。

临柜体验：系统根据客户流量时段分布情况，自动增减多点化柜台，柜台台面生成全息半透明屏幕，虚拟客户专员与业务系统界面合成后呈现给客户，为客户提供“一柜通”和“一对一”服务，做到客户“即来即受理”，消除客户等待时间。

优选供电方案：系统自动为客户生成多项成套供电方案，工程外线利用 3D 沙盘和 GIS 地图，为客户形象展示工程规划和模拟现场地理实景，利用 VR（虚拟现实）技术展现配电室内部虚拟影像，并且测算出工程量和项目预算，由客户自主选择，客户全过程不用出资，只需签订合同和商定计量表计挂接点。对于存量用户增容业务，利用客户的历史用能数据，分析客户用能特性和习惯，为客户提供多套节能方案供客户选择。

虚拟会议平台：利用虚拟会商系统，迅速搭建起客户与工作人员的远程会议模式。一方面，为客户提供与公司后端专业人员虚拟面对面交流和咨询的渠道。一方面，为客户在多地点办公的团队人员与公司业务人员进行面对面虚拟会商提供途径，消除异动办公交流受限问题。

“一站式”前端业务办理：系统完全以客户为中心，运用互联网思维和技术高效、智能推进业务办理可视化沟通和体验，在营业厅内实现从“业务受理”环节、“现场勘查”环节至“答复供电方案”环节的“一站式”办理，节省 12.5%的时间，为不同客户提供不同深度的个性化服务。

电费多元套餐：客户正常用电后，系统能够细分出客户群体特点及消费规律，提供多元化、个性化和套餐式电价服务，如提供季节性、时段性、定制式电价套餐等，通过丰富的价格套餐满足客户需求。电子支付平台实现与多家金融单位的互联互通，实现手机、银行卡、APP 等方式的快捷支付和自由转账。对于现金业务，厅内设有移动智能机器人可收取客户现金，无须设置自助缴费终端。

停电抢修提醒：建立起完善的营配调客户基础档案信息，并能与移动、联通、电信等建立电话号码变更的联动机制，由客户经理与客户沟通确认。一旦涉及计划检修、线路故障等停电事件，能够及时准确短信告知客户事由及进度，保证沟通无障碍、送电无延迟。

客服温馨互动：从受理客户的电力服务申请开始，即由一对一的客户经理，通过电话或短信与客户经常沟通互动，包括电费电量告知、最新的业务进展情况、客户设备的巡检服务、用电规律分析、安全用电合理化建议、最新政策解读等，同时反馈客户的意见和建议，节省客户往返营业厅时间，让客户感受到电力服务的用心、笃信、智慧和真诚。

通过互联网大平台，电力交易等业务处理变得迅速、安全，高效，使支付阶段的流程简化、内容丰富。

三、客服阶段的综合能源服务业务

客服中心业务包括业务受理、后台服务、客户管理，其目的分别是提供多渠道受理方式，提升用户满意度；保障系统运行，以大数据计算作为支撑；客户的全生命周期管理，用户即价值。在客服阶段，主要以业务咨询、档案管理、账单推送、数据分析为主要服务内容，附属的还有信息通知、系统维护、投诉建议等业务模式。

以用户为中心，紧跟用户需求，通过大数据的后台分析，为用户提供节能适宜的用电方案，达到最大的用户满意度。

以"互联网＋智慧用能综合示范小区"为例[①]，简称智能小区，该小区的服务体系是一套为用户设计的综合能源服务体系。其以电力光纤入户而构筑的通信网络为基础，通过整合电、水、气三表一体化集抄系统，智能小区综合管理系统，智能家居，分布式能源，充电设施等关键元素，将能源与信息深度融合，为用户打造智慧用电、高效便捷的生活。

电表、水表、气表集中抄表的模式被称为三表集抄，其具有施工简单、维护方便、数据传输速率高等优点。

但三表集抄有一个重要前提：电表、水表和气表要实现智能化改造。目前，

---

① 何靖治. 互联网＋智慧用能构建综合能源服务平台[J]. 中国电力企业管理，2017(16)：68－69.

广州供电局智能电表覆盖范围最广，结合电力光纤入户解决数据传送问题，使电网企业进行三表集抄具有先天优势。

智能小区电、水、气三表数据通过统一的集中采集设备和小区专用光纤网络实现计量表数据远传抄表，有效提高抄表的准确度和工作效率，实时进行远程控制和故障诊断，分析系统损耗，实现对电表、水表、气表等的“抄、算、管、控”一体化、智能化管理。

三表集抄实施后，用户使用电、水、气的信息将形成海量数据，为大数据分析、深入了解用户需求提供基础。如开灯、关灯这个动作，只是一个微小的信息，但如果将其连成一段历史数据，则能分析出用户的生活习惯、节能意识、人口情况等。

根据国外的发展经验，三表集抄下一步趋势就是由供电局统一收费、发布账单，再转付给供水企业和燃气公司。整个过程无需多头衔接，信息综合处理，提升了用户的体验。未来，电网企业可以此为基础，推出个性化定制、套餐化的供电服务，甚至延伸至电子产品、家庭社交、金融服务等领域。

人们在讨论智能电网时，往往关注的是具体功能和实现的技术方法，容易忽略它的社会属性。事实上，未来电力系统所强调的既不是某项功能，也不是实现的具体手段和技术，更不是规模和大小，以及电压等级的高低，而是如何通过现有及未来能够实现的技术和手段打造一个更好的市场，建立更好的综合能源服务平台。

四、运维阶段的综合能源服务业务

综合能源服务最本质的特点是以电力系统为核心，改变以往供电、供气、供冷、供热等各种能源供应系统单独规划、单独设计和独立运行的既有模式，利用现代物理信息技术、智能技术以及提升管理模式，在规划、设计、建设和运行的过程中，对各类能源的分配、转化、存储、消费等环节进行有机协调与优化，充分利用可再生能源的新型区域能源供应系统。

考虑微电网的运营管理，可以看作是对综合能源系统运维的基础认识，当然综合能源体系包含的能源更为复杂，需要考虑的因素远超过微电网。以微电网管理维护出发，可以更好地理解综合能源服务体系。微电网是指由分布式电源、用电负荷、配电设施、监控和保护装置等组成的小型发配用电系统（必要时含储能装置）。微电网分为并网型微电网和独立型微电网，可实现自我控制和自治管理。并网型微电网既可以与外部电网并网运行，也可以离网独立运行。

目前，国内外对于微电网的运营管理通常侧重于监控与能量管理。由于微电网内部微电源众多，出力特性呈多样化，组网结构复杂，更容易出现故障，存在着电力电子技术在微电网中的应用导致电能质量问题、微电网的保护控制技术尚不成熟、投资及运维成本高等问题。因此，研究微电网运行维护工作显得极其重要。从微电网发展的国际国内趋势看，未来国家层面和电网公司层面对微电网的支持力度还将继续，且有越来越多的企业和社会力量投入微电网的建设，以提供高质量、多样化的供电可靠性。

电能质量服务是微电网的基本特点和作用之一。因此，研究微电网可靠运行和智能维护关键技术，是支撑当前和未来微电网工程项目建设的实践需要。目前，在微电网工程运行实践中，运行可靠性不够高、对运行维护人员专业知识要求高等问题十分突出。

同样的，运维阶段的综合能源服务业务要有运维抢修、设备巡检、节能咨询等服务，为客户提供全面可靠的能源综合服务。

以上内容分别从运营、支付、客服、运维四个方面对综合能源服务的商业体系进行了分解。以综合能源服务平台为核心，通过资本对接、市场开拓、调度运营、项目建设等方式，以及线上、线下的渠道，为客户提供现代、高效的能源服务。

第二节　综合能源服务的内容

综合能源服务的宗旨是为用户提供高效智能的能源供应及增值服务。它的兴起代表着我国能源行业重心已从“保障供应”转移到“以用户为中心的能源服务”。即从“以供应者为主体，用户作为被动接受者”，转变为“要求真正实现一切以用户为中心，从而更好满足用户需求”，这也是能源行业供给侧结构性改革的本质要求。

本部分内容将从基础、综合、增值的角度介绍综合能源服务业务。

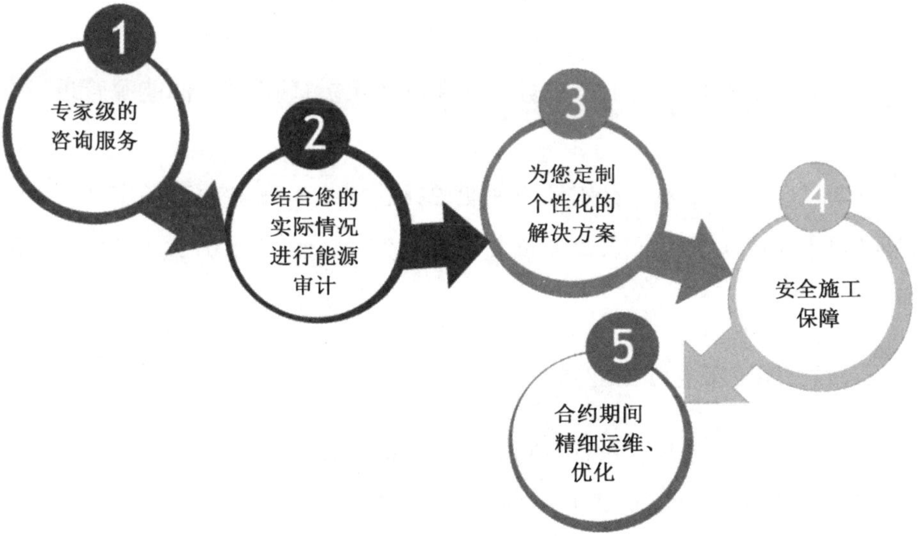

图 5—1　综合服务的内容

一、综合能源服务基础业务

综合能源服务的基本业务模式可从供能侧和用能侧出发，通过能源输送网络、信息物理系统、综合能源管理平台以及信息和增值服务，实现能源流、信息流、价值流的交换与互动。理想盈利模式中，除了产业链和业务链的构建之外，其盈利主要来源于四个方面：

一是潜在的收益来源，包括土地增值和能源采购，这种模式主要应用于园区。土地增值方面，主要体现在入驻率上升、开工率上升和环境改善。能源米购方面，主要体现在园区用能增加，电力、燃气以及 LNG 的议价能力提高。

二是核心服务，包括能源服务和套餐设计。能源服务方面，主要体现在集中售电、热、水、气等能源，节约成本。而套餐设计方面主要体现在综合包、单项包、应急包和响应包。

三是基础服务，即能源生产，包括发电和虚拟电厂。发电方面主要体现在清洁能源发电和可再生能源发电，若自用电比例越高，收益越好。而虚拟电厂方面主要体现在储能、节能、跨用户交易和需求侧响应。

四是增值服务，包括工程服务和资产服务。工程服务方面主要体现在实施平台化和运营本地化。而资产服务体现在设备租赁、EMC（合同能源管理）和碳资产。

整个综合能源服务可看作是一种能源托管模式。在电力市场放开后，未来相关电力企业比拼的不仅仅是发配售输电，更应该比拼全方位、综合性的能源服务。

二、综合能源服务综合业务

综合服务的实现离不开对不同基础业务的串联打包，现代互联网的发展为综合服务业务提供了便利，以互联网＋智慧用能综合能源服务平台作概述①：

（一）“互联网＋智能用能”

互联网时代下，衍生出许多新的经济形态，如互联网＋金融、互联网＋旅游、互联网＋物流等，人们的工作和生活变得更加高效和智能。“互联网＋智能用能”是互联网同能源使用的融合，依托大数据技术、物联网技术、云计算技术，实现智能用能。以智能城市、智能小区的建设为例，“互联网＋”模式的应用，满足了人们生活和工作的要求。智能用能主要是指建立能源的协同机制，实现能源的有效供给，提升能源的利用效率。

（二）综合能源服务平台

综合能源服务平台是提供能源服务的系统，服务目标在于为用户提供能源，提升能源的利用效率。服务对象包括能源供应商、能源消费用户、能源输送单位。能源供应商包括石油、煤炭、天然气等一次能源供应商；风电能、生物质

---

① 陈希阳. 互联网＋智慧用能综合能源服务平台的构建[J]. 科技资讯，2018，16(14)：31、33.

能发电厂及太阳能光伏电站等可再生能源和二次能源供应商。能源用户包括居民、工业、企业等。能源输送单位包括热力输送、天然气输送、电力输送等相关企业。技术需求包括供能侧、用能侧的协同机制。供能侧的协同，保证天然气、石油、煤炭、热力、电力、风力发电、光伏发电等电量的稳定供应。用能侧的协同，为工业用户、居民用户、企业用户等提供均衡的供电。

互联网＋智慧用能综合能源服务平台——以南方电网公司在广州建设的智慧小区为例。针对用户设计综合能源服务体系，主要包括四网合一、集中抄表、智能家居、充电设施等，实现了能源和信息的融合，为用户提供高效、便捷的供电服务。

四网合一：所谓的四网合一，是指将电视网、互联网、电话网、电网四张网络融合为一张网，使用 OPLC 复合光缆，代替电缆，将光纤复合电缆进行改造，使其可以承载电视网、互联网、电话网、电网等功能。采用四网合一的方式，其他运营商便无须额外开掘隧道，直接共用一条网络，可以降低运营费用。电网同通信网络的融合，扩展了服务范围，只要有电网的地方就可以覆盖通信业务。未来电力企业发展，可以借助电力光纤网络，开展城市物联网，使用户可以远程控制设备的用电情况，更加智能化。

建立集中抄表的模式：水表、电表、气表三表合一，集中抄表的模式，更加简单、便捷、高效。三表集中抄表的模式，需要实现水表、电表、气表的智能化改造。广州市在 2017 年完成了智能电表的改造工作，实现了智能电表的全覆盖，使用电力光纤进行数据传送，使三表集中抄表成为可能。该智能小区建设中，水表、电表、气表三表的数据，使用统一的设备集中采集，利用光纤网络进行数据传播，提升了抄表工作的效率和准确率，形成人们对水能、电能、气能的使用数据，对数据进行分析，掌握用户的需求。

智能家居：智能家居作为智能用能综合服务的终端系统，在四网合一和集中抄表的前提下，利用智能家居，构建完整的服务体系，为用户生活提供智能化的服务。例如：电视、空调、冰箱、电话、微波炉等家用的电器，将其作为智能家居的载体，利用无线或者有线网络，实现用户与家电的互动。用户使用手机、

iPad 等设备，远程控制家用电器，查询电器的各项信息，包括使用电量、电压等，设置电器的运行时间，对家庭电器进行用电分析，对电器设置用电计划、功率报警等，以安全为前提，提供家电的节能建议。

汽车充电设施：智慧用能服务平台的构建，并非单纯地使用智能化的设备，而是应该突出能源的绿色、环保和低碳。太阳能、地热能、绿色环保材料等在建筑和供能方面的使用，加大了对清洁能源的应用力度。除此之外，电动汽车的推广和应用，使用电能代替石油资源，符合绿色、环保和低碳的理念。为了推广电动汽车的使用，智能小区项目同样设置了电动汽车的充电设施，为充电汽车提供充电服务。目前，在小区内设有 5 个充电桩，其服务模式分为两种：一种是将充电桩连接到智能小区能源服务平台，可以对充电桩的使用情况和使用状态进行监测，收集相关数据。另一种是内置 SIM 卡，将充电桩同运营服务平台连接，可以实现移动支付和在线支付等，方便用户进行充电。

综合能源服务平台：智慧用能的实现，除去传统的水能、电能、气能的使用，清洁能源的使用也是一大突出特点。建立综合能源服务平台，实现对各种能源的协同配置和管理。例如：构建智慧用能综合能源服务平台，为用户提供电能、水能、气能的数据查询，网络缴费，故障维修等服务。在能源供给方面，保证能源的稳定供给，利用四网合一的方式，减少资源消耗，同时利用数据统计和分析，给用户提出节能建议等。

互联网时代下，人们的生产和生活方式都发生了极大的变化。“互联网＋智慧用能”的提出，表明人们更加注重能源的使用效率，注重节能减排，加强新能源的使用，逐步替代传统的能源。“互联网＋智慧用能”综合能源服务平台的构建，主要目的在于为用户提供能源服务，提升能源的利用效率。四网合一，减少重复建设；集中抄表，利用大数据技术，分析用户需求和习惯；智能家居，利用物联网技术，实现远程控制；汽车充电设施建设，促进电动车的推广和应用；综合能源服务平台的建设，更好地为用户提供能源供给的服务。

随着互联网技术的发展，互联网＋智慧用能综合能源服务平台的建设，势必会越来越完善。以该平台为核心的业务服务，将为消费者提供更大的便利。

三、综合能源服务增值业务

综合能源涵盖电力、天然气和冷、热等。综合服务则包括工程服务、投资服务和运营服务等。在能源互联网背景下，能源供需双侧互动频繁，用户的用能模式趋于多样化，负荷划分更加精细。用户对供用能服务功能的需求已经不再局限于传统的买卖模式，而对个性化互动服务模式的需求不断增加。如何利用生产、消费、交易各环节的海量供用能数据，对其进行多维深度分析，挖掘数据内在价值以制定用户的综合用能增值服务，对于满足用户差异化需求、提升能源企业水平、服务社会发展具有重要意义。

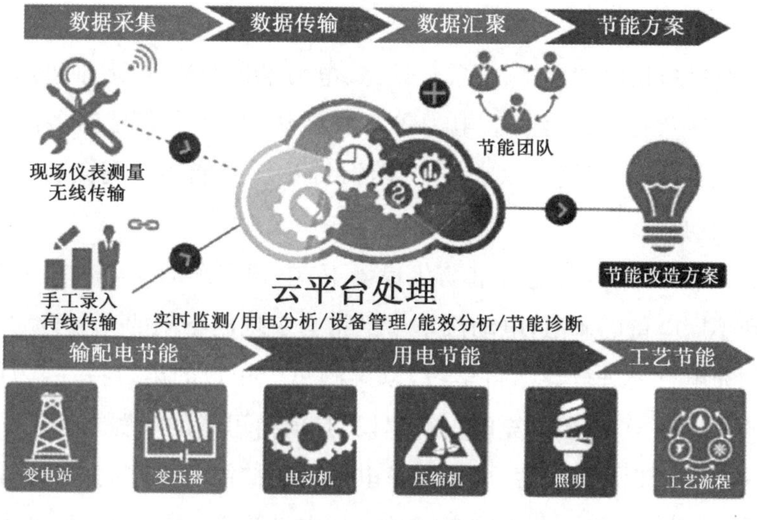

图 5—2　综合服务增值业务

本部分将从以下四个方面介绍能源数据增值服务业务：分布式能源、绿色交通、综合能源需求响应、其他数据增值服务业务。

（一）分布式能源

能源互联网的核心思想和目标可以概括为分布式产生的能量、本地化能量的供给以及能量的互联互通。分布式能源是指分布在用户侧的能源综合利用系统，包括燃气轮机、往复式发动机、太阳能光伏和燃料电池等，其具有体积小、可扩展性高和分布式能源技术位于需求点附近等优点。目前，随着分布式资源利用范围不断扩大，分布式能源系统开发利用形式呈现出从单一能源向多元集成系统发展的态势。①

以天然气分布式能源为例，天然气分布式能源的特点是以冷、热、电三联供等方式，在负荷中心就近实现对多种用户的能源供应。在有效区域内，对冷、热、电能源需求的用户越集中，其优势就越明显，效益将越大。随着大数据的不断发展，现有的和政府建设的工、农、商业的大数据库将囊括方方面面的资料和数据。通过对大数据的分析，企业能根据获取有效区域内用户对冷、热、电相关能源的需求数据，优化项目建设方案，牢牢占据最佳地缘优势，为获得最大收益奠定坚实基础。

(二)绿色交通

绿色交通包括电动汽车、电气化铁路、电力推进船舶、电力推进风机等。交通网的能源涉及石油、天然气、电力等多种能源，是一个典型的多能源融合网络。在绿色交通中，不仅可以实现多能源的融合，还能够实现交通网和其他能源网络的互动运行。

以电动汽车为例，在电力市场化环境下，电动汽车的充电价格将会出现变化。受到不同电价的刺激，电动汽车车主将会表现出不同的充电行为。如何通过用户的充电行为进行数据自学习，以推测每个用户的出行特性，为用户定制个性化的充电路径，或提供充电出行建议，是值得思考的议题之一。同时，电动汽车本身也可作为储能装置，电动汽车电池中的储能也可在高电价时段反送至电网，并从中赚取收益。故面向不同种类的电动汽车，在选定的区域内，在深度挖掘其充放电特性的基础上，应当考虑耦合电网、天然气网、交通网的综合能源系统及电动汽车充电站的规划建设，兼顾充电时间、交通流量及用户满意度的充电路径优化策略，从而最大限度地挖掘电动汽车的灵活性和储能潜力。

(三)综合能源需求响应

需求响应(Demand Response, DR)通过价格机制和控制手段，激励用户实

---

① 李扬，宋天立，王子健. 基于用户数据深度挖掘的综合能源服务关键问题探析[J]. 电力需求侧管理，2018，20(3)：1—5.

现用能需求在时间上和空间上的合理分配，其技术示意图如图 5—3 所示。综合能源 DR 将用户对冷、热、电等多种能源的需求纳入广义需求侧资源的范畴中，DR 方式除用能削减外还包括用能替代，由此可在不影响用户舒适度的前提下满足用户的用能需求，减少用能费用。

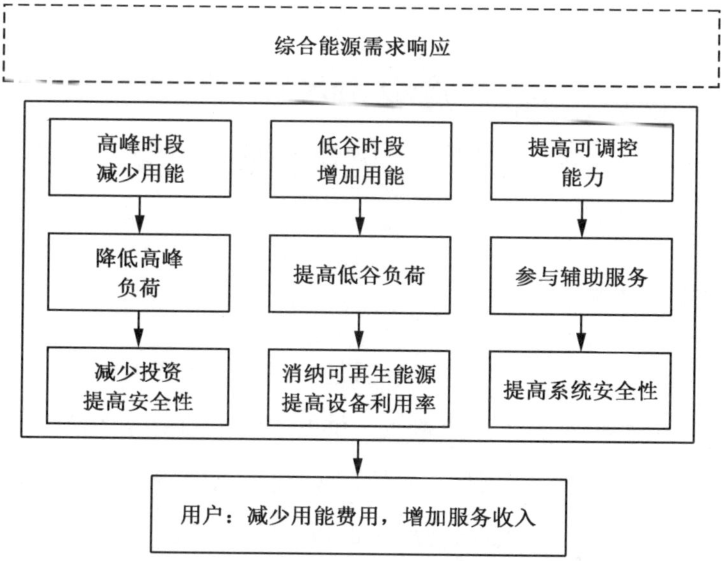

图 5—3 需求响应技术示意图

对于综合能源服务商，建设客户用能监控分析平台，分析客户用能特点及系统供能特点，改造客户用能设备，建设余热回收利用设备，调控、运维空调、电动汽车、蓄热电锅炉等柔性负荷参与容量市场、辅助服务市场、可中断负荷项目，优化客户用能，代理参与 DR，创造能源增值收益，增强客户黏性。同时，对于用户，通过响应能源价格信息和管理中心发布的负荷中断信息，调整自身的用能计划，从而达到柔性互动的目标。

(四)其他数据增值服务业务

用户的供用能数据是社会经济运行的“风向标”，通过可视化的“能源地图”，可以辅助投资决策，并为城市规划、综合能源系统建设提供依据。

对于政府：通过对用户能耗的波动情况进行分析，政府可以了解本地区的经济发展状况，对是否需要调整地区产业结构进行决策。

对于用户：通过提供更精细粒度能耗视图，提高收费透明度，并直观了解自身用能习惯，根据电价等因素适当调整自己的用能行为。

对于综合能源服务商：通过对用户大数据相关的仿真模型分析，对用户能效管理政策进行调整，从而提升用户满意度，优化综合能源服务企业水平，最终实现服务社会发展、助力节能减排的目的。

第三节　电能服务增值服务

一、主动需求响应

需求响应主要是指电力需求响应，是指当电力市场的整体价格受到外界因素影响而产生波动时，电力用户接收到供电方发出的诱导性减少负荷的直接补偿通知或者电力价格上升信号后，改变原有的用电模式，达到减少或者推移某时段的用电负荷而响应电力供应，从而确保电网经济、稳定、高效运行。可以说，需求响应是针对需求侧管理在电力市场竞争中发挥调节作用。需求侧响应是实现供给侧改革目标的关键手段之一。

逐步降低高污染、不可再生资源比例，建立以新能源为主的能源供应体系，这既是淘汰落后产能、实现经济转型的主要推动力，也是改善环境、实现可持续发展的唯一途径。因此，能源体系的供给侧改革已经刻不容缓。那么，关注供给侧改革是否就意味着可以放弃需求侧呢？其实不然，只有供给需求双侧协调配合才能实现上述供给侧改革目标，因此需求侧响应是实现供给侧改革目标的关键手段之一。同时，作为供给侧改革与需求侧响应的关键支撑平台，能源互联网将是促成供需有效匹配的重要工具，其落脚点则是综合能源服务解决方案。

在我国能源系统的发展过程中，一直将能源需求作为一种刚性需求，各个能源行业的发展也基本遵循着“扩张保供”的思路，这一点在电力行业尤其明

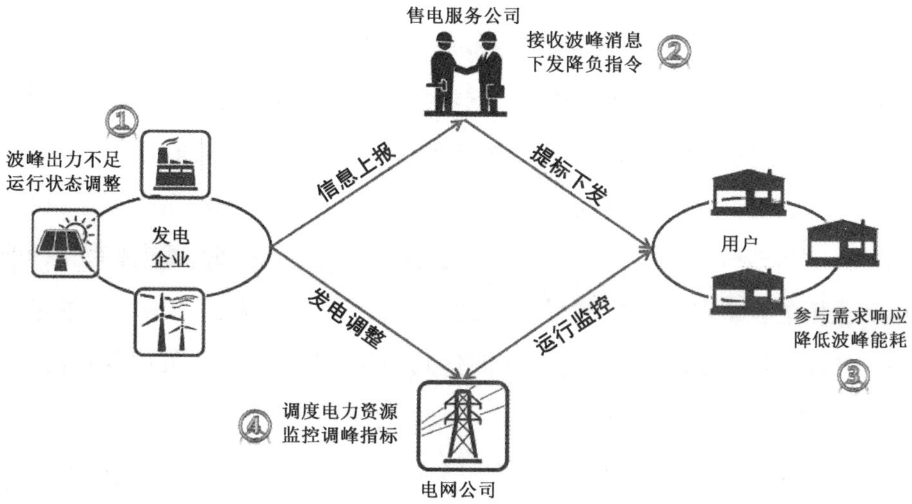

图 5—4　主动需求响应技术示意图

显：当电力供需矛盾突出时，单纯增加发电装机和输配电容量来满足日益增长的用电需求，同时辅助以有序用电、负荷控制等行政手段来减少高峰用电负荷。然而，我国的能源革命不仅要关注开源，更要关注节流，统筹兼顾全部资源的合理配置。因此，要实现从无限满足电力需求走向有限（合理）满足电力需求的思维转变，改变依靠增加能源供应来满足需求增长的传统模式。在这方面，需求侧响应将起到重要作用。①

第一，实施需求侧响应有利于转变电力供给侧发展方式。在传统的发展模式下，为保证系统的安全稳定运行，同时满足高峰用电负荷，主要的方法是在供给侧增加调峰容量、扩建电网输配容量来满足短暂的尖峰负荷。然而，传统模式的投资成本较大，电网和电厂的资产利用效率、投资回报率都较低，这种只注重供给侧改革却忽略需求侧资源的做法会带来大量的资源浪费。因此，要从根本上转变单纯依靠扩大供给规模来满足电力需求的思路，充分调用供需两侧资源。具体来讲，就是在用户侧实施需求侧响应，削减或转移用户的部分高峰负

---

① 曾鸣.基于能源互联网平台的供给侧改革与需求侧响应[J].中国电力企业管理，2016(10)：38—41.

荷并降低峰谷差，从而减少系统对新增发电容量和输配电系统扩容的需求。这样做既可以提高现有系统设备的利用效率，同时还能提高系统运行的安全可靠性，并节省土地、资金、人力等多种关键社会资源。因此，实施需求侧响应能够帮助调整电力供给侧发展方式，把有限的资源投入真正需要的地方。

第二，实施需求侧响应有利于调整电力供给结构。能源消费和供给革命要求我们必须将传统的化石能源供应体系逐步转变为清洁能源供应体系。目前，风电和太阳能发电等可再生能源发电的“逆负荷”特性带来了严重的消纳难题。以我国西北地区为例，风电出力在夜间达到高峰，却正好遇到负荷低谷而无法消纳，白白浪费了大量珍贵的风资源。因此，为配合供给侧改革的“低碳化”，应当积极实施需求侧响应，设计合理的价格及激励机制，配合分布式、储能、电动汽车等灵活的需求侧响应资源，引导用户负荷主动追踪可再生能源发电出力，从而在大规模可再生能源发电并网的背景下提高供需双侧的匹配度，显著降低“逆负荷”特性给可再生能源发电消纳带来的不利影响。因此，实施需求侧响应能够帮助协调能源供需平衡，促进能源供给侧结构性调整。

第三，实施需求侧响应有利于提高能源供给侧的精细化管理水平。需求侧响应资源的开发和利用关系着整个电力系统的优化、能源效率的提升。实施需求侧响应后，能源供应商能够通过大数据分析、用电诊断、信息挖掘等手段掌握用户的用能特点、负荷发展特性等，从而针对不同用户提供更为个性化的用能服务模式。因此，实施需求侧响应能够使能源供给更为精细化，使能源供给与用户的实际用能需求更为贴合。

综上所述，未来应当把需求侧响应资源作为一种与供应侧对等的系统资源，不断开拓创新，将需求响应思维渗透到系统运行的每一个环节和每一个参与者，从而倒逼能源供给侧变革，倒逼能源部门转变发展方式，倒逼企业提升能源管理水平。在能源互联网技术的支撑下，需求侧响应对供给侧改革的推动作用将变得更加明显。

综合能源服务体系中同样需要主动需求响应，能源互联网对供给侧改革及需求侧响应的支撑作用对实现综合能源服务意义重大。

作为一个跨领域且不断演化的概念，能源互联网目前还没有一个普遍认可的定义。然而，将互联网思想引入能源产业后，能源互联网将实现我国不同能源行业之间、能源行业与其他行业之间的深度融合，从而能够在最大程度上提高各行业对化石能源的利用效率，充分发挥电力系统的枢纽作用，从而提高清洁能源在终端能源消费的比重，进而改变我国能源消费和供应的基本模式，理顺我国经济社会发展与能源消费的相互关系。因此，能源互联网对能源革命的推动作用目前已得到了社会各界的广泛认可。作为能源革命的重要环节，能源互联网对供给侧改革及需求侧响应的促进作用也十分明显，这主要体现在以下三方面：

一是推动以用户为中心的发展思维转变。目前受到自然垄断特性影响，我国能源行业的资源集中度高、市场竞争意识较弱，能源领域长期以来按照“跑马圈地”的粗放式、扩张式的发展模式，对用户的实际用能需求考虑较少。随着能源互联网技术及理念的迅速发展，将改变现有的能源系统架构及运营模式，转变成与更多消费者互动的集中式能源辅以大量分布式能源的能源网络，这将产生新的利益区块，催生多元化的新商业模式和投资机会，吸引更多投资者进入。现有能源体系的封闭、垄断结构将被彻底打破，新的能源体系将从以供给主体为中心彻底转向以用户需求为中心。在新形势下，各能源企业只有更好地满足用户能源需求、解决用户的用能难题、提供系统的能源服务解决方案，才能继续占据能源产业的主导权。同时，用户的需求侧响应将进一步扩大为用户的综合用能管理，这是综合能源服务解决方案的重要组成部分，配合分布式能源、微网、储能等设备，用户将既是“生产者”也是“消费者”。这也要求能源互联网的运营商要拓宽思路，逐步提供定制化能源管理服务、设备维护服务、节能服务等增值服务。

二是推动广域内能源的协调及优化配置。在能源互联网开放、互联、对等、分享的特征影响下，系统运营商能够以用户需求为导向，在规划阶段就充分考虑未来的系统运营需求，以分布式能源、微网等分散式能源模块与大规模风电、光伏等集中能源模块相协调为基础，打造一个多主体共赢互利的生态环境，推动广域内能源的协调及优化配置，实现能量的梯级优化利用，为未来能源系统“源—网—荷—储”协调优化打下坚实基础。

三是推动多种类能源横向跨界融合与优势互补。在传统能源系统的运营模式下，各个能源种类之间处于相对割裂的状态。能源互联网能够打破这种现存的能源界限，统筹考虑一次能源和二次能源供应网络的规划、建设、改造和技术升级，实现各类用能网络的无缝对接及其在运行控制和管理维护上的高度智能化管理，达到各类能源网络整合、能源综合利用以及能源结构调整的目标，从而在系统运行过程中实现整个能源利用体系的横向“多能互补”和纵向“源—网—荷—储”协调。

综上所述，能源互联网将有效整合现有能源供需双侧的规划、运行等系统要素，将是支撑供给侧改革及需求侧响应的重要支撑手段。当具体落实到用户端时，未来能源互联网的系统运营商应当为用户提供综合能源解决方案，以充分发挥这种支撑作用。

二、虚拟电厂

虚拟电厂的提出是为了整合各种分布式能源，包括分布式电源、可控负荷和储能装置等。其基本概念是通过分布式电力管理系统将电网中分布式电源、可控负荷和储能装置聚合成一个虚拟的可控集合体，参与电网的运行和调度，协调智能电网与分布式电源间的矛盾，充分挖掘分布式能源为电网和用户所带来的价值和效益。虚拟电厂主要由发电系统、储能设备、通信系统构成，如图5—5 所示。①

分布式能源单独运行时，其出力随机性、间歇性和波动性较大。当分布式能源接入目前的传统大电网体系时，电网的安全性和供电可靠性将会受到威胁。为了实现分布式电源的协调控制与能量管理，可以通过虚拟电厂（Virtual Power Plant，VPP）的形式实现对大量分布式电源的灵活控制，从而保证电网的安全稳定运行。虚拟电厂通过将分布式电源、可控负荷和储能装置聚合成一个

① 方燕琼，艾芊，范松丽. 虚拟电厂研究综述[J]. 供用电，2016，33(4)：8—13.

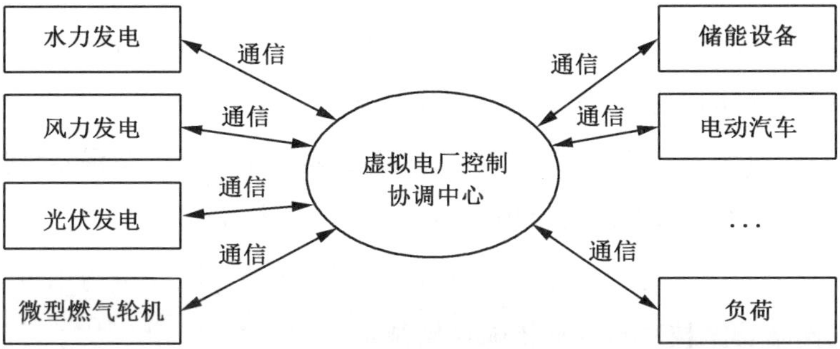

图 5—5　虚拟电厂的组成

整体，使其能够参与电力市场和辅助服务市场运营，实现实时电能交易，同时优化资源利用，提高供电可靠性。

大范围虚拟电厂建立的基础在于拥有众多分布式可再生能源发电设备的控制权、分布式储能设备等一系列灵活性设备、可再生能源的市场化销售机制和一套精准的软件算法。基于此类虚拟电厂的电力共享池系统提供了更加新型的售电模式。

在该模式下，加入电力共享池的终端用户能够便捷地互相交易电力，通过各自的分布式储能设备最大化地使用分布式可再生能源的电力，减少外购电，从而显著减低用电成本。

总体来说，基于虚拟电厂的共享电力模式对设备、通信、计量、算法的要求十分高，而且必须建立在一定的用户基础上。目前，电力大数据分析、机器学习算法等技术都在其中有着很好的应用。在该模式下一旦形成电力共享的闭环，新增用户将会给系统带来更多的稳定性和安全性，这种模式也有着巨大的生命力和发展空间。

三、主动充电运营

主动充电运营是综合能源服务业务的一项重要增值业务，以站控终端为核心，通过交易中心进行电能批发和光伏等自有能源发电，在云端控制中心通过交易结算之后，车辆可以通过充电桩享受充电服务。

通过构建电动汽车能源服务平台，实现电动汽车充放电管理的智慧调控，促进新能源汽车的发展。基于电动汽车能源服务平台，提供充电导航、充电状态查询、充电预约、费用结算、基于电量的路线规划和电动汽车保养维护等公众服务功能，实现电动汽车的安全用能、有序用能、智慧用能。

运用基于人工智能的故障预警与诊断技术，保障充电安全与用电安全。运用先进的网络安全技术与数据传输存储技术，保障信息安全。基于电动汽车能源服务平台，实现电动汽车充电付费、放电收费、换电收费等费用结算服务。通过相应技术实现电动车用户合理经济用能。通过与新能源、车联网、停车场等平台的互联互通和数据融合，拓展充电桩数据服务的内容与发展方向。结合需求响应技术，向充电运营商提供合理有序的充电调度策略，促进电动汽车与电网的协调发展。

能源互联网所涵盖的通信系统作为电动汽车的重要基础设施，将在整个电动汽车产业适应能源互联网发展要求的进程中起到重要作用。电动汽车充电站(Electric Vehicle Charging Station，EVCS)通信模式需要结合能源互联网框架下涌现的先进技术，基于能源互联思维作出适当调整，才能更好适应能源互联网新的发展要求。[①]

电动汽车具备能源互联网的核心特征，作为一种通信设施全覆盖的移动式能源，能通过充电站消纳可再生能源，同时提供充放电、应急发电和其他辅助服务。电动汽车与能源互联网密切相关，能源互联网涌现的信息通信新技术、分布式能源新技术、物联网技术、大数据挖掘与分析、需求侧负荷预测、汽车入网(Vehicle to Grid，V2G)和源—网—荷协调优化等新技术动向都将深刻影响电动汽车产业的发展。

综合应用多种新能源技术将为解决可再生能源电力接纳问题开创新的局面。电动汽车是实现节能减排、缓解能源危机的重要手段，利用其与分布式能

---

① 戴斌.面向能源互联网的电动汽车充电站通信模式展望[J].电力信息与通信技术，2018，16(9)：8—13.

源的集成应用将有助于实现电动汽车的低排放甚至零排放预期。在电动汽车与分布式能源的综合应用中，分布式能源将直接接入配电网，通过就地消纳的方式供给负荷。将 EVCS 与分布式能源综合考虑时，势必会使决策体系更加错综复杂，必将引起 EVCS 通信模式的相应调整以满足能源互联网业务发展的需求，研究与分布式能源的联合规划应用对 EVCS 通信模式的发展具有重大意义。

分布式电源和 EVCS 等新型资源在电力系统中渗透率的不断提高，对配电网的安全消纳及电能质量、供电可靠性、经济运行能力等提出了更高的要求。基于此现状，主动配电网(Active Distribution Network，ADN)技术应运而生。ADN 技术能够主动对大规模接入 EVCS 和分布式能源等可控单元的配电网进行管理，自主协调控制各种类型和规模的可控能源单元，有利于电力系统积极稳定地消纳可再生能源。配电网中的管理单元与可控负荷之间的信息和数据交换是实现 ADN 管理的基础，信息与通信技术是 ADN 管理能否成功实施的关键因素之一。ADN 管理中的信息通信技术主要包括两个部分：相量测量单元(Phasor Measurement Units，PMU)和高级量测体系(Advanced Metering Infrastructure，AMI)。其中，PMU 是用于实现动态监测和分析等功能的体系，AMI 则是用于测量、收集、存储、运用和分析用户用电信息的完整网络和系统。PMU 和 AMI 的建立将使得配电网中的信息流和电力流由单向流动向双向流动转变。

基于能源路由器和能源交换机的互联作用，未来能源互联网可考虑采用与互联网类似的组网结构，自下而上分别组成“能源局域网”“能源广域网”和“能源主干网”。EVCS 将与其他能量自治单元通过能源交换机组成“能源局域网”，“能源广域网”则通过能源路由器汇聚成“能源主干网”。“能源局域网”和“能源广域网”分别通过能源交换机和能源路由器实现能量的控制、交换或路由，通过选择与能量传输特性相匹配的通信方式，进而支撑 EVCS 等单元的能量共享和传输。各能量接入单元都能通过适当的分享获取到需要的信息，通过信息通信中心的汇总传递到决策层，通过交易中心、计算中心、控制中心的信息处理和运用，保障能源互联系统的流畅运转。

第四节　案例——威胜电气[①]

综合能源服务解决方案的框架与基本模式：综合能源服务解决方案是在一定区域及范围内，综合能源服务商或能源互联网系统运营商全面考虑用户端能源供用特征，依托微网端、分布式能源端的智能控制系统，满足用户包括电、热、油、气等在内的多种能源需求的用能方案。

威胜电气有限公司隶属于威胜控股有限公司（股票代码：HK3393），拥有威胜能源产业技术有限公司、湖南开关有限责任公司、威胜百楚电力科技有限公司（原武汉百楚科技有限公司）等多家全资及控股子公司，以及湘潭威胜电气产业园生产基地。威胜电气产业园生产基地是国内智能配用电业务领域技术研发水平领先、产品系列完整、工艺流程及设备先进的专业产业园区。

一、用户侧能效管理及解决方案

（一）系统介绍

威胜的整体能效解决方案，是针对工业企业、轨道交通、数据中心、大型商业综合体、政府公建等大型用电客户构建的一套用能解决方案。该方案包括水、电、气、热等多种能源种类，是以能源购入、能源存储、能源消耗等能源使用过程为导向的全生命周期用能管理方案，竭力帮助用户减少能源损耗、提高能源利用率。

（二）优势与特点

（1）制度建设——建筑及设备用能预测与建模、能源管理体系建设规划、节能量计算及评估、符合绿色建筑评价标准及 LEED 认证标准。

（2）能效分析——主要耗能建筑及设备的分析、能源浪费漏洞的排查、重点设备能效 KPI 分析及对标、建筑能源成本分析及账单校验。

---

① http://www.wasionelectric.cn/.

(3)维护管控——能源管理预防性维护及培训、节能目标基准及参数优化升级、节能足迹及效果验证、能耗报表制定、能源审计报告制定。

(4)诊断优化——设备能效诊断及优化、能耗异常跟踪、示警及事故处理、用能策略优化，科学对标管理。

(5)能耗度量——建筑能耗总览，建筑碳盘查，分建筑、分区域、分组织能耗度量，人均及单位面积能耗查询，能耗同期、环期数据对比。

(三)解决方案

(1)轨道交通——轨道交通能效解决方案，提升设备运行效率，降低能源消耗。

(2)数据中心——优化供配电方案，降低损耗，建立能源管理体系，提升效率，数据中心冷却系统智能化管理，运维服务安全保障。

(3)工业企业——协助企业更加合理有效地利用能源，使社会效益与企业收益实现共赢。

(4)政府公建——威胜能源帮助各省市政府共建立了3套省级、5套市级能耗监测平台。

(5)大型商业综合体——节能不仅是为了降低管理成本，更是各集团企业的社会责任的折射点。

二、用户侧智能配电运维服务及解决方案

(一)系统介绍

全新的配电一站式运维服务，采用线上监测分析加线下运维服务的模式，为广大用户提供变配电站智能化托管运维支撑服务、“企业电网云服务平台”解决方案、能效管理平台建设及运营管理，以及用户电力需求侧的各类增值服务。在使配电更安全、服务更高效的同时，降低能源消耗，提升用能效率。

(二)优势与特点

(1)配电概览——含配用电系统结构显示、变压器容量与负荷分析、负荷对比分析、安全监测及预警、用电概览、实时监测数据等功能。

(2)运行监测——按照电气组网拓扑结构,展示电气线路上的电气参数的实时变化情况。

(3)异常报警——支持对报警发现、推送、处理全过程进行管理。

(4)资产管理——信息化管理配电设施,展示配电设施的逻辑关系、配电设施的基础信息、运行环境、运行状态等信息。

(5)用电分析——含趋势分析、电量结构、费用结构、负荷分析、损耗分析、异常用电、综合评价等数据分析。

(6)报表分析——提供高(低)压侧运行日报表、变压器运行日报表、电度月报表、示警月报表、环境监测日报表等功能,同时支持二次开发自定义报表。

(三)解决方案

配电运维解决方案,做到安全守护多重化,从传统的单点值守模式改变为“现场+集控中心+移动班组(线下)”的全新模式;应急服务迅速化,系统提供“集控中心+APP+专家诊断”的方式,支持便捷的专家服务对接:用电经济化,帮助客户实现精细化电能管理,优化运行方式;运维服务智能化,系统实现 7×24 小时不间断主动实时监控,变被动机械式运维为主动弹性式运维。

三、购售电一体化及解决方案

(一)系统介绍

在新的售电模式下,电网公司提供输配电服务,电费由电网公司代收代缴,电网公司截留输配电费后与发电公司、售电公司结算。威胜具备能源综合管理、负荷预测等核心节能增效技术,在能耗分析的基础上优化用户能源配置,为用户提供高可靠、低成本的售电综合服务。让客户充分享受电力市场改革红利,能够以最优政策参与市场竞价,降低用户的用电成本及偏差考核的风险。

(二)优势与特点

(1)可靠性——强大的实力,可以承担售电业务潜在风险,满足不受限制的售电业务规模资质。

(2)专业性——能有效帮助客户制定最佳售电策略、帮助客户分析售电基础数据、协助解决可能与电网企业存在的沟通。

(3)综合性——可以为客户提供售电、配电运维、新能源发电以及节能服务等全面的综合能源服务、一站式综合能源服务。

(三)解决方案

以客户价值为目标,为用户提供高可靠的能源、优质的服务、低成本的能源消费,以威胜品牌为依托,贯穿4S+思想,深化专业、智能、服务的理念。以增值服务为方向,提供节能、新能源、配电运维、综合能源管理等增值服务,并可创新需求侧响应、碳资产等服务。以业务创新为重点,加强能源互联网相关业务融合,拥有核心节能增效技术和能源管理系统,开展售电业务创新。

四、第三方能源征信

(一)系统介绍

威胜第三方能源征信云平台,通过构建能耗信用评价体系,建立中小企业的能耗信用评级。从开工率、开工小时数、日/周/月生产趋势、用电行为、数据采集完整率等多个方面,对被评估企业的生产运营状况进行评估与判定,为信贷机构提供贷款的客观依据。

(二)优势与特点

(1)放货前能耗信用评估——由于放贷前的信用评估相对重要,可针对需要放贷的指定企业先进行现场的勘查与方案设计,进行相关的计量装置、采集装置的安装,并进行能耗平台的接入。数据通过能耗数据云平台的应用,进行企业前期能耗信用评级,即在有限时间内,实时动态地对能耗进行监测,判断能耗运行状况(例如三个月的监测期,每一周或半月进行数据分析,判断企业的生产、生活、办公、工作时间段与非工作时间段的用能行为和相关状况。如非工作时间与工作时间能耗持续增长,则表明产能增加;如工作时间能耗较上月明显减少,且有连续下降趋势,则产能明显下降),进行能耗信用评估。

(2)企业定期能耗信用评级——企业定期能耗信用评级服务,在确保数据已经完全录入能耗平台的前提下,通过能耗的监控对单个企业运行情况的同比和环比进行分析，实时动态地对企业历史的、现在的和未来的情况进行评级，通过企业运营平台对企业的运营良好情况进行评估，为借贷公司提供借贷依据。产品服务主要包括：月报、季报和年报(含半年度)。

(3)企业集群信用大数据分析——针对某信贷机构所托管的企业定期进行能耗大数据分析服务：定期出具能耗信用排名、统计排名分布频率、分析排名的整体趋势。统计能耗企业分类、同类型、同行业企业能耗比较，判断异常企业能耗，优化能耗信用评估。结合信贷回款的实际记录分析能耗信用的关联关系。自动甄别某时段内的异常用电企业，并进行相关信息示警。产品服务主要包括：月报、季报和年报(含半年度)。

(三)解决方案

(1)现场勘查——现场企业勘查，判断企业类型、确认能耗统计类型、计量装置数量、确认现场通信方式等。

(2)方案设计——现场企业勘查，出具相关方案，并与企业方确认。

(3)工程实施——与企业方协商好具体工程实施日期与方案，双方进行工作的协助(如企业停电等)，进行现场的部署。

(4)信用评级——应用能耗数据平台，针对指定企业进行能耗信用评级与报告输出。

五、新能源光伏运维服务及解决方案

(一)系统介绍

智能光伏电站管理系统立足于光伏发电运维市场，通过智能化的解决手段进行电站优化，提高光伏发电效益，以增强发电量为目的，最大限度地提高电站的运维水平。智能解决方案乘着“互联网+”这股东风，通过“专业化”+“信息化”的服务方式全方位多渠道支撑电站运维。

(二)优势与特点

(1)移动互联网——光伏电站运维 APP、微信公众号示警消息推送、电站月报推送。

(2)电站实时监控——设备运行状况实时监控、采集数据实时展现、当前气象及光照实时监测、电站拓扑图自动着色。

(3)电站设备检测——电站图模一体化展现、全方位实时摄像监测、设备运行趋势分析。

(4)电站故障诊断——电站故障事件记录及示警通知、电站诊断类型及判断设置、电站自动诊断、诊断预判及故障处理结果追踪。

(5)电站功率及收益——节能减排数据、电量及功率展示、收益展现、投资回收期预测数据。

(6)电站运行维护——电站维护方案及人员定制、预警及示警机制、电站缺陷管理及维护情况跟踪、自动调整优化电站运维方案。

第六章○○○○○○○○○

综合能源服务盈利模式分析

推动能源革命，为国民经济发展提供安全、经济、清洁、可持续的电力供应和配套服务，是电力能源服务的立足点和价值实现基础。综合能源服务是一种新型的为满足终端客户多元化能源生产与消费的能源服务方式，涵盖能源规划设计、工程投资建设、多能源运营服务以及投融资服务等方面。随着互联网信息技术、可再生能源技术以及电力改革进程的加快，开展综合能源服务已成为提升能源效率、降低用能成本、促进竞争与合作的重要发展方向。在新一轮工业革命的条件下，综合能源系统是满足多元供应体系的具体实现方式，已经成为我国近年来涌现出的能源服务商争相发展的重点。

能源互联网的发展为能源生产与综合能源服务的融合提供了无限可能，传统电力企业的管理与盈利模式正在受到挑战。随着第四次工业革命的兴起，我们正步入互联网时代。互联网、物联网、能源互联网、智慧电网的融合，为电力市场革命提供了机遇和挑战，也为能源企业创新商业模式、优化业务布局等竞争业务的开展指明了发展方向。未来综合能源供应商可以为用户实现从需求到立项再到管理的一站式综合服务，用户只需借助一个综合能源供应商，即可获得所需的天然气、电、热、冷等能源供应。综合能源服务商必须着眼于整个能源行业，依托自身优势产业，向上向下延伸产业链，创新和构建可实现优化资源配置、实现利益最大化的盈利模式。

第一节　配售一体化模式

配售一体化模式是综合能源服务商将配电和售电相结合的盈利模式。在公司配电网运营的范围内，如果用电客户与其他售电公司签订用电合同，那么公司只能收取配电费，也就只能获得配电利润；如果用电客户直接与配售电公司签订用电合同，公司除了需要依照国家核定标准，向输电网运营商支付输电费外，剩下的利润空间都将归公司所有。去除购电成本与配网投资及运营成本外，公司将同时获得配电利润以及售电利润。无论是哪种情况，配售一体化能源服务公司都能保证有利润来源，这是公司能持续经营以及发展的保障。

20 世纪 90 年代末，在法国、德国等欧洲国家，大部分配电网资产实现私有化，许多配电网都是由私人进行投资和建设的。之后随着售电市场的开放，诞生了许多拥有配电网资产的配售一体化售电公司，这样的售电公司相对其他售电公司最大的区别在于，公司不仅可以从售电业务中获得收益，同时还可以从配电网业务中获得配电收益。

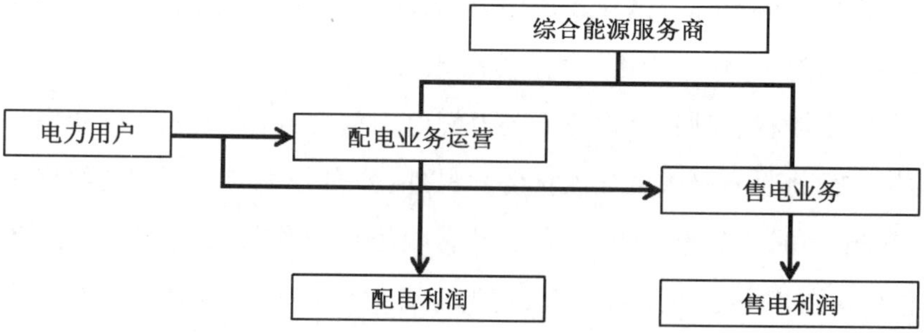

图 6—1　配售一体化模式结构

但是，这种模式的售电公司同时也承担着更大的付出和风险，首先需要投入更多的资金建设或改造配电网，日常的运行和维护工作也需要专业人员和先进的管理技术。例如，可再生能源的发展将势必给配电网的规划方案带来很大的影响，特别是分布式可再生能源发电设备绝大多数都接入配电网，配电网面临着扩建和改造，此时配售电公司不得不投入更多的资金。其次是政策风险，如输配电价的核定办法存在变动的可能，这使得配售一体化公司的收入不确定性增加，从而可能增加公司投资项目再融资的难度。

2016 年 10 月 11 日，国家发改委、国家能源局进一步发布了《有序开放配电网业务管理办法》，鼓励社会资本投资、建设、运营增量配电网，通过竞争创新，促进配电网建设的发展，优化服务的同时提高配电网运营效率。在我国，综合能源服务商投资、建设、运营增量配电网，并且在电力交易市场中积极拓展售电业务，将成为实践配售电一体化模式的重要组成部分。增量配电网为用户侧和电源侧提供了较直接的关联，通过综合能源服务商的售电服务耦合电能生产端和销售端，根据用户的用能需求实现多能互补系统的运行优化，降低能源生产成本并提高能源利用效率，为集配售电业务为一体的综合能源服务商开拓盈利空间。

【案例一】　恒华科技是一家面向智能电网的信息化服务供应商，致力于运用信息技术、物联网技术和理念，为智能电网提供全生命周期的一体化、专业化信息服务。2016 年 12 月，恒华科技入股贵州万峰电力股份有限公司（万峰电力是国家电力体制改革综合试点单位，其在兴义市拥有独立的地方电网及特定的供电区域），通过“产业＋资本”合作的模式切入地方园区配售电公司取得重大成果。公司在股权和项目建设方面与万峰电力深度合作，未来在配售电一体化运营运维方面将具有极大的先发优势。另外，公司分别与北京中电纵横国际管理咨询有限公司、兴义启明星电力发展有限公司合作设立两家电力服务子公司，强化公司在售电公司运行管理、售电业务培训服务、咨询服务、客户服务等方面的能力，进一步提升公司在售电领域一体化服务水平，从而提高其在售电领域的综合服务能力。

【案例二】　2017 年上半年，三峡集团联合重庆市政府，将重庆两江长兴电力有限公司（简称长兴电力）、乌江实业、涪陵能源 3 家电网企业的电力资产进行剥离整合，在重庆两江新区、黔江区、涪陵区设立统一的配售电企业。专业人士分析，三峡集团正在布局发配售一体的商业模式，与重庆市政府联手成立配售电企业。配售电业务主要通过投资建设和投资并购两种途径开展，在项目条件成熟的区域建设运营配电网；通过资本运作收购相关地方配售电。

第二节　供销合作社模式

采用供销合作社模式的综合能源服务商是将发电与售电相结合一种盈利模式。供销合作社由拥有发电资源的售电主体和用电主体组成。拥有发电资源的合作社成员，通过供销合作的方式将电力直接销售给其他用电成员；同时，售电公司获得的售电收入中的一部分将继续投入建设发电厂，以此达成发售双方共赢的局面。

发挥“发售一体”的竞争优势，为客户提供用电及增值服务。相对于其他售电公司，拥有发电资源的售电公司具有“目标利润和边际利润双重定价”的竞价优势。发电企业不仅要有正确的竞价策略，更要在发电成本上下功夫，形成自身的成本竞争优势。此外，除了价格因素，能否为用户提供选择多、响应快、质量好、费用省的用电套餐服务和各种增值服务也是发电企业赢得市场的关键所在。

采取供销合作社模式的售电公司最大的优势在于可以获得优质的发电资源。特别针对那些分布式可再生发电站，通过集合分布式发电站，组建一个销售纯绿色电力的售电公司，一方面吸引有碳排放限额的公司或是具有环保意识的人士购电；另一方面由于售电公司取得的一部分收益将投资或是分配给发电站，发电站运营商也就更愿意加入这种供销合作社模式，售电公司的购电成本也就能相对减少。

【案例三】　法国的 Enercoop 公司就是采用供销合作社模式的一家售电公司。2005 年该公司由国际绿色和平组织和其他一些环境保护组织组建，公司销售的所有电力全部来自可再生能源。至 2016 年已有 4 000 多客户，年售电量达 120 亿千瓦时。在购电方面，售电公司承诺将 57%的利润返还给可再生能源发电商，支持可再生能源的发展，截至目前已有115家发电商成为售电合作社的成员。

【案例四】 2018年11月，渝能(集团)有限责任公司在重庆电力交易中心有限公司注册取得售电资质。该公司作为在渝中小水电集中管理企业，所属9家分、子公司，参股公司10家，下辖20座中小水电站，分布于重庆市、贵州省的8个区县，曾被水利部授予“绿色小水电”称号。在新一轮“电改”中，公司顺势而为，积极步入电力市场，从单一发电企业过渡到具备发、售电双重资质的电力企业。此次获得售电资质，可直接对接工业用电客户并为其提供水电清洁能源。公司充分依托在渝清洁能源的行业优势和发电规模优势，为用户提供更加优质高效的能源服务。该公司面向市场，与多家在渝大型企业进行合作洽谈清洁电力供应事宜，并将以此为契机在清洁能源领域打开新的发展空间，积极发挥与原有发电业务的协同效应，着实增强综合实力，进一步提升未来的经营业绩与竞争力。渝能(集团)有限责任公司可考虑采用供销合作社模式进一步提升该公司电力业务整体市场竞争力，开拓新的用电市场，拓展更广泛的用户群体。

但是，供销合作社模式也存在相应的风险，选择投资哪些发电站将在很大程度上影响公司的效益，售电公司必须有相应的风险管控及科学的投资策略。例如，德国一家地区性售电公司选择投资联合循环热电联产厂，然而由于电力批发市场电价持续走低，此类型的发电厂发电成本相对较高，无法降低售电公司的购电成本，公司也就无法从中获利。

第三节 综合能源服务模式

综合能源包括水、电、气、油、新能源等，综合服务包括供电、供水、供气、供油、抄表、电能替代、电能质量治理、智能家居及围绕电力衍生出来的金融商品等。综合能源服务模式是指一些售电公司在开展售电业务的同时，也对该地区开展其他能源服务。这类公司一般都提供供电与供气服务，客户可以与公司单独签订用电或是用气合同，公司也会提供综合能源套餐。相对于单独签订合同，同时与公司签订供电与供气合同能够得到更多的优惠，这也是这类公司吸引及留住客户的重要手段。此外，有一些地区性综合能源公司还提供供热、供水、公共交通等服务，让客户可以享受多方位的能源服务。

综合能源服务商不仅是绿色能源供应方案服务商、生产技术解决方案服务商，未来还向城市清洁能源金融服务、交易服务等方面延伸。从以产品为中心，到以客户为中心，综合能源服务致力于为客户提供全方位的服务（见图6－2）。根据能源特点和使用场景的要求，需要发挥各类能源的优势，提供综合性的能源解决方案，提供更加精准的服务体系。

图6－2　综合能源服务模式结构

除供电、供气服务外，综合能源服务公司还提供供热、供水、公共交通以及租车服务，并推出电动车充电服务，公司现有客户可以免费使用充电桩，其他电动车用户以每次缴纳一定数额的充电桩使用费的方式使用充电桩。公司通过捆绑销售这种方式吸引更多的客户，提高客户忠诚度，利润来源也更多样化。

为了打造这样的地区性综合能源服务公司，除了提供供电供气服务外，往往需要经营其他一些利润很少甚至是没有利润的公共基础服务，如市内公共交通，这样将加剧此类公司的财务负担，因此导致国外一些地区性综合能源服务公司陷入财政困境，甚至濒临破产。但是，往往在市场上拥有激情动力去推动客户灵活更换合约的，也都是这些崇尚多元运营的综合能源公司。

【案例五】 国网(天津)综合能源服务有限公司早在 2017 年 10 月就在滨海中新生态城注册成立，是国网公司系统内首个综合能源服务公司。天津的国网客服中心北方园区综合能源服务项目，已经实现了绿色复合型能源网建设与智慧服务型创新园区建设，并取得绿色建筑标识认证。园区以电能为唯一外部能源，通过建设光伏发电、地源热泵、冰蓄冷等多种能源转换装置，并创新性地使用光伏发电树、发电单车以及国内首个应用于工程实践的发电地砖等，规模化高效应用区域太阳能、地热能、空气热能四类可再生能源。绿色复合能源网运行调控平台主要包括光伏发电系统、地源热泵、冰蓄冷、太阳能空调系统、太阳能热水、储能微网、蓄热式电锅炉七个子系统，年效益总计达 987.7 万元。每年累计节约电量约 1 100.2 万千瓦时，年节约电费共计 987.7 万元，预计到 2020 年将节约 5 056.2 万元，2022 年节约 7 078.6 万元。

【案例六】 2018 年 9 月，国家能源局批复同意广东发改委关于广州开发区新能源综合利用示范区建设申请，在该区合理推动光伏、地热、氢能、电动汽车、需求侧响应等技术应用，有序推进多能互补、氢能利用、综合能源管网等示范工作，构建新能源综合利用体系。预计到 2020 年示范区新能源产业总体产值实现突破 1 000 亿元。

第四节　能源套餐模式

能源服务公司可以利用自身能源布局多业态方面的优势，形成电、热、冷、气、储能等多能互补模式，实现能源供给多元化。在能源供给方面，包括电、汽、冷、热、氢等能源在内的多元化供应体系逐步形成。能源套餐模式的设计原则是结合能源公司的能源供给、技术和资金特点，以及用户用能特征与需求特点，确定公司能源套餐中的能源混合比例以及能源定价策略,达到能源公司生产产能的最大化利用以及利润的最大化实现。能源组合套餐,就是通过多种智能化的信息通信技术和自动控制技术,为用户提供消费选择权。例如,为用户供热就有多种选择方案,电便宜的时候用电,气便宜的时候用气。套餐设计将充分考虑到各种约束条件,如政府限价、补贴、最低产量等必要因素。

从单一能源套餐设计角度出发,针对用能行为多变用户设计阶梯电(气/汽/冷/热)价套餐。以用热为例,根据用户用热量的数额设置阶梯热价,将用户的月用热量分为若干个阶段,根据用户用热量的增加,热费单价将逐级降低。阶梯热价套餐宽幅的确定原则是促进公司总利润增长以及用户效用增加;针对用能规律为用户设计分时热(电/气/汽)价套餐。根据园区内热量负荷规律以及热量供给能力,设置合适的尖峰、高峰、平时、低谷分布时段,并针对不同时段,在阶梯热价基础上设置尖峰、高峰、平时、低谷分时热价套餐,实现园区热负荷的削峰填谷。

从能源耦合套餐设计角度出发,综合考虑电/冷或电/热能源产品的耦合套餐设计。将不同的能源品种按照一定的比例进行打包,设定比例的原则应为系统最优的电/冷(或热)生产比例为最优比例。同时,套餐设计将全面考虑园区用能时空特性,如分时性或季度性、可中断负荷、工业用户生产行为的清洁性等因素,尽量为用户提供多样化与个性化、可定制的套餐方案。定价的基本原则是套餐价格低于单独购买某一单一能源的总价,且用能量越大单价越低,用能行为越接近能源公司的系统最优生产比例单价越低,用户生产行为越清洁单价越低。此外,定价将综合考虑政府最高限价、政府性基金、税费、用户容量、用能时空特性等综合因素的限制。

【案例七】 德国最大的城市综合能源服务公司位于慕尼黑,公司主要为慕尼黑及周边地区的居民和工商业用户提供供电和供气服务,其中提供给居民的供电套餐就有 7 种,例如固定电价套餐、绿色电力套餐、网络电力套餐等。

【案例八】 2017 年,云南电网正式推出居民套餐用电,以年用电量 4 200 千瓦时为例,采用 4 000 度套餐,采用“年度阶梯电价”,节省电费 460 元。目前的居民用电主要采取两种计费方式,分别为“年度阶梯电价”和“套餐电价”。“年度阶梯电价”主要是对月用电量或者年用电量使用较少的家庭来实施的;“套餐电价”则针对用电量较大的家庭,根据用电量不同,共有6个套餐可供选择。按照所选套餐电量不同,给予不同比例的奖励电量,这也意味着,用电量越多,电价越便宜。以选择“套餐电价”4 000度为例,正常的电价是0.41元,但是套餐中包含有200度的奖励,因此实际可以用到4 200度。进行优惠后,每度电价就变为0.39元。

第五节 虚拟电厂包月售电模式

虚拟电厂,是一种实现分布式能源(DER)大规模接入电网的区域性多能源聚合模式,可实现对大量分布式电源的灵活控制,从而保证电网的安全稳定运行。虚拟电厂通过对多个分布式单元进行聚合,作为一个整体参与电力市场运营,既可以发挥传统电厂出力稳定和批量售电的特点,又由于聚合了多种发电单元而具有较好的互补性。大范围虚拟电厂建立的基础在于拥有众多分布式可再生能源发电设备的控制权、拥有分布式储能设备等一系列灵活性设备、采用可再生能源的市场化销售机制以及一套精准的软件算法。基于此类虚拟电厂的电力共享池系统提供了更加新型的售电模式。在该模式下,加入电力共享池的终端用户能够便捷地互相交易电力,通过各自的分布式储能设备最大化地使用分布式可再生能源的电力,减少外购电,从而显著降低用电成本。

【案例九】 在德国,已经有几个此类分布式能源社区在运营。德国曼海姆的Begy公司的电价包月套餐是德国能源互联网应用的优秀案例。这是德国第一家推出电价包月套餐的售电公司,用户只需要每个月支付一定额度的电费就能在一个比较大的范围内自由用电。在与客户签订Beg LIVE套餐后,公司会帮助客户安装屋顶光伏设备、家用储能设备和电力监控设备,通过将地区内分散的用户和集中式的电力生产设备相连,利用IT专业建模软件以及内建的智能软件优化算法调配各家屋顶光伏设备所发电力的消费、剩余发电量的购买和各个储能设备的充放策略，最终在最经济条件下实现电力生产和消费在一定范围内的平衡。这是一种利用虚拟电厂技术的商业模式创新，用户通过包月套餐节省电费，而且用上了清洁的电力。作为售电公司，该公司并不准备通过售电服务获取利润，而是通过设备的销售取得盈利。

【案例十】 这样的服务已经在德国推广了超过 6 万客户，而澳大利亚是这一服务在欧洲之外的首次试点。2018 年 7 月份，悉尼 12 户新建的别墅统一安装 5kWp 光伏系统和 8kWh 的储能系统。这 12 幢别墅的住户将与一家德国储能系统的提供商签署用电协议，通过 12 户之间互相共享电力，后续将实现接近零成本用电。

这家德国储能系统的供应商提供了自己的虚拟电站用电服务，拥有光伏系统的客户购买安装了 8kWh 储能系统后，每月仅需向该公司缴纳 30 澳元的管理费，就可以享受全年 7 500kWh 的全免费用电额度。而这一用电额度并不限制电力来源，可以是光伏发电、储能余电或电网市电，也就是说在太阳能不发电和储能耗尽的情况下也可以使用电网电量。该公司还提供每月 40 澳元全年 1 万度电和每月 50 澳元全年 1.25 万度电的套餐。

总体来说，基于虚拟电厂的共享电力模式对设备、通信、计量、算法的要求十分高，而且必须建立在一定的用户基础上。目前电力大数据分析、机器学习算法等技术都在其中有着很好的应用。在该模式下一旦形成电力共享的闭环，新增用户将会给系统带来更高的稳定性和安全性，这种模式也有着巨大的生命力和发展空间。

第六节　“配售一体化＋能源综合服务”模式

在售电侧和配电网同时放开的情况下，若一家综合能源服务商同时拥有配电业务和售电业务，并且能为园区内电力用户提供能效诊断、节能改造、运行托管等能源增值服务，满足客户对经济效益和环境保护的需求，这样的一家能源服务商因专业化和多元化的能源服务，将从电力用户处得到丰厚的收益（见

图6—3)。一方面,负责园区售电业务可以直接从市场化的协议购电或集中竞价交易中获取发电侧与购电侧之间的价差利润,同时还可获得园区内各电力用户的电力需求数据,为进一步设计个性化的能源服务提供数据支持。更为重要的一方面是,以用电数据为基础,为用户提供能效监控、运维托管、抢修检修和节能改造等综合用电服务,可以有效提高用户的用电质量、增强客户黏性,同时从赢利能力更强的服务类业务中获得更多利润。

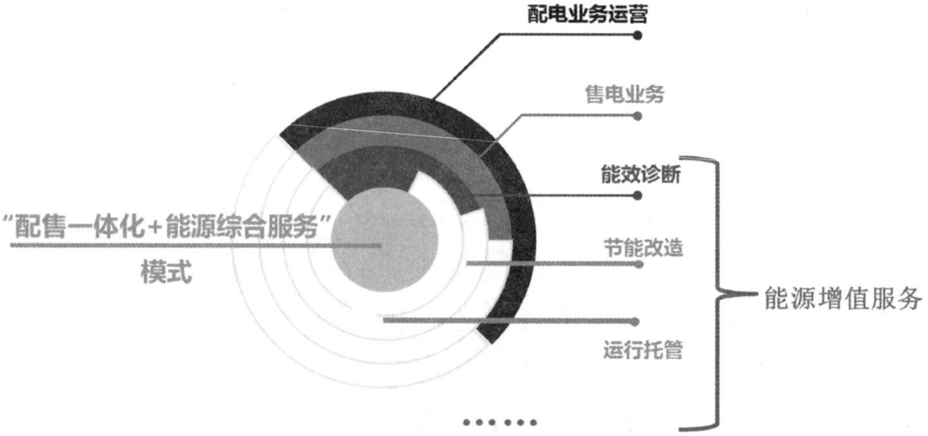

图6—3　"配售一体化十能源综合服务"模式结构

并且一般作为配售电公司,由于拥有配电资源,更容易在售电市场上占据先机,成为保底售电公司,也就为公司获得更多用电客户打下了坚实的基础,同时还可以积极利用配网资源开展售电增值服务,如合同能源管理、需求侧响应,并且还可利用客户资源参与电力辅助市场。

面对能源技术飞快发展、客户需求多样多元、能源产业链与互联网之间深度融合,综合能源服务商可以提供更适应现代移动互联网生活方式的综合能源服务,研究电力大数据在家庭能源报告、金融服务、增值服务、电力预测、咨询等方面的作用,在此基础上探索建立开放、共享的新型商业模式,塑造行业新业态。

【案例十一】　位于东莞的松山湖综合能源项目是南方电网公司首批综合

能源示范项目,将建成投产第一个由电网主导、冷热电多能供应、耦合交直流混合微电网的综合能源站。目前,第一个三联供能源站已经开始建设,通过“电网+综合能源”的供能方式满足其冷热电的需求,同时将在此处打造智慧楼宇、交直流混合微网等示范点,该项目预计 2018 年年底完工投产。该示范区的规划目标为在 2018 年完成存量智能分布式改造,用户平均停电时间少于 50 分钟,争取完成松山湖分局智慧楼宇能源站建设,清洁能源发电量占比超过 13%,单位 GDP 能耗少于 0.149 吨标准煤/万元。

第七节　互联网营销模式

采用这种模式有个前提就是要有很多家售电公司,并且每家公司售电价格有所不同。为了降低交易成本,提升企业竞争力,通过成熟的电力市场价格对比平台,为用户提供选择套餐及更换售电商服务。这些比价网站向用户提供的所有服务都是免费的,盈利主要来自有商业合作的售电公司/商家所支付的佣金(合作模式:用户通过比价网更换售电公司/商家,若该售电公司/商家是与网站有合作关系的,则按照协议支付一定佣金),目标客户群为互联网用户。

【案例十二】 这种模式在英国比较常见。英国电力监管机构 Ofgem 认证授权的比价网站总共有 12 家,其业务范围包括电力、天然气、固话、宽带、保险、贷款等,独立于任何售电企业。它们对用户的个人信息以及相关数据绝对保密,不会以任何形式出售,而且比价过程简单迅速,只需输入所在地区邮编即可,比价的排名结果是绝对公平不会受任何影响,可以向用户提供常见问题解答。

随着我国电力市场改革的不断推进,售电公司的数量也在急剧增加。采用电力比价网站服务模式便具有了可行性。面对庞大的互联网客户群,可以将电力、天然气、热、水等综合服务进行比价,便于用户选择综合能源服务提供商。

【案例十三】 2017 年,广东电力市场新兴了独立第三方报价平台,目的是通过互联网将价格信息迅速传递到全市场,发挥互联网信息协同作用,减少中间环节，让红利更直接地传递到用户。同时，用户也可享受一站式的报价服务，通过套餐价值对比，智能选择最优惠的购电套餐。平台的秒杀、团购和 DIY 套餐价格，引起了广大中小用户的格外关注。首先，中小用户是信息不对称的重灾区，互联网平台的信息协同理应发挥更大作用；其次，中小用户电量分散，通过平台发起的集体活动可获得更多优惠；最后，平台针对不同地域、不同电量等级的套餐价格，都是根据电力市场行情精心设计和智能匹配的，是值得认真考虑的。

第三方平台的公信力是用户考虑的关键因素。平台的价格是否透明真实、与哪几家可靠的售电公司合作、有没有更好的能效增值服务等，都是用户需要仔细考察的问题。

第七章○○○○○○○○○

综合能源服务核心能力建设路径设计

第一节　综合能源服务进入策略

一、市场环境

2015年九号文颁布以来，中国国家电网公司、中国南方电网公司以及中国蒙西电网公司制定并落地了一系列配套文件加大电力市场改革力度。经过三年多的改革，截止到2018年，我国电力市场改革初见成效，达到了竞价上网的目的。同时，部分地区如广州在已经实现了大用户直购电的基础上，初步建立起较为完善的日前交易市场机制，尝试建立电力现货市场。可以看出，我国电力市场的建设进程正在加快推进，市场主体意识不断增强，多元化的市场主体格局正在形成。市场主体参与数量和范围逐步扩大，市场化交易电量不断攀升，省内和省间交易品种日渐丰富，清洁能源消纳水平持续提升，改革红利逐步释放并普惠社会。

当前，我国能源消费供给、能源结构转型、能源系统形态呈现新的发展趋势。随着互联网信息技术、可再生能源技术以及电力改革进程加快，开展综合能源服务已成为提升能源效率、降低用能成本的重要发展方向。综合能源服务是将能源销售服务、分布式能源服务、节能减排及需求响应服务三大类组合在一起的能源服务模式。据专业评估机构估计,综合能源服务行业作为一个新兴领域,若得到良好的发展,将是一个数万亿级体量的巨大市场。巨大的利润空间成为各企业新的战略竞争和合作焦点,无论是传统的发电、售电行业还是互联网行业,众多公司纷纷尝试进入综合能源服务领域,借产业升级和电力体制改革的东风,实现自身企业更大的发展。因此,面对一个体量巨大的市场,如何找到合适的切入点进入综合能源服务市场,是每一个参与市场竞争的企业所必须考虑的问题。

二、策略分析

从企业管理的角度来看,综合能源服务业务进入策略可以从项目层面和业务层面着手进行分析。①

(一)项目层面

从该层面研讨综合能源服务商进入策略,可以着重关注以下三个方面:

1. 盈利模式设计

除项目本身经营收入,应尽可能控制投资,降低运营成本,并通过补贴或上市融资等方式强化赢利能力。

目前,综合能源服务商可以获取利润的业务主要包括以下几种:核心能源供应服务,如电、燃气、热等多能互补供应;咨询服务,如项目建设、节能评估等;增值服务,如提供融资渠道、进行设备租赁维护等。此外,储能服务、虚拟电厂以及用户响应也是未来综合能源服务商可以实现盈利的业务模块。

2. 利益关联机制构建

考虑园区、用户、燃气、电力等相关方的利益诉求,获得市场参与者的支持,同时建立共赢机制。

针对多方关联互赢机制的构架,目前综合能源服务商可以采取与当地政府

---

① 杨锦成.区域能源互联网构架下的综合能源服务[J].上海节能,2017(3):137-146.

签订政企共建商业合同，争取政府财政支持、税收减免等优惠政策。同时，能源服务企业可以与社会资本合作共建能源项目、与工商企业或居民区等用能大户制订能源综合利用回收计划等。综合能源服务商只有在权衡政企、居民等各方利益诉求的基础上，充分借助各方力量实现合作共赢，优化能源消费结构，提高当地能源使用效率，才会获得本地市场的接纳和认可。

3. 用户选择

在选定客户前要进行详尽的调查分析，研究潜在目标客户的用能状况、消费习惯、信用等级、未来发展规划等，选择可持续发展、具备良好长期合作条件的用户。

（二）业务层面

除了从企业项目层面入手分析综合能源服务商的进入策略之外，从企业自身业务开展方向入手，以下三个方向将是有意向进入一个新市场的综合能源服务企业所需重点关注的：首先是业务拓展路径，根据产业环境和资源情况确定自身定位，建立可持续的业务模式；其次，在完成商业环境和自身评估之后，应开展核心能力建设工作，逐步提高以产品、集成能力、商业模式等为核心的竞争力；最后，考虑到项目的生存周期及企业的未来发展，进行产业生态建设工作是能源服务企业实现稳定现金流的重要一环。只有开展业务链构建和产业链整合，打造一个完整的综合能源服务产业生态系统，才能提升企业竞争力、拓展能源业务服务能力，在综合能源服务数万亿体量的市场中获得更多的效益份额。

第二节　业务阶段

在综合能源服务商的不同业务阶段内，无论是能源供应商、能源消费企业或者是能源输送企业，其对各个阶段的能源服务诉求存在很大的差异。因此，根据我国目前的电网骨架结构以及主要能耗方的用能方式，参照我国能源行业的发展状况以及传统能源企业的经营策略，可以将综合能源服务商的业务阶段分为市场拓展、风险管控、综合能源和综合服务以及智慧能源和互联网＋升级四个阶段。

一、市场拓展

随着电力市场改革进入深水区，市场竞争的活力得到进一步释放。但是，相关企业面临的竞争压力进一步增大。相关能源企业想要提升经济效益，需要及时拓展其原有市场覆盖范围，树立独具特色的自主品牌，提高消费者的黏性，从而提高在新形势下的企业竞争力。但是，在市场拓展过程中，常常受到多方面因素的不利影响，原有的企业战略目标往往很难实现。因此，如何在新形势下实现自身市场的拓展，逐渐成为当前能源企业着重关切的方向。

针对我国综合能源服务市场拓展面临的困境，国内外专家开展了一系列研究，本节在众多学者们的理论成果之上，针对目前综合能源服务商面临的市场拓展困境，提出了以下几点策略：

（一）优化服务理论

在综合能源服务商进行市场营销过程中，若想进一步拓展市场，就必须要优化服务理念。企业核心竞争力的提升，很大程度上在于其服务水平的提升。通过优化服务理念，树立主动服务意识，才能够为用户提供高质量的服务。当然，这需要提高营销人员的综合素质和服务理念，打造一支专业化的营销队伍。再者，还要加强与客户的交流和沟通，及时了解客户的需求，收集整理客户的意见建议，然后据此不断改进服务工作，以使客户满意。

（二）完善产品营销策略

完善产品营销策略也是综合能源服务企业进行市场拓展的必要措施。对于提供能源服务的企业而言，若想开拓市场，首先必须要对想要进入的市场进行深入调研，全面了解市场需求，然后再根据实际情况来完善产品营销策略，合理开拓市场。尤其是要根据各地实际能源消耗量、能源消费结构等特点来建立目标区域描述模型，再对每个不同地区制定不同的产品营销策略，这样才能够逐渐打开市场。换言之，产品营销应当要具有针对性，要符合目标客户的实际情况和需求。

（三）健全售后服务保障机制

一套健全的保障体系，是能否与消费者达成长期合作关系、形成稳健现金流的必要保障。所以，能源服务企业必须要尽快健全保障体系，建立科学的市场拓展机制，不断强化对各个部门的认识，重点做好能源计量装置安装维护、相关电力燃气设备更新维护、信息收集管理、能源套餐更新完善、平台操作界面友好升级等一系列工作。其次，企业还要进一步强化物资保障，根据实际情况有效配置交通设施、通信设备以及其他物资。再者还要充分调动好人员，建立健全人员管理制度，根据实际状况合理安排人员岗位及具体的工作职责，从而充分发挥人力资源的作用。

二、风险管控

电力行业作为国民经济的支柱产业，考虑到其对社会平稳运行具有相当大的影响力，国家在逐步加大对一系列能源市场的改革力度的同时，也强调了必要的监管对维系能源行业平稳运行、保障消费者合法权益的重要性。目前，综合能源服务企业在新兴市场上开展相关商业活动时，需要考虑的市场风险主要是对国家行业政策动向的把握准确度以及提供服务市场价格的波动风险。[①]

（一）政策风险

综合能源服务商因政策而生，因此其经营状况在很大程度上受到国家政策变动的影响。政策风险方面，综合能源供应商主要面临的有国家对交叉补贴改革的风险、税收政策波动、工程审核条件变更、合同风险、法律风险等。建立庞大的信息收集网络提前获知信息、针对新的政策对市场策略做出及时有效的调整可以在一定程度上降低政策风险，甚至可以在市场普遍觉悟前打好时间差来赢利。因此，综合能源服务企业在决定进入一个地区或者在某地区扩大市场份额之前，进行必要的政策环境研究是至关重要的。

---

① 王信茂.电力“走出去”的风险及防控[J].中国电力企业管理，2017(28)：30－32.

（二）价格风险

价格波动风险是由企业的商品市场价格变动导致衍生工具价格变动或价值变动而引起的风险。能源价格波动性是指能源市场价格变化的不确定性，主要受能源价格波动确定与不确定因素的影响。能源价格暴涨或者暴跌都会给能源市场价格带来不稳定性，使能源价格市场规避者无法度量能源价格波动造成的风险，从而影响中国经济的可持续发展。我国能源企业必须加强能源价格风险管理，其主要原因在于能源价格波动远大于其他商品，对能源企业乃至整个社会经济的发展都可能产生非常深远的影响。随着世界经济形势的变化，主要能源如石油、液化天然气、煤炭等的价格均发生了数次明显的异常波动。

正常、合理的能源市场双边交易价格应能反映真实的市场供需关系和相应的成本，但是目前我国综合能源服务市场处于起步阶段，存在市场主体数量不成规模、信息存在一定程度不对称、市场主体行为监管手段不够完善、市场交易风险预警机制不健全等特点，这都会导致市场交易价格非正常波动，而交易价格的波动则会直接关系到本地区综合能源服务商是否能获取足够的利润维持自身的生存发展。因此，对任何一个综合能源服务商而言，如何将价格风险控制在一个合理的范围之内，尽可能减小由于价格波动对未来经营活动造成不利影响，是一个非常重要的问题。

在价格风险评估方面，目前主流方法有风险矩阵法、灰色综合评价法、人工神经网络技术、数据包络分析法、模糊综合评价法等。上述方法除了在能源价格风险度量上应用广泛外，在其他价格风险评价上也取得了良好的应用效果。在对风险进行有效评定之后，需要采取一系列措施尽可能地减小由风险波动带来的损失。针对目前中国综合能源服务价格的波动情况，可以从能源价格作用机制、能源金融衍生工具和能源风险管理系统三个方面采取相对应的风险规避策略，对综合能源服务商如何尽可能避免由价格波动造成营业损失起到一定的指导作用。

能源作用机制：调整主要能源间的比价关系、制定合理的能源价格政策、重视市场信号提高自我管控能力。

正确运用多种衍生工具规避价格风险：签订能源期货合约、能源互换合约、能源期权合约。

借助能源市场风险管理系统：准确记录每项交易、及时报告仓位、及时报告产品组合的市场实时价值、预测现金流状况、评估信用风险。

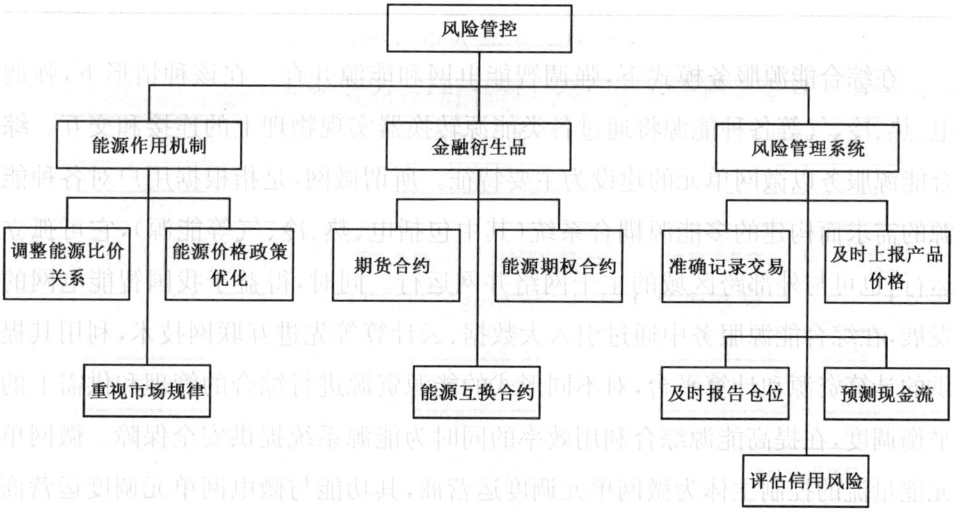

图 7—1　风险管控体系

三、综合能源和综合服务

对于综合能源服务商的准确定义，学术界还没有达成统一的认识，但是在综合能源服务商核心业务范围这一方面，目前主流观点均认为综合能源和综合服务是未来我国综合能源服务商必不可少的核心业务内容。综合能源服务作为一种新型的为满足终端客户能源需求多样化的能源生产与消费的能源服务方式，服务范围涵盖能源规划设计、工程建设投资、多类型能源运营服务以及投资融资服务等方面。综合能源服务作为未来构架综合能源系统的初期表现形式，是由传统的单一售电模式向未来多元化能源供应服务转型的关键一环。

表 7—1　　综合能源与综合服务对比分析

综合能源	供给侧为导向，以多能协同、分布式能源、能量流优化、能源安全为主要特征。满足客户冷、热、电、气等多种能源品种生产与消费需求。以发展能源技术为主导，旨在满足客户的刚性能源需求
综合服务	需求侧为导向，以大数据与智能网络、信息流、云服务、电能和可再生能源为主要特征。为客户提供工程发展规划、设计、工程投融资、建设以及运营维护等增值服务。以发展信息技术为主导，挖掘客户隐形需求，创造能源服务溢出价值

在综合能源服务模式下，强调智能电网和能源并存。在该种情形下，强调电、热、冷、气等各种能源将通过各类能源转换器实现物理上的连接和交互。综合能源服务以微网单元的建设为主要特征。所谓微网，是指根据用户对各种能源的需求而构建的多能源耦合系统（其中包括电、热、冷、气等能源），它可孤立运行，也可与外部跨区域的主干网络并网运行。同时，得益于我国智能电网的发展，在综合能源服务中通过引入大数据、云计算等先进互联网技术，利用其提供的计算资源和计算平台，对不同形式的能源资源进行综合的管理和供需上的平衡调度，在提高能源综合利用效率的同时为能源系统提供安全保障。微网单元能量流的控制主体为微网单元调度运营商，其功能与微电网单元调度运营商相类似，只是其管理的网络物理形态不同。研究冷热电三联供、热泵、电锅炉、冰蓄冷、分布式储能等分布式能源的建模分析与能效管理技术，部署区域能源供需快速采集设备，通过综合能源服务云平台实现区域电能、热力、制冷等能源消费的实时计量、信息交互、用能诊断与协调控制，提升综合能源利用率以及用户用能质量。

而综合服务则是在综合能源服务基础上的拓展和延伸，以管控风险、提高收益为目标，探索与用能特点相适宜的服务模式，准确掌握客户能源服务需求，匹配服务资源，提供标准化服务、产品和整体解决方案。针对电窑炉、热泵、能效诊断、余热回收、电机节能、绿色照明、设备代运维等电能替代与能效提升服务，优化客户用能结构，提高能效利用水平。主要提供以下四类服务：

(1)能源数据采集监测。通过运维托管等方式将用户的用能数据通过采集器接入系统平台。

(2)基础评估。评估能源配置是否合理、能源管理是否到位。

(3)通用服务。提出管理优化建议,提出能源配置优化建议。包括基本电费缴纳方式优化,调整能源搭配结构、优化用能时段等。

(4)专业服务。深入了解生产工艺,提出改造建议,降低生产成本。

从企业整个业务架构层面来看,具有竞争能力的能源服务商必须拥有一套完整的业务服务产业链,从进入目标市场开始,到开始提供个性化服务再到企业后期自身运营管理。同时,信息技术的迅猛发展为企业搭建统一的信息系统及能源管理系统提供了必要的技术支撑,而能源互联网云平台的构建,将极大提高企业管理效率,同时通过分析用户海量的用能大数据,挖掘潜在的商业价值,提供更具有针对性的能源套餐及管理建议。因此,综合能源服务商提供的能源数据采集监测、基础评估、通用服务、专业服务等服务内容通过整合规划,形成如下的综合能源服务体系:

用户服务模块:为客户提供营销结算和咨询培训。

市场交易模块:购入原始能源,出售经加工后的二次能源。

生产运营模块:综合能源系统运营调度和经营管理。

业务支撑模块:信息平台及综合能源系统构建、运维。

以服务某拟建工业园区为例,综合能源服务商应该在前期对承建该项目进行可行性分析,重点考虑赢利能力、风险高低、园区未来发展等。在进行完备的可行性分析基础上,综合能源服务商应从园区论证设计阶段介入,根据用户的实际需求,考虑本区域内的目前及未来一阶段内的用能趋势,提供整体规划决策建议,分步实施建设计划。在园区主体工程完工之后,针对该园区能源消耗情况,签订综合能源服务合同,根据合同制订详细的能源生产计划,设计相对应的能源套餐。在合同期间,综合能源服务商与被服务企业应保持良好沟通,保证双方可以顺利进行日常生产活动。针对发生的合同外服务项目,如增减能源供给、提供额外的运维保障或节能咨询,需要能源服务商自身及时进行调度、分配产能、调整运营计划。在提供基础供能服务及运营服务以外,准确、及时地对用能单位进行检测,保持双方高效的沟通也是保证后期能源服务质量的核心环

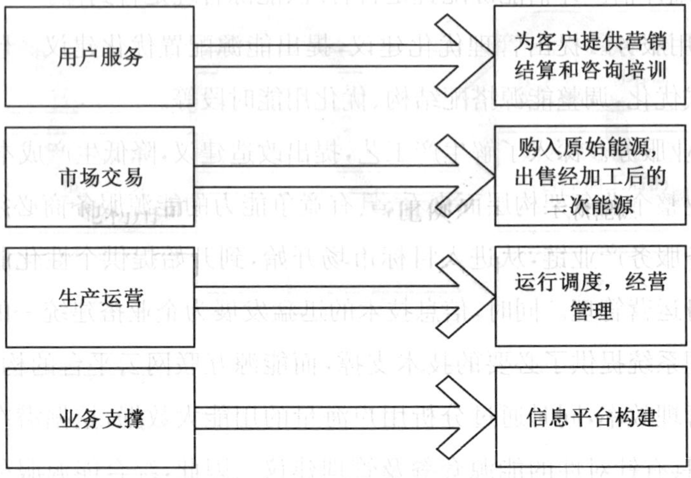

图 7—2 业务模块

节之一。与此同时，由于园区用能结构复杂、仪表众多、耗能量大，每天产生的海量数据需要及时汇总处理，智能化的云平台或涵盖电、热、气等多种能源的综合能源调度系统也是必需的。

四、智慧能源和“互联网＋”

2015 年 7 月，《国务院关于积极推进“互联网＋”行动的指导意见》(国发[2015]40 号)正式发布，首次提出“互联网＋”智慧能源的概念。2016 年 2 月，《关于推进“互联网＋”智慧能源发展的指导意见》正式发布，提出能源互联网是“互联网＋”智慧能源的简称，是一种互联网与能源生产、传输、存储、消费以及能源市场深度融合的能源产业发展新形态。未来，综合能源服务商将会逐渐演变为以多种能源综合利用为基础，强调多种能源之间的相互替代和综合优化，依托信息网络实现多个能源系统之间的高度耦合的智慧能源网络。能源互联网以电力网络为骨干，协同高度安全可靠的气网、热网、冷网等能源网络，实现能量在冷、热、电、气多种形态之间的转换及存储，支撑用户侧灵活经济的能源消费，进而实现整个能源系统用能效率提高、灵活性提升及经济性增加。同时，在原有的多能互补网络基础以及能源互联网基本建立的大背景下，信息物理融合将渗透到能源互联网的全环节。能源领域的信息物理融合在信息获取、优化管理、创新运营三个层面必将产生巨大价值。通过对多能系统的协同规划和优化运行，可实现整个能源系统的合理规划及高效运行。最终，以多能网络为基础、能源互联网为依托，传统的综合能源服务商可以进一步创新能源运营模式。创新能源运营模式的出发点即充分借鉴、运用互联网理念，以用户为中心，创造业务价值。在能源互联生态网络中，以B2C（商对客）为核心的传统商业模式与市场机制，将被基于商业化互联网平台的B2C（商对客）、B2B（企业对企业）、C2C（个人对个人）、O2O（线上到线下）、P2P（伙伴对伙伴）等各种形态的商业模式和市场机制所取代，使能源服务中各环节的业务模式发生颠覆性的变革。

第三节　业务模块设计

一、前期市场调研模块

在能源服务由单一的售电服务转型升级到全方位多能互补综合能源服务的新形势下，是否找准市场的痛点并提供高质量的能源服务对任何一个综合能源服务企业都至关重要。而前期的市场调研则是所有工作的出发点和落脚点，是整个能源服务体系中不可或缺的一个环节。随着智能电网、能源互联网建设的不断推进，各个综合能源服务企业也将面临更加激烈的竞争，因此每一个相关企业必须重视前期市场调研工作，加大对市场调研的资金及人员投入，逐步提高自身市场调研的能力，这样才能在未来激烈的市场竞争中取得先机，更好地完成企业既定的市场战略，在企业自身取得更大经济效益的同时优化我国总体能源供应质量，实现更大的社会效益。①

市场调查是指运用科学的方法，目的明确、系统、准确地收集、记录、整理反映市场状况的历史、现状及发展变化的资料。将调查内容的主要性质作为切入点，可以将前期市场调研模块基本服务内容简要概括为宏观市场调查和微观市

① 孙秀明. 加油站投资项目前期市场调查的做法[J]. 石油库与加油站，2013，22(1)：33－36、7.

场调查两个子模块。

（一）宏观市场调查

宏观市场调查主要对目标市场的经济环境及政策环境展开调研。其中，经济环境调查主要包括经济发展水平、产业结构及变化趋势，本地区能源消费结构、能源消费总量及未来变化趋势，车辆保有量以及本地区现有及潜在竞争对手概况等。针对政策环境调查，考虑到目前我国能源服务相关法律还在不断完善的过程中，政策连续性较差，法规不配套甚至相互矛盾的现象容易使能源服务企业蒙受意外损失。因此，能源服务企业进行前期政策环境调研时工作重点应放在以下几个方面：目标市场所在地政府工作效率、相关法规是否健全合理、本地区主要能源价格水平、税收政策、人力成本及土地使用成本等。

（二）微观市场调查

在宏观市场调查基本满足未来开展业务的基础上，能源服务商调研部门下一步工作重点主要放在涉及本企业具体能源产品采购、生产，服务供应，市场竞争格局，受众群体等方面上来。

(1)工厂区位调查。了解附近交通状况是否良好，输电、燃气、供热管网系统是否完善，生产基地位于工业区或者居民区等。

(2)本地区能源消费现状及潜力调查。了解本地区主要能源消费结构、能源消费总量、消费主群体等。同时，按照重工业、轻工业、商业区、居民区、农田划分为五个等级，分别赋予不同权重，结合本地区发展规划构架能源消费预测模型。完成基本数据收集分析后，根据企业自身能源产能高低或服务范围，制定针对性强的发展及销售策略。

(3)竞争对手调研。搜集本地区已经存在的能源服务企业的基本资料，如市场占有率、服务类型、套餐价格水平、与本企业产品相似度以及企业未来战略规划等。

(4)市场调查形式。市场调查主要有开调查会、个别访谈、通信调查和实地调查等形式。能源综合服务商具有资本投入巨大、建设周期长等一系列特点。因此，在宏观调查中，主要采用与政府洽谈、收集公开信息等方式。针对微观调查，目前主流的调查方式有实地调研、与从业人员及消费者举行研讨会等。

二、风险管控模块

综合能源企业当前正处在市场化的经营环境下，企业内外部充满了各类风险因素，这些风险如果失去管控将会给企业带来巨大的损失，因此研究相关能源类企业所面临的各种经营风险，对综合能源服务企业健康运行和可持续发展有着重大意义，同时也具有一定前瞻性。

在综合能源服务商的风险管控模块中，需要在前期市场调查的基础上对主要风险进行识别分类，之后针对不同类型的风险采取相对应的风险管控措施。综合能源服务企业在其风险管控模块中，根据风险的内外部属性及对管理活动的影响，可以将常见风险分类如表 7－2 所示，这也是英国标准的风险分类方法。[①]

表 7—2　英国工商企业风险管理与保险协会(AIRMIC)分类方法

	内　部	外　部
战略风险	新技术、新产品、品牌建立及收益波动	市场需求、法律政策、竞争对手和供应商的改变
财务风险	现金流及资产安全性	经济周期、利率风险、信用风险
运营风险	安全生产、环境保护、知识产权、人力资源及价格谈判等	管理责任、企业社会责任、合规性及产业链耦合度
危害性风险	火灾、工伤等	水灾、地震等

在完成了风险识别鉴定的工作之后，风险管控模块需要在此基础上采取相对应的管控措施尽可能降低风险对企业带来的潜在损失。按照生产流程，该模块可以划分成以下若干子模块：

(一)战略风险管控模块

(1)综合能源服务商可以与煤炭供应商签订远期合同，规避煤炭价格波动；

(2)多元化原料结构，采取如地热、光伏等产能方式，同时，积极拓展潜在一

① 李飞. 中央企业境外投资风险控制研究[D]. 财政部财政科学研究所，2012.

次能源供应商；

(3)重视国家扶持政策，积极争取税收减免等一系列补贴。

(二)财务风险控制模块

(1)提高设备维护效率，减少由于设备带病上岗造成的生产损失；

(2)与下游经销商签订远期合同，规避产品价格波动带来的风险；

(3)加强企业信用管理，降低呆账、坏账率；

(4)安装使用更为智能的计量设备。

(三)运营风险控制模块

(1)强化安全生产监管，制定完备的责任体系；

(2)使用脱硫煤，安装先进的净化设备；

(3)根据实际需求设置公关部门，对专利申请、购买，与竞争对手合作，企业社会形象进行管控。

(四)危害性风险子模块

(1)购买相对应的商业保险；

(2)建立有效的损管体系。

三、综合能源和综合服务模块

综合能源服务商以能源流为主导的综合能源服务和以信息流为主导的综合服务模块作为关系到服务商赢利能力的核心模块，其功能划分是否合理、运作是否高效关系到服务商在激烈的能源服务行业的生存态势。前一节已经对综合能源和综合服务的基本概念、内涵运营模式及分类进行了介绍，按照之前的分析，综合能源和综合服务模块可以进一步划分为以下四个子模块：用户服务子模块、市场交易子模块、生产运营子模块、业务支撑子模块。

(一)用户服务子模块

用户服务子模块主要包括两个方面的功能：能源费用结算，咨询培训。

1. 能源费用结算

针对能源费用结算模块，其主要实现的是综合能源供应商针对向客户供应

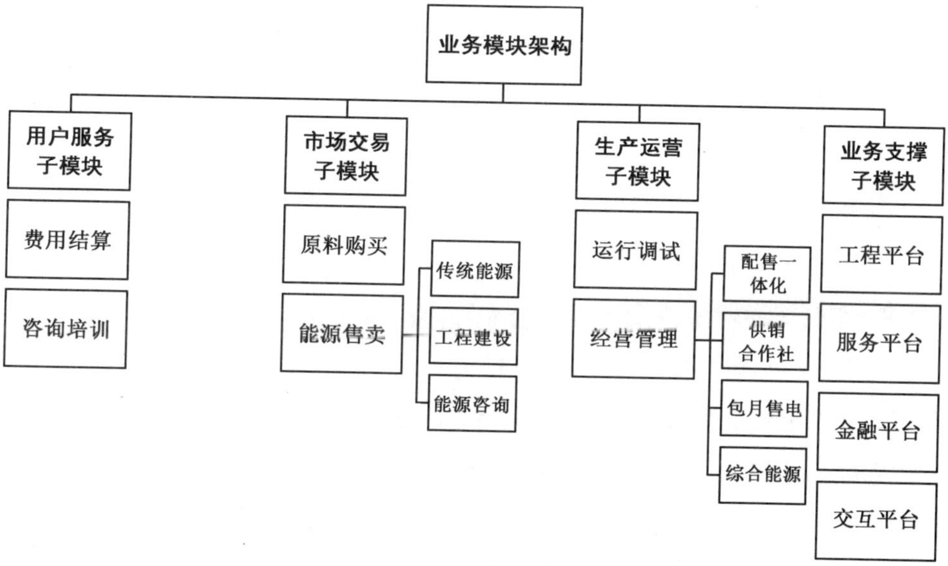

图 7—3　业务模块架构

一定量的能源收取的费用外加提供设备安装、维护等后期费用，包括能源基础服务、清洁能源开发与供应、能源资源综合利用等服务费用。能源基础服务方面主要体现在为用户提供电、热、水、气等能源及个性化套餐设计，收取服务费用；清洁能源开发与供应方面主要体现在通过投资清洁能源发电和电动汽车等进行赢利；能源资源综合利用方面主要体现在电网投资发展分布式电源，通过运营获得一定费用。

其中，随着智能计量设备的大规模推广，计量设备可以在管网关口、分支回路、楼层与区域关键节点以及用户户内进行安装，实时计量每一个结算周期内的用能情况并通过通信网络在服务商统一的云平台进行汇总分析，在取得客户数据之后根据事前签订的供能合同或者套餐收费标准计算最终用能结算费用。除此之外，相关计量设备的安装维护费用也包括在结算费之内。

2. 咨询培训

咨询培训模块主要涵盖的是综合能源服务商提供的增值服务，包括节能服务、能源数据增值服务、金融服务。节能服务方面主要体现在为客户提供节能服务时，分享节能收益；能源数据增值服务方面主要体现在为客户提供能效咨询与管理、碳资产咨询与管理等服务时收取管理咨询费用，获取利润；金融服务方面主要体现在提供融资租赁和征信服务时赢利。

（二）市场交易模块

市场交易模块主要包含购买用来支撑综合能源服务商二次制造的原材料以及产成品能源售卖两个部分。

1. 原材料购买

目前，我国综合能源服务商原材料主要有以下几种：电煤、天然气、燃油，以及部分如光伏风电等清洁能源。上述一次能源基本已经实现市场化，且市场交易规则健全，因此，此模块功能实现可以由市场采购部集中负责，在每一个采购期内按照生产计划制订存有一定裕度的采购方案，通过市场直接购买、签订远期合同以及物物交换等方式获取所需资源。能源供应方通过双边交易、集中竞价交易、总表结算的方式向五大发电集团或其他原始能源供应方购买能源。除此之外，准确预测原材料价格波动趋势、采取必要的金融手段对冲价格风险、设置合理的采购存贮策略、及时保量进行市场采购是原料采购功能模块的核心功能。

2. 能源售卖

根据现有的较为成熟的综合能源服务商的商业模式，服务商在开展能源售卖业务时，根据计量数据、交易合同数据、用户能量消耗数据、网损及价格数据等信息依据结算规则对各交易主体进行能量结算。综合能源服务商在提供能源供应服务时，需要着重关注以下几个方面的问题：按照关联的紧密程度和业务发展模式的相似程度，将其售卖能源服务归纳为三类。

第一类是单纯的能源销售服务，包括售电、售气、售热冷、售油等基础服务，以及绿色能源采购、利用低谷能源价格的智慧用能管理（例如在低谷时段蓄热、给电动汽车充电）等单纯的能源供给服务。

第二类是分布式能源服务，包括设计和建设运行分布式光伏、天然气三联供、生物质锅炉、储能、热泵等基础服务，以及运维、运营多能互补区域热站、融资租赁、资产证券化等深度服务。

第三类是节能减排服务及需求响应服务，包括改造用能设备、建设余热回收、建设监控平台、代理签订需求响应协议等基础服务，以及运维、设备租赁、调控空调、电动汽车、蓄热电锅炉等柔性负荷参与容量市场、辅助服务市场、可中断负荷项目等深度服务。

从上述能源销售服务的覆盖范围和能源服务品种可以总结出，传统能源服务，多是从产业链上游向下游纵向延伸的合纵模式；而综合能源服务则是围绕客户需求提供一站式服务的连横模式。从以产品为中心的服务模式，转变为以客户为中心的服务模式。传统能源服务，多是上游企业的附属业务，往往围绕上游企业的产品营销开展服务，服务模式是以产品为中心。而综合能源服务是以能源服务为主营业务，围绕客户的综合需求开展服务，服务模式是以客户为中心。为了提高客户满意度、增强客户黏性，综合能源服务企业甚至不仅仅提供能源服务，还可以针对客户使用能源背后的最终需求，考虑客户对成本、安全、舒适、便捷、速度等方面的要求，提供物业管理、垃圾处理、碳金融、智慧生活、大气治理、水处理、固废处理等相关服务。

（三）生产运营模块

与前两个模块侧重市场和用户需求不同，生产运营模块则将重点放在了综合能源服务商本身运行调度和经营管理两个方面上。

1. 运行调度

综合能源服务商运行调度主要以高效储能技术为依托，在能量高效清洁利用技术以及云计算平台、物联网平台的支撑下完成对能量流的控制优化和管理。根据不同能源的自身特点，将不同能源的时空特性纳入考虑，提供过程匹配、不同循环优化耦合的优化运作调度机制。同时，借助于统一能源系统交互平台，将基于电、热、冷和储能等各种能量源进行分层分时调度，挖掘全系统的调度潜力，在完成规定的调度要求之外尽可能提高系统调度效率以及系统的可靠性。

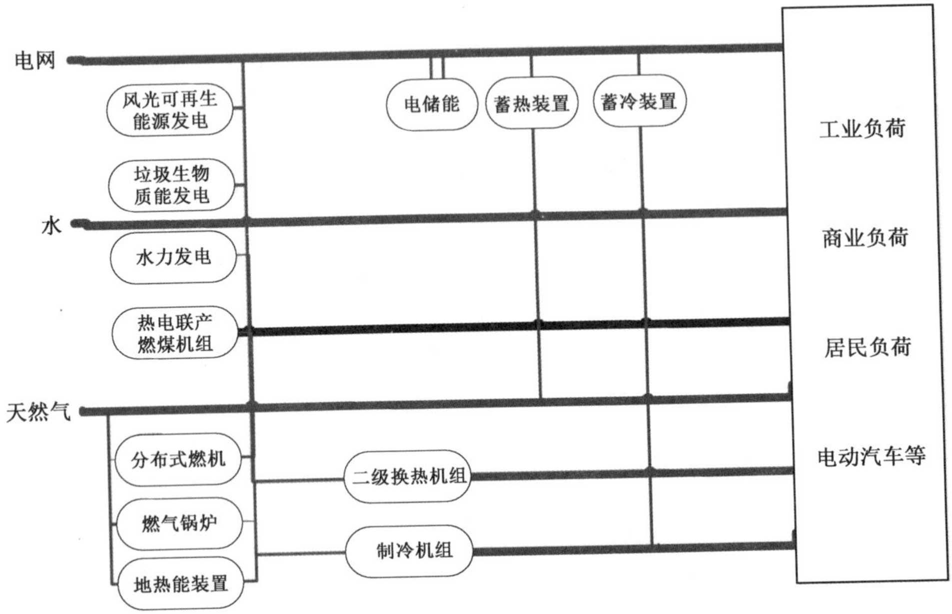

图 7—4　综合能源调度结构

2. 经营管理

目前综合能源服务行业尚处于探索阶段，各服务商根据本地实际情况采取了不同的商业模式及经营管理架构，主要分为配售一体化模式、供销合作社模式、虚拟电厂包月售电模式以及“配售一体化＋能源综合服务”模式等。

(四)业务支撑模块

作为为综合能源服务商提供业务支撑的综合能源服务系统，由于涉及火、电、燃气、新能源、储能等多种能源供给类型，外加不同需求用户的能源消费要求，需要搭建综合的管理平台对企业业务开展、信息收集、能源供给状况、实时数据处理等多方面进行统一管理。综合能源服务内容非常多，涉及众多利益相关方，投入大量人力物力财力，很少有企业进行全面布局，需要行业内多家企业的协作。图 7—5 给出了综合能源服务信息平台架构，主要包含工程平台、服务平台、金融平台与交互平台。

工程平台主要是建设一个多能互补能源优化集成系统，目前还没有整合用户侧的内容。业务方面涵盖了咨询、设计、系统集成、工程、运维等。如果相关企业有产业基础，就可以在区域能源互联网形成整体协同优势，拉动相关企业的业务发展。

服务平台是指智慧能源管控系统，包含底层的生产监控系统（SCADA 系统）、需求侧响应、能源管理、能效管理、调度系统、负荷模拟、系统仿真以及上层的大数据、云计算平台等。建议企业可以根据实际业务、用户的需求以及政策的条件限制逐步地展开建设。

金融平台主要是解决项目投资与产业孵化的融资问题。综合能源服务行业是重资产行业，目前很多热衷能源互联网的企业是售电或者发电等相关企业转型过来的，在大项目系统集成、运行的能力上稍有欠缺，随着逐步向综合能源方向发展，就需要一些产业基金来帮助孵化。

交互平台主要围绕用户，在与其他平台产生的工程实施、运营管理和投融资产生交互的基础上，与电力、燃气等交易平台产生交易。

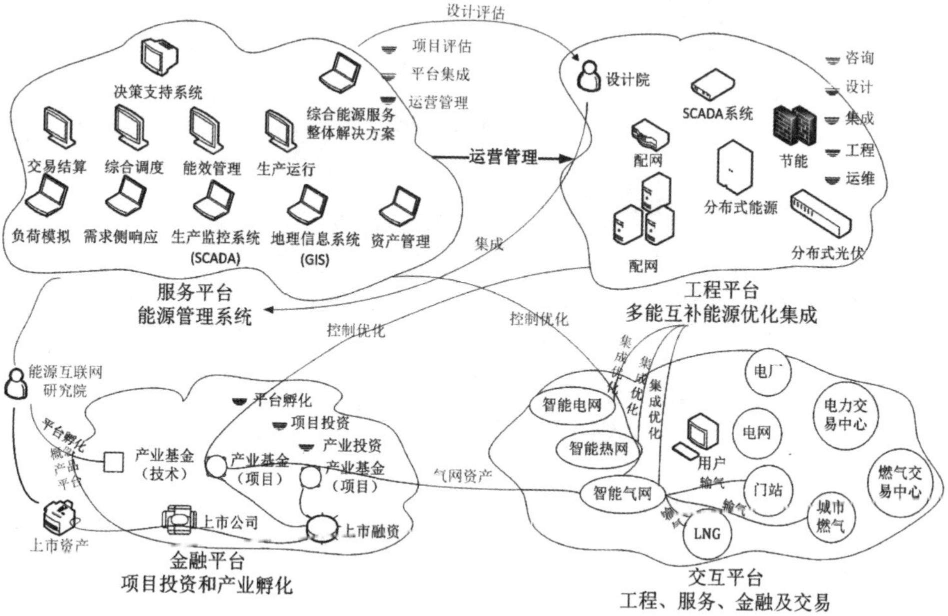

图 7—5　综合能源服务平台架构

四、智慧能源和“互联网＋”模块

智慧能源及互联网＋作为综合能源服务的进阶版本，是新能源技术和物联网、大数据、云计算技术高度发展并融合，同时建立在市场化能源体制基础上的高效、新型能源生产利用形式。企业根据自身的产业基础，不同阶段和不同地域的政策环境，以及产品、技术的应用场景，务实地规划设计自身的能源互联网战略和发展路径，使其在实现产业拉动的同时逐步完成业务转型，构建自身的产业生态和业务拓展空间，在取得成熟的综合能源服务发展及经营模式之后，尝试建立起智慧能源网络，完成由综合能源向能源互联网的跨越。届时，综合能源服务商将以能源为主导过渡到以信息为主导，以物联网、大数据和云计算技术充分应用为基础，具有人工智能特点的中级能源互联网。中级阶段除信息技术的大规模应用外，有赖于全社会开放的电力、燃气等能源交易市场和碳排放、节能量等约束类指标交易市场的建设。结合各类用户需求的标准化和个性化服务模式将普遍兴起。

图 7—6 能源互联网组织层次

展望未来，由综合能源服务网络孕育出的能源互联网推动世界能源转型，促进全球经济发展，符合全人类的共同利益，意义重大、影响深远、前景广阔。

第四节　服务方案

一、服务方案基本内容

综合能源服务解决方案是在一定区域及范围内，综合能源服务商或能源互联网系统运营商全面考虑用户端能源消费特征，依托微网端、分布式能源端的智能控制系统，提供满足用户包括电、热、油、气等在内的多种能源需求的用能方案。对于单个具体项目，需要进行业务场景设计，在规划设计阶段即充分考虑政府规划、用户需求、能源政策、财税政策、产业政策等因素，进行系统配置及能源产品价格体系设计，结合商业模式进行技术经济性分析，并根据分析结果对技术路线、配置和运行模式等进行优化调整。同时，进一步确定燃气、电力、土地等外部实施条件。①

综合能源服务解决方案主要包含电源侧、智能控制侧及用户侧三个部分。

电源侧服务方案：侧重点在能源供应结构和供应方式上，能源互联网的电源供应主要由分布式清洁能源和部分用于调峰的柴油机组、燃气机组组成，为网络中的用户提供能源供应。

智能控制侧服务方案：在能源互联网框架下，主要依靠微网将电源与用户直接相连，同时需要在微网上架构一个智能控制中心协调整个微网系统的运行，在电源侧实现分布式清洁能源与调峰机组之间的互补协调，同时配合储能电池的有序充放电，通过发掘用户的需求侧响应资源，使用户端的负荷能够主动追踪清洁能源发电出力。

用户侧服务方案：用户端的负荷控制主要通过需求侧响应、用电诊断等工具来实现。控制中心将为每个用户提供一份详细的用能方案，帮助用户减少电网用电、增加自发自用电。区域综合能源服务的技术因素主要有规划设计、业务场景构建、业务规则重构以及运营管理。规划设计包括静态负荷测算，能源

① 封红丽.国内外综合能源服务发展现状及商业模式研究[J].电器工业，2017(6)：34－42.

站和用户选址、配置与接入，能量流模型，可靠性模型和经济性模型；业务场景构建包括能源网络建模、大数据分析、边界条件界定、用户交互；业务规则重构包括交易政策和规则、期现货能源购入、用户能源供应机制；运营管理包括实施负荷预测、运营优化、调度响应。现阶段业务规则重构和及运营管理是关键。

二、服务方案运营模式

在根据用户情况制订切实可行的实际服务方案之后，下一步需要考虑如何制定高效的运营模式来保证能源服务方案正常发挥其应有效用。整个综合能源服务解决方案的运营过程主要包括以下几个阶段：

第一阶段：在系统运营商的控制下，系统的能源供应主要由电源侧的分布式发电来提供，配合储能设备的有序充放电，提高出力功率的稳定性和频率稳定性。

第二阶段：当电源侧的功率注入微网后，由智能控制系统来协调整个系统中的潮流分布和走向，同时负责发布微网两端的电力供需信息，并计算得到不同用户的优化用电方案。微网控制单元的运行也由综合能源服务商来管控。

第三阶段：用户侧使用微网网端传来的电能，用户按照智能控制系统制订的优化用电方案来错峰用电和储能，实现供需双向协调。

第四阶段：智能控制系统根据历史负荷数据、用户用电弹性、用户需求侧响应特性等数据，预测第二日的负荷曲线，制订微网小范围的能源调度运行计划。

需要注意的是，上述四个主要运营阶段仅仅是综合能源服务商针对其制订的能源解决方案所施行的运营措施的基本原则或基本流程。考虑到不同综合能源服务商的运行状况、区域地理环境、市场竞争程度以及客户用能行为特点等，在实际运营工程中需要因地制宜地对上述运营模式做针对性的修改。

三、综合能源服务商基本职责

综合能源服务商是综合能源服务解决方案的核心和纽带，在提供综合能源服务时需要扮演好以下三个角色：

投资者:综合能源服务商是整个能源互联网系统的投资方,需要投资电源侧、智能控制侧、用户侧的硬件设施及软件设施,为开展多项能源服务打下基础。

运营者:综合能源服务商负责整个系统的运行方案设计、实时运行调控等,是实现多能源系统之间、多种能源之间互补协调的关键。

资金回收者:通过对整个综合能源服务的投资及运营,综合能源服务商可获取电费、供暖费用、信息服务费用等。

参考文献

[1]刘振亚. 全球能源互联网[M]. 北京：中国电力出版社，2015.

[2]余晓丹，徐宪东，陈硕翼等. 综合能源系统与能源互联网简述[J]. 电工技术学报，2016，31(1)：1—13.

[3]马钊，周孝信，尚宇炜等. 能源互联网概念、关键技术及发展模式探索[J]. 电网技术，2015，39(11)：3014—3022.

[4]张丹，沙志成，赵龙. 综合智慧能源管理系统架构分析与研究[J]. 中外能源，2017，22(4)：7—12.

[5]封红丽. 国内外综合能源服务发展现状及商业模式研究[J]. 电器工业，2017(6)：34—42.

[6]王润华. 论“新电改”背景下综合能源服务市场的催生[J]. 科技经济导刊，2018，26(25)：215、134.

[7]电力企业向综合能源服务转型的轻思考[EB/OL]. http://news.bjx.com.cn/html/20180709/ 911390—3.shtml.

[8]黄建平，俞静，陈梦，赵伟博，王思羽. 新电改背景下电网企业综合能源服务商业模式研究[J]. 电力与能源，2018，39(3)：344—346、399.

[9]薛斌，唐卓贞. 全球能源互联网关键技术进展及展望[J]. 电气自动化，2017，39(2)：79—82.

[10]孙伟卿，田坤鹏，谈一鸣，曾平良. 全球能源互联网关键技术与研究展望[J]. 自动化仪表，2017，38(1)：1—6.

[11]张曦，樊倩，郑珊杰等. 基于多能互补的区域能源系统优化研究[J]. 能源研究与管理，2018(3)：63—69、78.

[12]郝然.多能互补和集成优化能源系统关键技术及挑战[J].能源研究与利用,2018(2):4—5+8.

[13]艾芊,郝然.多能互补、集成优化能源系统关键技术及挑战[J].电力系统自动化,2018,42(4):2—10、46.

[14]何仲潇.多能协同的综合能源系统协调调度方法研究[D].浙江大学,2018.

[15]彭克,张聪,徐丙垠,陈羽,赵学深.多能协同综合能源系统示范工程现状与展望[J].电力自动化设备,2017,37(6):3—10.

[16]刘秀如.多能互补集成优化系统分析与展望[J].节能,2018,37(9):28—33.

[17]杨佳霖.北方城镇多能源协同供应系统及实例分析[J].分布式能源,2018,3(4):59—63.

[18]赵娜,李翔宇,朱永强等.能源互联微网需求侧气电协同优化策略[J].电力建设,2017,38(12):60—67.

[19]吴志力,杨卫红,原凯等.园区能源互联网多能源协同优化配置发展构想[J].中国电力,2018,51(8):99—105.

[20]李阳,郇嘉嘉,曹华珍等.基于综合能源协同优化的配电网规划策略[J].电网技术,2018,42(5):1393—1400.

[21]姚威.综合能源协同优化的配电网规划策略[J].通讯世界,2018(10):154—155.

[22]丁世明.基于楼宇冷热电联产(BCHP)的清洁高效能源利用技术[J].建设科技,2015(22):68—69.

[23]张世国.高效配置资源 加快能源互联[N].国家电网报,2015—12—25(001).

[24]陈冲,吴越.基于能源互联和“互联网＋”理念的智慧园区 2.0 的研究[J].电力信息与通信技术,2016,14(4):22—26.

[25]康健.可再生能源合理开发高效利用的技术路线和评价准则[J].太阳

能,2011(9):9—13.

[26]刘彦婧.浅谈能源互联网储能节能技术发展及应用[J].科技视界,2016(18):231、234.

[27]马守达,杨锦成,崔承刚等.能源互联网储能技术应用研究[J].发电技术,2018,39(5):412—418.

[28]周聪.能源互联网中的关键技术分析[J].中国新通信,2018,20(11):69.

[29]杜锦芬.能源互联网背景下的电力储能技术分析[J].通讯世界,2018(3):261—262.

[30]冯为为.储能与多能互补融合发展 能源绿色低碳转型新方向[J].节能与环保,2017(10):46—47.

[31]谢国辉,李琼慧.全球能源互联网技术创新重点领域及关键技术[J].中国电力,2016,49(3):18—22.

[32]陈永翀,李爱晶,刘丹丹等.储能技术在能源互联网系统中应用与发展展望[J].电器与能效管理技术,2015(24):39—44.

[33]李建林,田立亭,来小康.能源互联网背景下的电力储能技术展望[J].电力系统自动化,2015,39(23):15—25.

[34]荆平,徐桂芝,赵波等.面向全球能源互联网的大容量储能技术[J].智能电网,2015,3(6):486—492.

[35]门向阳,曹军,王泽森,杜文娟.能源互联微网型多能互补系统的构建与储能模式分析[J].中国电机工程学报,2018,38(19):5727—5737、5929.

[36]朱永强,郝嘉诚,赵娜,王欣.能源互联网中的储能需求、储能的功能和作用方式[J].电工电能新技术,2018,37(2):68—75.

[37]刘世成,张东霞,朱朝阳等.能源互联网中大数据技术思考[J].电力系统自动化,2016,40(8):14—21、56.

[38]毛颖玲.能源互联网中大数据技术思考[J].电脑迷,2018(9):150—151.

[39]朱金鑫,陆圣芝,范永璞.基于移动互联网的综合能源信息服务平台框

架研究[J].机电信息,2017(3):27－28.

[40]傅倩.政府大数据平台的建设策略研究[D].南昌大学,2014.

[41]周子茵."一带一路"新型智库平台大数据管理服务体系建设研究[D].陕西师范大学,2018.

[42]蒋宏图,袁越.电力系统自动化综合应用信息平台设计与实现[J].电力自动化设备,2009,29(5):113－116.

[43]周玲,王建树,苑旭楠,郭鹏鹏.电力系统自动化综合应用信息平台设计与实现[J].科技创新与应用,2015(35):210.

[44]蔡世超.多能互补分布式能源系统架构及综合能源管理系统研究[J].吉林电力,2018,46(1):1－4、16.

[45]华煌圣,甘霖,伍竹林等.基于物联网技术的能源互联网数据支撑平台[J].供用电,2018,35(1):40－45.

[46]郭冲,闫文卿,许斌.面向服务组合质量的物联网绿色能源管理[J].电信科学,2017,33(10):34－42.

[47]肖占胜.人工智能技术在电气自动化控制中的应用思考[J].电子技术与软件工程,2018(20):106－107.

[48]乔宏仪,李昂,韦道知,高育鹏.人工智能发展趋势及其应用领域研究[J].集成电路应用,2018,35(10):57－58、61.

[49]孙秋野,杨凌霄,张化光.智慧能源——人工智能技术在电力系统中的应用与展望[J].控制与决策,2018,33(5):938－949.

[50]王辰璞.以智慧能源物联网为例浅析通信及信息技术对人工智能工程的影响[J].中国新通信,2018,20(4):27－28.

[51]任浩,屈剑锋,柴毅,唐秋,叶欣.深度学习在故障诊断领域中的研究现状与挑战[J].控制与决策,2017,32(8):1345－1358.

[52]宋永华,韩英铎,王仲鸿.人工神经网络及其在电力系统中的应用[J].电网技术,1991(1):52－61、71.

[53]王凯石.物联网在能源互联网中的应用[J].数字通信世界,2017(12):

186－187.

[54]陈娟.能源互联网背景下的区域分布式能源系统规划研究[D].华北电力大学(北京),2017.

[55]蔡小波.云计算环境能效建模与优化的关键技术研究[D].云南大学,2016.

[56]杨彬.基于云计算的能源效率方法研究[J].电子测试,2016(5):61－62.

[57]王尔玺,周一.基于云平台的分布式新能源监控数据分析方法研究[J].能源与环保,2018,40(3):154－158.

[58]李洋,何宝灵,刘海涛等.面向全球能源互联网的分布式电源云服务与大数据分析平台研究[J].电力信息与通信技术,2016,14(3):30－36.

[59]张利,李静,牛跃华,高毅.能源互联网背景下的电力系统云计算技术的商业模式分析[J].通信电源技术,2017,34(5):130－132.

[60]刘聪,迟福建,李盛伟等.能源互联网背景下电力系统云计算技术的商业评估[J].电工技术,2017(11):133－134、142.

[61]齐林海,陈思路,任旭,熊里.能源互联网信息特征及其云平台处理技术[J].电力信息与通信技术,2016,14(9):28－32.

[62]邓维,刘方明,金海,李丹.云计算数据中心的新能源应用:研究现状与趋势[J].计算机学报,2013,36(3):582－598.

[63]叶天琦,芮烨,李刚辉等.能源云技术的研究及其标准化[J].信息技术与标准化,2015(4):60－63.

[64]黄浦区发展改革委员会.上海黄浦区"互联网＋"智慧能源发展规划研究[J].上海节能,2018(2):72－77.

[65]梁浩,张峰,龙惟定.基于多能互补的区域能源系统优化模型[J].暖通空调,2012,42(7):67－71、60.

[66]黄欢.光伏电站的选址决策方法研究[D].华东交通大学,2018.

[67]周任军,康信文,李绍金等.冷热电联供系统能量流函数及运行策略

[J]. 电力自动化设备,2014,34(1):1—5.

[68]孙建梅,邢柳. 基于 SE—DEA 的火力发电厂节能减排评价研究[J]. 工业安全与环保,2018,44(11):96—100.

[69]武志宏,郑永义,杨子成. 关于综合能源服务业务的开展研究[J]. 山西电力,2018(2):58—61.

[70]曾鸣. 基于能源互联网平台的供给侧改革与需求侧响应[J]. 中国电力企业管理,2016(10):38—41.

[71]李扬,宋天立,王子健. 基于用户数据深度挖掘的综合能源服务关键问题探析[J]. 电力需求侧管理,2018,20(3):1—5.

[72]陈希阳. 互联网+智慧用能综合能源服务平台的构建[J]. 科技资讯,2018,16(14):31、33.

[73]梁波,郭亮. 客户体验型智能营业厅创意与实践[J]. 中国电力企业管理,2017(14):74—75.

[74]戴斌. 面向能源互联网的电动汽车充电站通信模式展望[J]. 电力信息与通信技术,2018,16(9):8—13.

[75]何靖治. 互联网+智慧用能构建综合能源服务平台[J]. 中国电力企业管理,2017(16):68—69.

[76]方燕琼,艾芊,范松丽. 虚拟电厂研究综述[J]. 供用电,2016,33(4):8—13.

[77]杨锦成. 区域能源互联网构架下的综合能源服务[J]. 上海节能,2017(3):137—146.

[78]王信茂. 电力"走出去"的风险及防控[J]. 中国电力企业管理,2017(28):30—32.

[79]孙秀明. 加油站投资项目前期市场调查的做法[J]. 石油库与加油站,2013,22(1):33—36、7.

[80]李飞. 中央企业境外投资风险控制研究[D]. 财政部财政科学研究所,2012.